现代环境治理体系构建系列丛书

U0787590

生态环境监管执法
300问

生态环境部宣传教育中心　主编

中国环境出版集团·北京

图书在版编目（CIP）数据

生态环境监管执法300问/生态环境部宣传教育中心主编. —北京：中国环境出版集团，2021.8（2022.2重印）
（现代环境治理体系构建系列丛书）
ISBN 978-7-5111-4800-1

Ⅰ. ①生… Ⅱ. ①生… Ⅲ. ①生态环境—环境保护—行政执法—中国—问题解答 Ⅳ. ①D922.685

中国版本图书馆CIP数据核字（2021）第148063号

出 版 人　武德凯
责任编辑　曹　玮
责任校对　任　丽
封面设计　艺友品牌

出版发行　中国环境出版集团
（100062　北京市东城区广渠门内大街16号）
网　　址：http://www.cesp.com.cn
电子邮箱：bjgl@cesp.com.cn
联系电话：010-67112765（编辑管理部）
发行热线：010-67125803，010-67113405（传真）
印　　刷　北京市联华印刷厂
经　　销　各地新华书店
版　　次　2021年8月第1版
印　　次　2022年2月修订第3次印刷
开　　本　787×960　1/16
印　　张　17
字　　数　255千字
定　　价　69.00元

编 委 会

前言

党的十九大明确了新时代中国特色社会主义发展的战略安排，对加强生态文明建设作出重要部署，提出打好污染防治攻坚战是生态文明建设的重要内容。要实现这些战略目标和任务，高效有力的生态环境执法体系必不可少。

党中央、国务院一直以来特别重视生态环境保护执法工作。2018 年 12 月，中共中央办公厅、国务院办公厅发布《关于深化生态环境保护综合行政执法改革的指导意见》。2020 年 3 月，国务院办公厅发布《国务院办公厅关于生态环境保护综合行政执法有关事项的通知》。这些专门部署生态环境保护执法工作的政策性文件，体现了党中央、国务院对生态环境保护执法工作的高度重视，为生态环境保护综合行政执法改革作出了全面规划和系统部署，也为打造生态环境保护铁军、推进我国生态环境治理体系和治理能力现代化建设提供了纲领。

深化生态环境保护综合行政执法改革，是深入贯彻落实习近平生态文明思想，适应新发展的历史方位，顺应新事业的发展需要，也是立足当前、着眼未来，深入打好污染防治攻坚战、建设美丽中国，顺应人民群众对美好生活向往的客观需要。深化生态环境保护综合行政执法改革，首先要做到令在必信，法在必行，让生态环境战略部署和法律法规制度成为刚性的约束和不可触碰的高压线。生态环境保护执法是实施生态环境保护法律法规、依法管理生态环境保护事务、落实生态环境战略部署的主要途径和重要方式。2020年3月，生态环境部印发《生态环境保护综合行政执法事项指导目录（2020年版）》，重新划分了各级生态环境保护综合执法队伍的执法职责，并在执法程序、监督机制和行政执法责任制建设方面做了明确规定，对地方生态环境执法机构和执法人员在新的形势下全面履职尽责、规范开展生态环境执法事项提出了具体要求，对于破解当前体制机制障碍、促进生态环境保护事业发展具有重大而深远的意义。

2020年3月，生态环境部印发《关于统筹做好疫情防控和经济社会发展生态环保工作的指导意见》，明确制定实施环评审批正面清单和监督执法正面清单。随后，又印发《关于落实监督执法正面清单相关工作的通知》，督促指导各地进一步落实落细监督执法正面清单，通过实行分类监管、差异化监管，进一步优化执法方式，科学合理配置执法资源，提高执法效能。

为推动生态环境保护铁军在生态环境保护执法过程中深入贯彻党的十九大和十九届二中、三中、四中、五中全会精神，全面落实习近平生态文明思想和习近平全面依法治国新理念、新思想、新战略，积极适应生态环境保护综合行政执法的新任务、新要求，生态环境部生态环境执法局委托生态环境部宣传教育中心组织编写《生态环境监管执法300问》（以下简称本书），西尔拓新（北京）环保科技咨询有限公司参与本书编写，以期帮助各级生态环境执法人员提高执法能力和水平，提升专业理论素养，促进各地区、各部门提高生态环境保护综合行政执法效能和依法行政水平。

为了编写本书，编者们首先通过调研、访谈等多种形式，深入了解生态环境执法一线人员在执法过程中遇到的实际问题以及对法律法规理解上的难题，然后对这些问题、难题进行梳理、归纳和汇总，并与多位参与环境立法者、资深执法者和权威专家进行深入座谈和讨论。本书的特点是兼具系统性、理论性、实用性和针对性，结合生态环境执法的实际工作，针对基层生态环境执法的需求，在总结各地生态环境执法实践的基础上，以法律法规、最高人民法院的司法解释、政府及各部门官网文件为依据，尽可能细致、全面地提出具体的、可操作的综合性执法参考，以期对生态环境执法工作有所助益。本书为“环境监察执法与应急管理——环境监察执法”项目成果，可以作为生态环境系统干部培训参考教材。

本书分为生态环境执法重要基础知识，生态环境法律法规、制度和标准，生态环境执法常见具体问题，以及环境司法方面问题等四部分。内容涉及生态文明建设、污染防治攻坚战、中央生态环境保护督察、生态环境执法、法律法规、标准、监测、环境行政处罚、环境污染犯罪、环境影响评价、排污许可制度、环保竣工验收、环境公益诉讼等。

参与编写本书的人员有武汉大学法学院吴宇，上海市金山区生态环境局执法大队王慧如，生态环境部宣传教育中心胡天蓉、王菁菁、赵欢、樊伊睿、黄争超、徐睿、杨玉玲、田歌，福建省泉州市晋江生态环境局叶兴灿，西尔拓新（北京）环保科技咨询有限公司袁铁、杨化狄等。其中，

第一部分由吴宇、袁轶、王菁菁、杨玉玲编写，第二部分由胡天蓉、赵欢编写，第三部分由叶兴灿、王慧如、黄争超、杨化狄、徐睿编写，第四部分由袁轶、樊伊睿、田歌编写。全书由曾红鹰、刘之杰、胡天蓉、王慧如、杨化狄统稿，由河北环境工程学院刘定慧、上海市生态环境局周浒、内蒙古自治区生态环境综合行政执法总队云利刚、生态环境部环境工程评估中心徐敏云等专家审稿，在编写过程中也得到了全国各地、各级生态环境执法部门的支持和帮助，在此表示衷心的感谢。

由于编者水平有限，书中疏漏在所难免，敬请广大读者批评指正。

编　者

2021年3月

目　录

第一部分　生态环境执法重要基础知识

第二部分 生态环境法律法规、制度和标准

第三部分 生态环境执法常见具体问题

第一部分

生态环境执法重要基础知识

（一）生态文明建设

1．什么是生态文明?

生态文明，是指人类遵循人、自然、社会和谐发展这一客观规律而取得的物质成果与精神成果的总和；是指以人与自然、人与人、人与社会和谐共生、良性循环、全面发展、持续繁荣为基本宗旨的文化伦理形态。它将使人类社会形态发生根本转变。

一是伦理价值观的转变。西方传统哲学认为，只有人是主体，生命和自然界是人的对象；因而只有人有价值，其他生命和自然界没有价值；只能对人讲道德，无须对其他生命和自然界讲道德。这是工业文明时期人统治自然的哲学基础。生态文明则认为，不仅人是主体，自然也是主体；不仅人有价值，自然也有价值；不仅人有主动性，自然也有主动性；不仅人依靠自然，所有生命都依靠自然。因此人类要尊重生命和自然界，人与其他生命共享一个地球。无论是马克思主义的人道主义，还是中国传统文化的天人合一，都说明生态文明是一个人性与生态性全面统一的社会形态。

二是生产和生活方式的转变。工业文明的生产方式，从原料到产品再到废弃物，是一个非循环的生产；生活方式以物质主义为原则，以高消费为特征，认为更多地消费资源就是对经济发展的贡献。生态文明却致力于构造一个以环境资源承载力为基础、以自然规律为准则、以可持续的社会经济文化政策为手段的环境友好型社会。实现经济、社会、环境的共赢，关键在于人的主动性。人的生活方式应主动以实用节约为原则，以适度消费为特征，追求基本生活需要的满足，崇尚精神和文化的享受。

2018 年 5 月 18 日，习近平总书记在全国生态环境保护大会上指出：“我之所以反复强调要高度重视和正确处理生态文明建设问题，就是因为我国环境容量有限，生态系统脆弱，污染重、损失大、风险高的生态环境状况还没有根本扭转，并且独特的地理环境加剧了地区间的不平衡。”党的十八大以来，党中央把生态文明建设作为统筹推进“五位一体”总体布局和协调推进“四个全面”战略布局的重要内容，通过全面深化改革，加快推进生态文明顶层设计和制度体系建设，相继出台了《关于加快推进生态文明建设的意见》《生态文明体制改革总体方案》，制定了 40 多项涉及生态文明建设的改革方案，从总体目标、基本理念、主要原则、重点任务、制度保障等方面对生态文明建设进行全面系统部署安排，开展了一系列根本性、开创性、长远性的工作，提出了一系列新理念、新思想、新战略，生态文明理念日益深入人心，污染治理力度之大、制度出台频度之密、监管执法尺度之严、环境质量改善速度之快前所未有，使生态环境保护发生了历史性、转折性、全局性变化。

2．习近平生态文明思想包含哪些原则?

生态文明建设是关系中华民族永续发展的根本大计。党的十八大以来，以习近平同志为核心的党中央高度重视生态文明建设，从党和国家事业发展全局的高度，深刻回答了“为什么建设生态文明？”“建设什么样的生态文明？”“怎样建设生态文明？”等重大理论和实践问题，推动生态文明建设和生态环境保护从认识到实践发生了历史性、转折性、全局性变化，形成了习近平生态文明思想。习近平生态文明思想是一个系统完整、逻辑严密的科学理论体系，它深刻把握人与自然的发展规律，紧扣时代命题，坚持开拓创新，充分体现了新思想的科学性、指导性和实践性等理论特质，充分展示了生态文明建设的实践伟力，集中体现了中国共产党的历史使命、执政理念和责任担当。

习近平生态文明思想主要形成于党的十八大以来波澜壮阔的生态文明建设和

生态环境保护的伟大实践中，有着深厚的理论基础和历史渊源，既是对马克思主义生态观的继承和发展，也是对中华优秀传统生态文化的传承和弘扬；既有对人类生态文明思想的扬弃和吸收，更有习近平总书记领导实践经验的提炼和升华，是马克思主义中国化的最新理论成果。习近平生态文明思想深蕴科学性，是体系严密的科学理论；深蕴指导性，是行之有效的思想武器；深蕴实践性，是知行合一的行动指南。深入学习贯彻习近平生态文明思想，必须从科学性、指导性和实践性三个维度来深刻把握，切实增强思想自觉、理论自觉和行动自觉。

生态环境保护始终是习近平总书记念兹在兹的重大关切和下大力抓的战略工程。习近平总书记在 2019 年第 3 期《求是》杂志发表的《推动我国生态文明建设迈上新台阶》重要文章，科学概括了新时代推进生态文明建设必须坚持的六项原则，深刻体现了习近平生态文明思想的核心要义。习近平总书记强调新时代推进生态文明建设，必须坚持好以下原则：

一是坚持人与自然和谐共生。人与自然是生命共同体。生态环境没有替代品，用之不觉，失之难存。“天地与我并生，而万物与我为一。”“天不言而四时行，地不语而百物生。”当人类合理利用、友好保护自然时，自然的回报常常是慷慨的；当人类无序开发、粗暴掠夺自然时，自然的惩罚必然是无情的。人类对大自然的伤害最终会伤及人类自身，这是无法抗拒的规律。“万物各得其和以生，各得其养以成。”这方面有很多鲜活生动的事例。例如，始建于战国时期的都江堰，距今已有 2 000 多年历史，就是根据岷江的洪涝规律和成都平原悬江的地势特点，因势利导建设的大型生态水利工程，不仅造福当时，而且泽被后世。

在整个发展过程中，我们都要坚持节约优先、保护优先、自然恢复为主的方针，不能只讲索取、不讲投入，不能只讲发展、不讲保护，不能只讲利用、不讲修复，要像保护眼睛一样保护生态环境，像对待生命一样对待生态环境，多谋打基础、利长远的善事，多干保护自然、修复生态的实事，多做治山理水、显山露水的好事，让群众望得见山、看得见水、记得住乡愁，让自然生态美景永驻人间，还自然以宁静、和谐、美丽。

二是绿水青山就是金山银山。这是重要的发展理念，也是推进现代化建设的重大原则。绿水青山就是金山银山，阐述了经济发展和生态环境保护的关系，揭示了保护生态环境就是保护生产力、改善生态环境就是发展生产力的道理，指明了实现发展和保护协同共生的新路径。绿水青山既是自然财富、生态财富，又是社会财富、经济财富。保护生态环境就是保护自然价值和增值自然资本，就是保护经济社会发展潜力和后劲，使绿水青山持续发挥生态效益和经济社会效益。

生态环境问题归根结底是发展方式和生活方式问题，要从根本上解决生态环境问题，必须坚定不移贯彻“创新、协调、绿色、开放、共享”的新发展理念，加快形成节约资源和保护环境的空间格局、产业结构、生产方式和生活方式，把经济活动和人的行为限制在自然资源和生态环境能够承受的限度内，给自然生态留下休养生息的时间和空间。要加快划定并严守生态保护红线、环境质量底线、资源利用上线“三条红线”。凡是突破“三条红线”、仍然沿用粗放增长模式、吃祖宗饭砸子孙碗的事，绝对不能再干，绝对不允许再干。在生态保护红线方面，要建立严格的管控体系，实现一条红线管控重要生态空间，确保生态功能不降低、面积不减少、性质不改变；在环境质量底线方面，将生态环境质量只能更好、不能变坏作为底线，并在此基础上不断改善，对生态破坏严重、环境质量恶化的区域必须严肃问责；在资源利用上限方面，不仅要考虑人类和当代的需要，也要考虑大自然和后人的需要，把握好自然资源开发利用的度，不要突破自然资源承载能力。

三是良好生态环境是最普惠的民生福祉。民之所好好之，民之所恶恶之。环境就是民生，青山就是美丽，蓝天也是幸福。发展经济是为了民生，保护生态环境同样也是为了民生。既要创造更多的物质财富和精神财富以满足人民日益增长的美好生活需要，也要提供更多优质生态产品以满足人民日益增长的优美生态环境需要。要坚持生态惠民、生态利民、生态为民，重点解决损害群众健康的突出环境问题，加快改善生态环境质量，提供更多优质生态产品，努力实现社会公平正义，不断满足人民日益增长的优美生态环境需要。

生态文明是人民群众共同参与、共同建设、共同享有的事业，要把建设美丽中国转化为全体人民的自觉行动。每个人都是生态环境的保护者、建设者、受益者，没有哪个人是旁观者、局外人、批评家，谁也不能只说不做、置身事外。要增强全民节约意识、环保意识、生态意识，培育生态道德和行为准则，开展全民绿色行动，动员全社会都以实际行动减少能源资源消耗和污染排放，为生态环境保护作出贡献。

四是山水林田湖草是生命共同体。生态是统一的自然系统，是相互依存、紧密联系的有机链条。人的命脉在田，田的命脉在水，水的命脉在山，山的命脉在土，土的命脉在林和草，这个生命共同体是人类生存发展的物质基础。一定要算大账、算长远账、算整体账、算综合账，如果因小失大、顾此失彼，最终必然会对生态环境造成系统性和长期性的破坏。

要从系统工程和全局角度寻求新的治理之道，不能再头痛医头、脚痛医脚，各管一摊、相互掣肘，而必须统筹兼顾、整体施策、多措并举，全方位、全地域、全过程开展生态文明建设。例如，治理好水污染、保护好水环境，就需要全面统筹左右岸、上下游、陆上水上、地表地下、河流海洋、水生态水资源、污染防治与生态保护，达到系统治理的最佳效果。要深入实施山水林田湖草一体化生态保护和修复，开展大规模国土绿化行动，加快水土流失和荒漠化、石漠化综合治理。推动长江经济带发展，共抓大保护，不搞大开发，坚持生态优先、绿色发展，涉及长江的一切经济活动都要以不破坏生态环境为前提。

五是用最严格制度、最严密法治保护生态环境。保护生态环境必须依靠制度、依靠法治。我国生态环境保护中存在的突出问题大多同体制不健全、制度不严格、法治不严密、执行不到位、惩处不得力有关。要加快制度创新，增加制度供给，完善制度配套，强化制度执行，让制度成为刚性的约束和不可触碰的高压线。要严格用制度管权治吏、护蓝增绿，有权必有责、有责必担当、失责必追究，保证党中央关于生态文明建设决策部署落地生根见效。

奉法者强则国强，奉法者弱则国弱。令在必信，法在必行。制度的生命力在于执行，关键在真抓，靠的是严管。我国已出台一系列改革举措和相关制度，要像抓中央环境保护督察一样抓好落实。制度的刚性和权威性必须牢固树立起来，不得做选择、搞变通、打折扣。要落实领导干部生态文明建设责任制，严格考核问责。对那些不顾生态环境盲目决策、造成严重后果的干部，必须追究其责任，而且应该终身追责。对破坏生态环境的行为不能手软，不能下不为例。要下大气力抓住破坏生态环境的反面典型，释放出严加惩处的强烈信号。对任何地方、任何时候、任何人，凡是需要追责的，必须一追到底，绝不能让制度规定成为“没有牙齿的老虎”。

六是共谋全球生态文明建设。生态文明建设关乎人类未来，建设绿色家园是人类的共同梦想，保护生态环境、应对气候变化需要世界各国同舟共济、共同努力，任何一国都无法置身事外、独善其身。我国已成为全球生态文明建设的重要参与者、贡献者、引领者，主张加快构筑尊崇自然、绿色发展的生态体系，共建清洁美丽的世界。要深度参与全球环境治理，增强我国在全球环境治理体系中的话语权和影响力，积极引导国际秩序变革方向，形成世界环境保护和可持续发展的解决方案。坚持环境友好，引导应对气候变化国际合作。推进“一带一路”建设，让生态文明的理念和实践造福沿线各国人民。

3. 为什么要建设生态文明？

建设生态文明是实现中华民族伟大复兴的根本保障。历史的教训告诉我们，一个国家、一个民族的崛起必须有良好的自然生态作保障。随着生态问题的日趋严峻，生存与生态从来没有像今天这样联系紧密。大力推进生态文明建设，实现人与自然和谐发展，已成为中华民族伟大复兴的基本支撑和根本保障。

建设生态文明是发展中国特色社会主义的战略选择。100 年来，中国共产党的理论创新发生了两次历史性飞跃。第一次是新民主主义革命时期，形成了毛泽东思想；第二次是党的十一届三中全会以后，形成了中国特色社会主义理论体系。

马克思曾经指出，问题是时代的口号。这两次理论上的飞跃，都是为了解决时代面临的突出问题。在这两大理论成果的指导下，中国共产党取得了新民主主义革命的胜利，确立了社会主义基本制度，开创了中国特色社会主义道路。

建设生态文明是推动经济社会科学发展的必由之路。随着我国经济的快速发展，出现了资源约束趋紧、环境污染严重、生态系统退化的现象，经济发展不平衡、不协调、不可持续的问题日益突出，要求我们必须树立尊重自然、顺应自然、保护自然的生态文明理念，把生态文明建设融合贯穿到经济建设、政治建设、文化建设、社会建设的各方面和全过程，大力保护和修复自然生态系统，建立科学合理的生态补偿机制，形成节约资源和保护环境的空间格局、产业结构、生产方式及生活方式，从源头上扭转生态环境恶化的趋势。

建设生态文明是顺应人民群众新期待的迫切需要。随着人们生活质量的不断提升，人们不仅期待安居、乐业、增收，更期待天蓝、地绿、水净；不仅期待殷实富庶的幸福生活，更期待山清水秀的美好家园。生态文明发展理念，强调尊重自然、顺应自然、保护自然；生态文明发展模式，注重绿色发展、循环发展、低碳发展。大力推进生态文明建设，正是为顺应人民群众新期待而作出的战略决策，也为子孙后代永享优美宜居的生活空间、山清水秀的生态空间提供了科学的世界观和方法论，顺应时代潮流，契合人民期待。

4．生态文明建设的主要目标是什么？

根据中共中央、国务院于2015年4月25日发布实施的《关于加快推进生态文明建设的意见》，生态文明建设的主要目标是：到2020年，资源节约型和环境友好型社会建设取得重大进展，主体功能区布局基本形成，经济发展质量和效益显著提高，生态文明主流价值观在全社会得到推行，生态文明建设水平与全面建成小康社会目标相适应。

国土空间开发格局进一步优化。经济、人口布局向均衡方向发展，陆海空间开发强度、城市空间规模得到有效控制，城乡结构和空间布局明显优化。

资源利用更加高效。单位国内生产总值二氧化碳排放强度比 2005 年下降 40%～45%，能源消耗强度持续下降，资源产出率大幅提高，用水总量力争控制在 6 700 亿 m^3 以内，万元工业增加值用水量降低到 65 m^3 以下，农田灌溉水有效利用系数提高到 0.55 以上，非化石能源占一次能源消费比重达到 15%左右。

生态环境质量总体改善。主要污染物排放总量继续减少，大气环境质量、重点流域和近岸海域水环境质量得到改善，重要江河湖泊水功能区水质达标率提高到 80%以上，饮用水安全保障水平持续提升，土壤环境质量总体保持稳定，环境风险得到有效控制。森林覆盖率达到 23%以上，草原综合植被覆盖度达到 56%，湿地面积不低于 8 亿亩①，50%以上可治理沙化土地得到治理，自然岸线保有率不低于 35%，生物多样性丧失速度得到基本控制，全国生态系统稳定性明显增强。

生态文明重大制度基本确立。基本形成源头预防、过程控制、损害赔偿、责任追究的生态文明制度体系，自然资源资产产权和用途管制、生态保护红线、生态保护补偿、生态环境保护管理体制等关键制度建设取得决定性成果。

同时党的十九大报告对新时代中国特色社会主义发展作出战略安排。第一阶段从 2020 年到 2035 年基本实现现代化，要做到生态环境根本好转，美丽中国目标基本实现。第二阶段从 2035 年到 21 世纪中叶，要把我国建成富强民主文明和谐美丽的社会主义现代化强国，物质文明、政治文明、精神文明、社会文明、生态文明将全面提升。

5．如何在加强生态环境保护的同时推动经济高质量发展?

长期以来，我们一直在积极探索发展与保护的关系，努力实现环境效益、经济效益和社会效益多赢。党的十八大以来，习近平总书记深刻把握人类文明发展

① 1 亩≈666.67 m^2。

规律、经济社会发展规律和自然规律，多次强调“生态兴则文明兴”“坚持人与自然和谐共生”“绿水青山就是金山银山”“推动形成绿色发展方式和生活方式”，阐述了经济社会发展和生态环境保护的关系，指明了实现发展和保护协同共进的新路径，为破解发展与保护的难题、实现人与自然和谐共生的现代化提供了方向指引和根本遵循。

近年来，我们不断加大生态环境保护工作力度，在改善生态环境质量的同时，不断增强推动经济高质量发展的重要力量，主要体现在三个方面：

一是推动供给侧结构性改革。严格执行环评制度，严把项目准入关口，优化产业布局和结构；依法依规加大督察执法力度，一批污染重、能耗高、技术水平低的企业被淘汰，一批绿色生态产业加快发展，一批传统产业优化升级。

二是营造公平竞争的市场环境。严格环境督察执法，进一步规范市场秩序，从更深层次激活生产要素，有效解决“劣币驱逐良币”问题，促进合规企业生产负荷和效益不断提升。

三是培育经济发展新动能。2018 年，全国生态保护和环境治理投资同比增长 43%，同比上升 19.1%，环保产业预计销售收入同比增长两位数以上，对经济发展的贡献度日益上升，成为经济增长的新亮点。

我们必须看到，加强生态环境保护是有利于经济发展的，很多治污工作不仅不影响经济发展，还会拉动经济发展。例如，开展黑臭水体治理，2018 年，全国重点城市直接用于黑臭水体整治的投资累计达 1 143.8 亿元，很多昔日的“臭水沟”“臭水塘”变成了市民休闲娱乐的公园和科技创新企业的聚集地，不但提升了城市品质，有力地促进了城市高质量发展，也提高了老百姓的生活水平。

下一步，在平衡和处理好发展与保护的关系方面，宏观层面要坚持两点：一是坚持稳中求进，一步一个脚印，有序推进污染防治攻坚战各项任务，既打攻坚战，又打持久战。坚决反对脱离实际，“层层加码、级级提速”。二是坚持统筹兼顾，力争每一项工作都能够同时实现“三个有利于”，即有利于减少污染物排放，改善生态环境质量；有利于推动结构调整优化，促进经济高质量发展；有利于解决老百姓身边的突出环境问题，消除和化解社会矛盾，促进社会和谐稳定，最终实现环境效益、经济效益和社会效益多赢。在微观层面上，具体到对企业的环境执法监管，也是要坚持两点：一是依法依规对环境违法行为坚决查处，防止“劣币驱逐良币”；二是对于守法合规的企业，降低执法对其正常生产经营的影响。这种“有保有压”的做法，就是要树立守法企业受益、违法企业受损的绿色发展导向。

6．当前生态环境“三期叠加”的特点是什么？

2018 年 5 月 18 日，习近平总书记在全国生态环境保护大会上的讲话中指出：“生态文明建设正处于压力叠加、负重前行的关键期，已进入提供更多优质生态产品以满足人民日益增长的优美生态环境需要的攻坚期，也到了有条件、有能力解决生态环境突出问题的窗口期。” 这是习近平总书记统筹考虑经济、政治、社会和环境等要素的发展全局，作出的重大战略判断。

之所以说是“关键期”，是因为我国产业结构偏重、能源结构偏煤、产业布局偏乱，多领域、多类型、多层面生态环境问题累积叠加，资源环境承载能力已经达到或接近上限。在我国经济由高速增长阶段转向高质量发展阶段的过程中，污染防治和环境治理是需要跨越的重要关口。如果现在不抓紧，将来解决起来难度会更大、代价会更大、后果会更重。我们必须咬紧牙关，爬过这个坡，迈过这道坎。

之所以说是“攻坚期”，是因为人民群众对优美生态环境的需要已经成为我国社会主要矛盾的重要方面，重污染天气、黑臭水体、垃圾围城等问题成为重要的民生之患、民心之痛，成为全面建成小康社会的明显短板。我们必须加快治理、加紧攻坚，提供更多优质生态产品，不断满足人民日益增长的优美生态环境需要。

之所以说是“窗口期”，是因为党中央、国务院高度重视生态环境保护，推动经济高质量发展有利于生态环境保护，国家宏观经济和财政政策支持生态环境保护，体制机制改革红利惠及生态环境保护，多年实践也探索出一套行之有效的保护生态环境的路子和方法，我们完全有条件、有能力解决生态环境突出问题。

综上所述，虽然生态环境质量呈现持续好转、稳中向好的趋势，但成效并不稳固。随着社会主义现代化建设进入新时期，经济和社会发展都出现了深刻的转型，而生态文明建设也随之进入了压力叠加、负重前行的“关键期”，提供更多优质生态产品以满足人民日益增长的优美生态环境需要的“攻坚期”，以及有条件、有能力解决生态环境突出问题的“窗口期”。三期叠加意味着生态文明建设的紧迫性将不断加强，推动的难度将日益提升，而落实的机制和路径也将进一步丰富。

（二）污染防治攻坚战

7．为什么要坚决打好污染防治攻坚战?

党的十八大以来，以习近平同志为核心的党中央把生态文明建设作为统筹推进“五位一体”总体布局和协调推进“四个全面”战略布局的重要内容，谋划开展了一系列根本性、长远性、开创性工作，推动生态文明建设和生态环境保护从实践到认识发生了历史性、转折性、全局性变化。各地区、各部门应认真贯彻落实党中央、国务院决策部署，生态文明建设和生态环境保护制度体系加快形成，全面节约资源，有效推进大气、水、土壤污染防治行动计划深入实施，生态系统保护和修复重大工程进展顺利，核与辐射安全得到有效保障，生态文明建设成效显著，美丽中国建设迈出重要步伐，使我国成为全球生态文明建设的重要参与者、贡献者、引领者。

同时，我国生态文明建设和生态环境保护面临不少困难和挑战，存在许多不足。一些地方和部门对生态环境保护认识不到位，责任落实不到位；经济社会发展同生态环境保护的矛盾仍然突出，资源环境承载能力已经达到或接近上限；城乡区域统筹不够，新老环境问题交织，区域性、布局性、结构性环境风险凸显，重污染天气、黑臭水体、垃圾围城、生态破坏等问题时有发生。这些问题成为重要的民生之患、民心之痛，成为经济社会可持续发展的“瓶颈”制约，成为全面建成小康社会的明显短板。

进入新时代，解决人民日益增长的美好生活需要和不平衡不充分的发展之间的矛盾对生态环境保护提出了许多新要求。当前，生态文明建设正处于压力叠加、负重前行的关键期，已进入提供更多优质生态产品以满足人民日益增长的优美生态环境需要的攻坚期，也到了有条件、有能力解决突出生态环境问题的窗口期。必须加大力度、加快治理、加紧攻坚，打好污染防治攻坚战，为人民创造良好生产生活环境。为此，2018 年 6 月 24 日，中共中央、国务院发布《关于全面加强生态环境保护 坚决打好污染防治攻坚战的意见》，对全面加强生态环境保护、坚决打好污染防治攻坚战作出详细明确的部署安排。

8．打好污染防治攻坚战的目标、原则和措施是什么?

打好污染防治攻坚战的总体目标：到 2020 年，生态环境质量总体改善，主要污染物排放总量大幅减少，环境风险得到有效管控，生态环境保护水平同全面建成小康社会目标相适应。

打好污染防治攻坚战的具体指标：全国细颗粒物（$PM_{2.5}$）未达标地级及以上城市浓度比 2015 年下降 18%以上，地级及以上城市空气质量优良天数比例达到 80%以上；全国地表水Ⅰ～Ⅲ类水体比例达到 70%以上，劣Ⅴ类水体比例控制在 5%以内；近岸海域水质优良（一类、二类）比例达到70%左右；二氧化硫、氮氧化物排放量比 2015 年减少15%以上，化学需氧量、氨氮排放量减少 10%以上；受污染耕地安全利用率达到 90%左右，污染地块安全利用率达到 90%以上；生态保护红线面积占比达到 25%左右；森林覆盖率达到 23.04%以上。

通过加快构建生态文明体系，确保到2035年节约资源和保护生态环境的空间格局、产业结构、生产方式、生活方式总体形成，生态环境质量实现根本好转，美丽中国目标基本实现。到21世纪中叶，生态文明全面提升，实现生态环境领域国家治理体系和治理能力现代化。

打好污染防治攻坚战应当坚持五个原则：

一是坚持保护优先。落实生态保护红线、环境质量底线、资源利用上线硬约束，深化供给侧结构性改革，推动形成绿色发展方式和生活方式，坚定不移走生产发展、生活富裕、生态良好的文明发展道路。

二是强化问题导向。以改善生态环境质量为核心，针对流域、区域、行业特点，聚焦问题、分类施策、精准发力，不断取得新成效，让人民群众有更多获得感。

三是突出改革创新。深化生态环境保护体制机制改革，统筹兼顾、系统谋划，强化协调、整合力量，区域协作、条块结合，严格环境标准，完善经济政策，增强科技支撑和能力保障，提升生态环境治理的系统性、整体性、协同性。

四是注重依法监管。完善生态环境保护法律法规体系，健全生态环境保护行政执法和刑事司法衔接机制，依法严惩重罚生态环境违法犯罪行为。

五是推进全民共治。政府、企业、公众各尽其职、共同发力，政府积极发挥主导作用，企业主动承担环境治理主体责任，公众自觉践行绿色生活。

习近平总书记在党的十九大报告中指出，要突出抓重点、补短板、强弱项，特别是要坚决打好防范化解重大风险、精准脱贫、污染防治的攻坚战。《求是》杂志2019年第3期发表了习近平总书记的重要文章——《推动我国生态文明建设迈上新台阶》，习近平总书记在这篇重要文章中从中国特色社会主义现代化建设实际以及人类文明发展规律出发，对如何坚决打好污染防治攻坚战，深刻阐述了以下六个方面的政策举措：

“第一，加快构建生态文明体系。加快解决历史交汇期的生态环境问题，必须加快建立健全以生态价值观念为准则的生态文化体系，以产业生态化和生态产业化为主体的生态经济体系，以改善生态环境质量为核心的目标责任体系，以治理体系和治理能力现代化为保障的生态文明制度体系，以生态系统良性循环和环境风险有效防控为重点的生态安全体系。

要通过加快构建生态文明体系，使我国经济发展质量和效益显著提升，确保到 2035 年节约资源和保护环境的空间格局、产业结构、生产方式、生活方式总体形成，生态环境质量实现根本好转，生态环境领域国家治理体系和治理能力现代化基本实现，美丽中国目标基本实现。到 21 世纪中叶，建成富强民主文明和谐美丽的社会主义现代化强国，物质文明、政治文明、精神文明、社会文明、生态文明全面提升，绿色发展方式和生活方式全面形成，人与自然和谐共生，生态环境领域国家治理体系和治理能力现代化全面实现，建成美丽中国。

第二，全面推动绿色发展。绿色是生命的象征、大自然的底色，更是美好生活的基础、人民群众的期盼。绿色发展是新发展理念的重要组成部分，与创新发展、协调发展、开放发展、共享发展相辅相成、相互作用，是全方位的变革，是构建高质量现代化经济体系的必然要求，目的是改变传统的‘大量生产、大量消耗、大量排放’的生产模式和消费模式，使资源、生产、消费等要素相匹配、相适应，实现经济社会发展和生态环境保护协调统一、人与自然和谐共处。

加快形成绿色发展方式，是解决污染问题的根本之策。只有从源头上使污染物排放大幅降下来，生态环境质量才能明显好上去。重点是调结构、优布局、强产业、全链条。调整经济结构和能源结构，既提升经济发展水平，又降低污染排放负荷。对重大经济政策和产业布局开展规划环评，优化国土空间开发布局，调整区域流域产业布局。培育壮大节能环保产业、清洁生产产业、清洁能源产业，发展高效农业、先进制造业、现代服务业。推进资源全面节约和循环利用，实现生产系统和生活系统循环链接。

绿色生活方式涉及老百姓的衣食住行。要倡导简约适度、绿色低碳的生活方式，反对奢侈浪费和不合理消费。广泛开展节约型机关、绿色家庭、绿色学校、绿色社区创建活动，推广绿色出行，通过生活方式绿色革命，倒逼生产方式绿色转型。

第三，把解决突出生态环境问题作为民生优先领域。有利于百姓的事再小也要做，危害百姓的事再小也要除。打好污染防治攻坚战，就要打几场标志性的重大战役，集中力量攻克老百姓身边的突出生态环境问题。当前，重污染天气、黑臭水体、垃圾围城、农村环境已成为民心之痛、民生之患，严重影响人民群众生产生活，老百姓意见大、怨言多，甚至成为诱发社会不稳定的重要因素，必须下大气力解决好这些问题。要集中优势兵力，动员各方力量，群策群力，群防群治，一个战役一个战役打，打一场污染防治攻坚的人民战争。

坚决打赢蓝天保卫战是重中之重。这既是国内民众的迫切期盼，也是我们就办好北京冬奥会向国际社会作出的承诺。要以京津冀及周边、长三角、汾渭平原等为主战场，以北京为重点，以空气质量明显改善为刚性要求，强化联防联控，基本消除重污染天气，还老百姓蓝天白云、繁星闪烁。要调整产业结构，减少过剩和落后产能，增加新的增长动能。要推进达标排放，降低重点行业污染物排放，实施火电、钢铁等重点行业超低排放改造。要在全国推开‘散乱污’企业治理，坚决关停取缔一批，整改提升一批，搬迁入园一批。要调整能源结构，减少煤炭消费比重，加快清洁能源发展。要坚持因地制宜、多措并举，宜电则电、宜气则气，坚定不移推进北方地区冬季清洁取暖，加快天然气产供储销体系建设，优化天然气来源布局，加强管网互联互通，保障气源供应。要提供补贴政策和价格支持，确保‘煤改气’‘煤改电’后老百姓用得上、用得起。要加大燃煤小锅炉淘汰力度，暂停一部分污染重的煤电机组，加快升级改造。要调整运输结构，减少公路运输量，增加铁路运输量。要抓紧治理柴油货车污染，推动货运经营整合升级、提质增效，加快规模化发展、连锁化经营。

要深入实施水污染防治行动计划，打好水源地保护、城市黑臭水体治理、渤海综合治理、长江保护修复攻坚战，保障饮用水安全，基本消灭城市黑臭水体，还给老百姓清水绿岸、鱼翔浅底的景象。在治水上有不少问题要解决，其中有一个问题非常迫切，就是要加快补齐城镇污水收集和处理设施短板。这方面欠账太多。根据中央环境保护督察提供的情况，甚至一些直辖市、沿海发达省份、经济特区都有大量污水直排。要定个硬目标，全力攻克，尽快实现污水管网全覆盖、全收集、全处理。否则，一边治，一边排，效果就会事倍功半。

要全面落实土壤污染防治行动计划，推动制定和实施土壤污染防治法。突出重点区域、行业和污染物，强化土壤污染管控和修复，有效防范风险，让老百姓吃得放心、住得安心。要全面禁止洋垃圾入境，大幅减少进口固体废物种类和数量，严厉打击危险废物破坏环境违法行为，坚决遏制危险废物非法转移、倾倒、利用和处理处置。

农村环境直接影响米袋子、菜篮子、水缸子、城镇后花园。要调整农业投入结构，减少化肥农药施用量，增加有机肥施用比重，完善废旧地膜回收处理制度。要持续开展农村人居环境整治行动，实现全国行政村环境整治全覆盖，基本解决农村的垃圾、污水、厕所问题，打造美丽乡村，为老百姓留住鸟语花香、田园风光。

生态保护和污染防治密不可分、相互作用。其中，污染防治好比是分子，生态保护好比是分母，要对分子做好减法降低污染物排放量，对分母做好加法扩大环境容量，协同发力。要严格管控生态保护红线，实现山水林田湖草系统监管和事前、事中、事后的全过程监管。要推进城镇留白增绿，使老百姓享有惬意生活休闲空间。

第四，有效防范生态环境风险。生态环境安全是国家安全的重要组成部分，是经济社会持续健康发展的重要保障。‘图之于未萌，虑之于未有。’要始终保持高度警觉，防止各类生态环境风险积聚扩散，做好应对任何形式生态环境风险挑战的准备。

要把生态环境风险纳入常态化管理，系统构建全过程、多层级生态环境风险防范体系，严密防控垃圾焚烧、对二甲苯（PX）等重点领域生态环境风险，推进‘邻避’问题防范化解，破解涉环保项目‘邻避’问题，着力提升突发环境事件应急处置能力。要加强核与辐射安全监管，健全监管体系，完善监管机制，提升监管能力，确保万无一失。

第五，加快推进生态文明体制改革落地见效。生态文明体制改革是全面深化改革的重要领域，要以解决生态环境领域突出问题为导向，抓好已出台改革举措的落地，及时制定新的改革方案。对涉及生态文明体制改革的一些重要举措要尽快到位、发挥作用。中央环境保护督察要强化权威，加强力量配备，向纵深发展。要探索政府主导、企业和社会各界参与、市场化运作、可持续的生态产品价值实现路径，开展试点，积累经验。要健全环保信用评价、信息强制性披露、严惩重罚等制度。

这次深化党和国家机构改革，党中央决定组建生态环境部。主要考虑有两点：一是在污染防治上改变九龙治水的状况，整合职能，为打好污染防治攻坚战提供支撑；二是在生态保护修复上强化统一监管，坚决守住生态保护红线。要打通地上和地下、岸上和水里、陆地和海洋、城市和农村、一氧化碳和二氧化碳，贯通污染防治和生态保护，加强生态环境保护统一监管。生态环境部门要履行好职责，统一政策、规划、标准制定，统一监测评估，统一监督执法，统一督察问责。要整合组建生态环境保护综合执法队伍，按照减少层次、整合队伍、提高效率的原则，优化职能配置，统一实行生态环境保护执法。要健全区域流域海域生态环境管理体制，推进跨地区环保机构试点，整合相关部门和地方政府大气环境管理职责；加快组建流域环境监管执法机构，增强流域环境监管和行政执法合力。要完善海域生态环境管理体制，按海域设置监管机构。

第六，提高环境治理水平。环境治理是系统工程，需要综合运用行政、市场、法治、科技等多种手段。要充分运用市场化手段，推进生态环境保护市场化进程，撬动更多社会资本进入生态环境保护领域。要完善资源环境价格机制，将生态环境成本纳入经济运行成本。要采取多种方式支持政府和社会资本合作项目。生态环境保护该花的钱必须花，该投的钱决不能省。要坚持资金投入同污染防治攻坚任务相匹配。要加强大气重污染成因研究和治理、京津冀环境综合治理重大项目等科技攻关，对臭氧、挥发性有机物以及新的污染物治理开展专项研究和前瞻研究，对涉及经济社会发展的重大生态环境问题开展对策性研究，加快成果转化与应用，为科学决策、环境管理、精准治污、便民服务提供支撑。要实施积极应对气候变化国家战略，推动和引导建立公平合理、合作共赢的全球气候治理体系，彰显我国负责任大国形象，推动构建人类命运共同体。”

在上述六个方面中，加快构建生态文明体系、全面推动绿色发展、把解决突出环境问题作为民生优先领域、有效防范生态环境风险是基础和保障，加快推进生态文明体制改革落地见效是核心，提高环境治理水平是关键，它们相互作用、密切配合、耦合互动，构成一个有机联系的整体，成为坚决打好污染防治攻坚战的系统性、整体性、协同性的政策体系。

生态环境是关系党使命宗旨的重大政治问题，也是关系民生的重大社会问题。为此，我们必须以习近平生态文明思想为指导，从增强“四个意识”的战略高度出发，凝聚共识，坚定信心，汇聚力量，齐心协力攻坚克难，围绕生态文明建设的目标，深入打好污染防治攻坚战，向人民交出满意的时代答卷。

9．三大保卫战和七大标志性重大战役分别是什么？如何打赢污染防治攻坚战？

2018年6月24日，中共中央、国务院发布《关于全面加强生态环境保护　坚决打好污染防治攻坚战的意见》（以下简称《意见》），明确要求针对重点领域，抓住薄弱环节，打好三大保卫战和七大标志性重大战役，着力解决一批群众反映强烈的突出生态环境问题，取得扎扎实实的成效。

三大保卫战即蓝天保卫战、碧水保卫战、净土保卫战。

七大标志性重大战役即打赢蓝天保卫战、打好柴油货车污染治理攻坚战、打好城市黑臭水体治理攻坚战、打好渤海综合治理攻坚战、打好长江保护修复攻坚战、打好水源地保护攻坚战和打好农业农村污染治理攻坚战，并确保三年时间明显见效。到2020年，实现生态环境质量总体改善，主要污染物排放总量大幅减少，环境风险得到有效管控，生态环境保护水平同全面建成小康社会目标相适应。

坚决打赢蓝天保卫战

《意见》明确要求，打赢蓝天保卫战是以京津冀及周边、长三角、汾渭平原等重点区域为主战场，调整优化产业结构、能源结构、运输结构、用地结构，强化区域联防联控和重污染天气应对，进一步明显降低 $PM_{2.5}$ 浓度，明显减少重污染天数，明显改善大气环境质量，明显增强人民的蓝天幸福感。打赢蓝天保卫战需要做好以下五项工作：

一是加强工业企业大气污染综合治理。全面整治“散乱污”企业及集群，分类实施关停取缔、整合搬迁、整改提升等措施。坚决关停用地、工商手续不全并难以通过改造达标的企业，限期治理可以达标改造的企业，逾期依法一律关停。强化工业企业无组织排放管理，推进挥发性有机物排放综合整治，开展大气氨排放控制试点。对重点区域和大气污染严重城市加大钢铁、铸造、炼焦、建材、电解铝等产能压减力度，实施大气污染物特别排放限值。在重点区域加大排放高、污染重的煤电机组淘汰力度。

二是大力推进散煤治理和煤炭消费减量替代。增加清洁能源使用，拓宽清洁能源消纳渠道，推动清洁低碳能源优先上网。因地制宜、加快实施北方地区冬季清洁取暖五年规划。鼓励余热、浅层地热能等清洁能源取暖。加强煤层气（煤矿瓦斯）综合利用，实施生物天然气工程。推广清洁高效燃煤锅炉。

三是打好柴油货车污染治理攻坚战。以开展柴油货车超标排放专项整治为抓手，统筹开展油、路、车治理和机动车船污染防治。严厉打击生产销售不达标车辆、排放检验机构检测弄虚作假等违法行为。加快淘汰老旧车，鼓励清洁能源车辆、船舶的推广使用。推进钢铁、电力、电解铝、焦化等重点工业企业和工业园区货物由公路运输转向铁路运输。显著提高重点区域大宗货物铁路水路货运比例，提高沿海港口集装箱铁路集疏港比例。重点区域提前实施机动车国六排放标准，严格实施船舶和非道路移动机械大气排放标准。

四是强化国土绿化和扬尘管控。积极推进露天矿山综合整治，加快环境修复和绿化。开展大规模国土绿化行动，加强北方防沙带建设，实施京津风沙源治理工程、重点防护林工程，增加林草覆盖率。在城市功能疏解、更新和调整中，将腾退空间优先用于留白增绿。落实城市道路和城市范围内施工工地等扬尘管控。

五是有效应对重污染天气。强化重点区域联防联控联治，统一预警分级标准、信息发布、应急响应，提前采取应急减排措施，实施区域应急联动，有效降低污染程度。完善应急预案，明确政府、部门及企业的应急责任，科学确定重污染期间管控措施和污染源减排清单。指导公众做好重污染天气健康防护。强化城市建设施工工地扬尘管控措施，加强道路机扫。依法严禁秸秆露天焚烧，全面推进综合利用。

着力打好碧水保卫战

打好碧水保卫战需要深入实施《水污染防治行动计划》，扎实推进河长制、湖长制，坚持污染减排和生态扩容两手发力，加快工业、农业、生活污染源和水生态系统整治，保障饮用水安全，消除城市黑臭水体，减少污染严重水体和不达标水体。具体来说就是打好水源地保护攻坚战、打好城市黑臭水体治理攻坚战、打好长江保护修复攻坚战、打好渤海综合治理攻坚战以及打好农业农村污染治理攻坚战等五大战役。

如何打好水源地保护攻坚战？

《意见》明确要求，打好水源地保护攻坚战，需要做好以下七项工作：一是加强水源水、出厂水、管网水、末梢水的全过程管理。二是划定集中式饮用水水源保护区，推进规范化建设。三是强化南水北调水源地及沿线生态环境保护。四是深化地下水污染防治。五是全面排查和整治县级及以上城市水源保护区内的违法违规问题，长江经济带于2018年年底前、其他地区于2019年年底前完成。六是单一水源供水的地级及以上城市应当建设应急水源或备用水源。七是定期监（检）测、评估集中式饮用水水源、供水单位供水和用户水龙头水质状况，县级及以上城市至少每季度向社会公开一次。

如何打好城市黑臭水体治理攻坚战？

《意见》明确要求，打好城市黑臭水体治理攻坚战，需要做好以下四项工作：

一是实施城镇污水处理“提质增效”三年行动，加快补齐城镇污水收集和处理设施短板，尽快实现污水管网全覆盖、全收集、全处理。二是完善污水处理收费政策，各地要按规定将污水处理收费标准尽快调整到位，原则上应补偿到污水处理和污泥处置设施正常运营并合理盈利。对中西部地区，中央财政给予适当支持。三是加强城市初期雨水收集处理设施建设，有效减少城市面源污染。四是鼓励京津冀、长三角、珠三角区域城市建成区尽早全面消除黑臭水体。到2020年，地级及以上城市建成区黑臭水体消除比例达90%以上。

如何打好长江保护修复攻坚战？

《意见》明确要求，打好长江保护修复攻坚战，需要做好以下六项工作：一是开展长江流域生态隐患和环境风险调查评估，划定高风险区域，从严实施生态环境风险防控措施。二是优化长江经济带产业布局和规模，严禁污染型产业、企业向上中游地区转移。三是排查整治入河入湖排污口及不达标水体，市、县级政府制定实施不达标水体限期达标规划。到2020年，长江流域基本消除劣Ⅴ类水体。四是强化船舶和港口污染防治，现有船舶到2020年全部完成达标改造，港口、船舶修造厂环卫设施，污水处理设施纳入城市设施建设规划。五是加强沿河环湖生态保护，修复湿地等水生态系统，因地制宜建设人工湿地水质净化工程。六是实施长江流域上中游水库群联合调度，保障干流、主要支流和湖泊基本生态用水。

如何打好渤海综合治理攻坚战？

《意见》明确要求，打好渤海综合治理攻坚战，需要做好以下六项工作：一是以渤海海区的渤海湾、辽东湾、莱州湾、辽河口、黄河口等为重点，推动河口海湾综合整治。二是全面整治入海污染源，规范入海排污口设置，全部清理非法排污口。三是严格控制海水养殖等造成的海上污染，推进海洋垃圾防治和清理。四是率先在渤海实施主要污染物排海总量控制制度，强化陆海污染联防联控，加强入海河流治理与监管。五是实施最严格的围填海和岸线开发管控，统筹安排海洋空间利用活动。六是禁止在渤海审批新增围填海项目，引导符合国家产业政策的项目消化存量围填海资源，已审批但未开工的项目要依法重新进行评估和清理。

如何打好农业农村污染治理攻坚战？

《意见》明确要求，打好农业农村污染治理攻坚战，需要做好以下六项工作：一是以建设美丽宜居村庄为导向，持续开展农村人居环境整治行动，实现全国行政村环境整治全覆盖。到2020年，农村人居环境明显改善，村庄环境基本干净整洁有序，东部地区、中西部城市近郊区等有基础、有条件的地区人居环境质量全面提升，管护长效机制初步建立；中西部有较好基础、基本具备条件的地区力争实现90%左右的村庄生活垃圾得到治理，卫生厕所普及率达到85%左右，生活污水乱排乱放得到管控。二是减少化肥农药施用量，制修订并严格执行化肥农药等农业投入品质量标准，严格控制高毒高风险农药使用，推进有机肥替代化肥、病虫害绿色防控替代化学防治。到2020年，化肥农药施用量实现零增长。三是推进废弃农膜回收，完善废旧地膜和包装废弃物等回收处理制度。四是坚持种植和养殖相结合，就地就近消纳利用畜禽养殖废弃物。五是合理布局水产养殖空间，深入推进水产健康养殖，开展重点江河湖库及重点近岸海域破坏生态环境的养殖方式综合整治。六是加强畜禽粪污综合利用，到2020年，全国畜禽粪污综合利用率达到75%以上，规模养殖场粪污处理设施装备配套率达到95%以上。

扎实推进净土保卫战

《意见》明确要求，打好净土保卫战，全面实施《土壤污染防治行动计划》，突出重点区域、行业和污染物，有效管控农用地和城市建设用地土壤环境风险。重点需要做好以下三项工作：

一是强化土壤污染管控和修复。加强耕地土壤环境分类管理。严格管控重度污染耕地，严禁在重度污染耕地种植食用农产品。实施耕地土壤环境治理保护重大工程，开展重点地区涉重金属行业排查和整治。2018年年底前，完成农用地土壤污染状况详查。2020年年底前，编制完成耕地土壤环境质量分类清单。建立建设用地土壤污染风险管控和修复名录，列入名录且未完成治理修复的地块不得作为住宅、公共管理与公共服务用地。建立污染地块联动监管机制，将建设用地土壤环境管理要求纳入用地规划和供地管理，严格控制用地准入，强化暂不开发污染地块的风险管控。2020年年底前，完成重点行业企业用地土壤污染状况调查。严格土壤污染重点行业企业搬迁改造过程中拆除活动的环境监管。

二是加快推进垃圾分类处理。到2020年，实现所有城市和县城生活垃圾处理能力全覆盖，基本完成非正规垃圾堆放点整治；直辖市、计划单列市、省会城市和第一批分类示范城市基本建成生活垃圾分类处理系统。推进垃圾资源化利用，大力发展垃圾焚烧发电。推进农村垃圾就地分类、资源化利用和处理，建立农村有机废弃物收集、转化、利用网络体系。

三是强化固体废物污染防治。全面禁止洋垃圾入境，严厉打击走私，大幅减少固体废物进口种类和数量，力争2020年年底前基本实现固体废物零进口。开展“无废城市”试点，推动固体废物资源化利用。调查、评估重点工业行业危险废物产生、贮存、利用、处置情况。完善危险废物经营许可、转移等管理制度，建立信息化监管体系，提升危险废物处理处置能力，实施全过程监管。严厉打击危险废物非法跨界转移、倾倒等违法犯罪活动。深入推进长江经济带固体废物大排查活动。评估有毒有害化学品在生态环境中的风险状况，严格限制高风险化学品生产、使用、进出口，并逐步淘汰、替代。

10.“十四五”期间，污染防治攻坚战如何向“深入”发力？

全国政协常委、生态环境部部长黄润秋在政协第十三届全国委员会常务委员会第十四次会议上指出：

“中共十九届五中全会提出，深入打好污染防治攻坚战，持续改善生态环境质量。这是中共中央辩证分析当前我国发展与保护面临的形势，对标2035年美丽中国建设目标要求，作出的重大决策部署。‘十四五’期间，要深入打好污染防治攻坚战，持续加强生态系统保护，为美丽中国建设开好局、起好步。

一是对标2035年美丽中国建设目标，合理设置‘十四五’生态环境保护目标任务。推动空气质量稳步提升，基本消除重污染天气。水环境质量持续改善，水生态建设得到加强，基本消除城市黑臭水体。温室气体排放增长势头有效遏制，降低碳排放强度。

二是坚持以改善生态环境质量为核心，进一步推动源头治理。加快推动生产方式的绿色低碳转型，从源头改善生态环境质量。加快促进钢铁、水泥等传统行业绿色转型和升级改造，加速化解和淘汰低效和落后产能。

三是更加突出‘三个治污’，深入打好污染防治攻坚战。突出精准治污、科学治污、依法治污。积极探索重点污染物协同治理，制订实施全国空气质量提升行动计划。进一步统筹水资源、水生态、水环境治理，继续实施水污染防治攻坚行动。持续实施土壤污染防治攻坚行动，严格农用地安全利用和建设用地风险防控。

四是紧扣绿色低碳发展，大力推进二氧化碳排放达峰行动。编制‘十四五’应对气候变化专项规划，制订实施二氧化碳排放达峰行动计划。加快推进碳交易市场建设，促进应对气候变化与社会经济发展深度融合。加强应对气候变化与环境治理、生态保护修复协同增效，积极参与全球气候治理。

五是坚持污染减排与生态扩容两手发力，统筹推进污染防治与生态保护。把生态保护修复摆在更加突出位置，实现减污增容。坚持山水林田湖草系统治理，构建以国家公园为主体的自然保护地体系，实施重大生态系统保护修复工程和生物多样性保护重大工程。”

（三）中央生态环境保护督察

11．什么是中央生态环境保护督察制度?

中央生态环境保护督察制度，就是设立专职督察机构，对省、自治区、直辖市党委和政府，国务院有关部门以及有关中央企业等组织开展生态环境保护督察。

开展中央生态环境保护督察，是党中央、国务院为加强生态环境保护工作采取的一项重大改革举措和制度安排。

中央生态环境保护督察制度（以下简称中央环保督察）源于中央全面深化改革领导小组的深思熟虑，推出伊始就以高权威、高规格为标志。相比过去各类督察，中央环保督察背后是我国环境监管模式的重大变革：从生态环境主管部门牵头到中央主导，代表党中央、国务院开展环保督察；从以查企业为主转变为“查督并举，以督政为主”。

习近平总书记高度重视中央环保督察，并强调开展中央环保督察是党中央、国务院为加强环境保护工作采取的一项重大举措，对加强生态文明建设、解决人民群众反映强烈的环境污染和生态破坏问题具有重要意义。

2015 年 8 月，中共中央办公厅、国务院办公厅印发《环境保护督察方案（试行）》。在此方案指导下，中央环保督察于 2015 年 12 月—2016 年 1 月在河北省启动试点，并于 2016 年 7 月和 11 月、2017 年 4 月和 8 月分四批开展中央环保督察，顺利完成了对 31 个省（自治区、直辖市）和新疆生产建设兵团的第一轮督察全覆盖。第一轮中央环保督察积累的经验为制度化推进督察工作奠定了扎实的基础。中央环保督察组（以下简称督察组）在督察实践中组织拟订工作流程、进驻工作规程等基础性制度，研究细化督察进驻、督察报告、督察反馈、移交移送等 7 个环节的具体工作方法，形成了资料调阅、个别谈话、走访问询、下沉督察等基本督察方法。针对走访问询、调查取证等督察环节，形成了 50 余个督察制度、模板和范式，为制定专门的中央环保督察制度积累了宝贵的实践经验和理论基础。2018 年 5 月开始，督察组又对 20 个省（自治区、直辖市）开展了“回头看”。

2019 年 6 月，中共中央办公厅、国务院办公厅正式印发《中央生态环境保护督察工作规定》（以下简称《规定》），首次以党内法规形式明确了督察制度框架、程序规范、权限责任等，充分体现了党中央、国务院强化督察权威，推进生态文明建设和生态环境保护的坚定意志和坚强决心，为依法推动督察向纵深发展、不断夯实生态文明建设政治责任、建设美丽中国发挥了重要保障作用。

在第一轮中央环保督察中，督察组用不到3年时间，对全国31个省（自治区、直辖市）存在的环境问题进行了一次全覆盖式的督察，推动了各地各部门落实生态文明建设目标，紧紧盯住“关键少数”，强化环境保护“党政同责”和“一岗双责”的要求，一批长期难以解决的环境问题得到了解决，一批长期想办而未办的事情得到了落实，取得了中央肯定、百姓点赞的显著效果，彰显了督察工作的重要作用和重大意义。

中央环保督察是推动落实习近平生态文明思想的重要平台。习近平生态文明思想为建设生态文明、加强生态环境保护提供了方向指引和根本遵循。督察工作始终坚持旗帜鲜明讲政治，将习近平生态文明思想贯彻落实情况作为重中之重，督到哪儿，讲到哪儿，落实到哪儿，调动了省委书记、省长，以及地市“一把手”的积极性，带动成千上万人参与环保。仅仅在第一轮中央环保督察中，督察组就与768名省级及以上领导干部、677名厅级领导干部开展个别谈话，对689个省级部门和单位进行走访问询。自中央环保督察启动以来，各省（自治区、直辖市）有针对性地出台或修订了生态环境保护政策法规、制度、标准等240多项；31个省（自治区、直辖市）均已出台环境保护职责分工文件、环境保护督察方案以及党政领导干部生态环境损害责任追究实施办法；26个省（自治区、直辖市）已开展或正在开展省级生态环境保护督察。通过中央环保督察，有力促进了地方增强“四个意识”，坚定“四个自信”，做到“两个维护”，深入贯彻落实习近平生态文明思想。

中央环保督察是解决突出生态环境问题的关键抓手。中央环保督察始终坚持以人民为中心，始终把老百姓的事放在心上、抓在手上。对老百姓反映的环境问题，中央环保督察的要求是坚持以人民为中心，做到“件件有回应、事事有着落”。第一轮中央环保督察共推动解决群众身边的生态环境问题约15万件，得到了人民群众的普遍称赞和拥护。同时，中央环保督察围绕污染防治攻坚战七大标志性战役和其他重点领域，统筹开展专项督察，推动解决了一大批长期想解决而没有解决的生态环境“老大难”问题。第一轮中央环保督察累计立案处罚 2.9 万件，罚款约 14.3 亿元，立案侦查 1 518 件，拘留 1 527 人，大大震慑了环境违法者和环境违法行为。

中央环保督察是推动经济高质量发展的强大动力。中央环保督察进一步强化了生态环境保护优化经济社会发展的作用，地方党委和政府贯彻新发展理念的主动性明显增强，忽视生态环境保护的情况明显改变，不顾资源环境承载能力盲目决策的情况明显改变，发展与保护一手硬、一手软的情况明显改变。一批违法违规项目被叫停，一批生态环境治理项目得到实施，一批传统产业优化升级，一批绿色生态产业加快发展，有力推动了产业结构转型升级和经济高质量发展。

中央环保督察是推动落实生态环境保护责任的硬招实招。中央环保督察始终紧盯地方党委和政府及其有关部门生态环境保护责任落实。经过两年多的第一轮中央环保督察工作，环保督察问责机制正在逐步常态化，几乎每一批中央环保督察小组进驻地方后，都会有一批官员因环保工作推进不力、不作为、乱作为乃至违法违规审批等情况被问责。第一轮中央环保督察共约谈党政领导干部 18 448 人，问责 18 199 人。问责范围不仅涵盖环保部门，还包括地方党政、国有企业、基层社区、国土、林业、水利、住建、农业、城管、安监、工信、交通、公安、发改、旅游等部门。随着督察的不断深入，生态环境保护“党政同责”“一岗双责”落地生根。通过督察问责，一批领导干部得到警醒，环保压力得到有效传导。

中央环保督察是加快职能和作风转变的锐利武器。督察不仅对地方履行生态环境保护责任情况开展“体检”，也对贯彻落实整治形式主义、官僚主义要求，推进工作作风转变等情况开展“体检”。

第二轮首批中央环保督察中，8 个督察组于 2019 年 7 月 10—15 日陆续进驻上海、福建、海南、重庆、甘肃、青海等 6 个省（直辖市）和中国五矿集团有限公司、中国化工集团有限公司等 2 家中央企业开展督察。截至 2019 年 8 月 15 日，在各督察组受理转办的 18 732 件群众举报（未计重复举报）中，已办结 6 761 件，阶段办结 4 119 件；立案处罚 1 901 家，罚款 11 308.7 万元；立案侦查 60 件，拘留 56 人；约谈党政领导干部 1 365 人，问责 234 人。

12．环保督察和环保督查的关系是什么?

在 2017 年 4 月中旬召开的中央全面深化改革领导小组第三十四次会议上，习近平总书记强调，“督察是抓落实的重要手段。各地区各部门要把抓改革落实摆到重要位置，投入更多精力抓督察问效，加强和改进督察工作，拓展督察工作广度和深度，点面结合，多管齐下，提高发现问题、解决问题的实效”。不足百字的这段话，数次提到“督察”二字。为推动各项改革政策落实，中央近年来成立了各种各样的督察组，如中央环保督察组、促进民间投资专项督察组等，这些督察组成为政务信息公开、媒体报道中出现的高频词。

与此同时，另一个相似度非常高的词——“督查”也时常出现在新闻报道中。例如，2018 年 7 月 5 日，国务院发出《关于开展 2018 年国务院大督查的通知》，要求在全面督查中央经济工作会议部署和《政府工作报告》提出的目标任务的基础上，重点督查六个方面工作，确保完成全年经济社会发展主要目标任务。这是一次推动党中央、国务院重大决策部署和政策措施贯彻落实而开展的专项督查。在环境保护领域，也有“环保督察”和“环保督查”之分。

“督察”既可作为动词，也可作为名词。作为动词，督察的目标是提醒、敦促有关单位和人员遵纪守法。督察的对象侧重那些有线索指向、涉嫌违法违规的单位和人员，结果很可能导致责任追究。负责督察工作的主体，一般是掌握一定权力的机关单位，在很多情况下还需要法律法规的授权。正是这个原因，现代汉语中的“警察”“检察院”“纪检监察”等都用的是“察”而非“查”。

“督查”仅作动词用，是督促检查之意，侧重动作和过程，出发点和落脚点在于促进工作开展、任务落实。从结果来看，“督查”既可能导致责任追究，也可能对工作开展得好的单位和人员进行奖励表彰。例如，2015年7月，国务院办公厅在发出通知要求对全国第二次大督查发现问题进行整改的同时，也发出通报对全国第二次大督查发现的典型经验做法给予表扬。值得注意的是，“督查”可用在很多领域，党政机关、企事业单位、社会组织等都可以用这一方式抓工作进展，推动有关目标实现。

“督查”是例行检查，上级查看下级工作有何问题，政策落实情况如何，帮助解决。政府制定出台一系列路线方针、政策措施后，积极有效地贯彻执行，才能使深化改革得以顺利实施。但在政府制定出台一系列路线方针和政策措施在执行的过程中，总会有一些受到各种因素的制约和影响，从而导致执行效果大打折扣，无法达到预期目标。如何有效地促进政策措施的执行，确保政策措施的有效落实，强化对政策措施执行的督查是一种必然的选择。

“督察”更倾向于地方有违法乱纪行为时进行的检察。“督察”的针对性更强，主要查具体的事情，针对问题进行调查研究并予以公示，督促整改。中央派出的督察组犹如“环保医生”，发现“病情”，开出“药方”，根治部分地方领导干部环保认识不到位，环保压力逐层递减，一些地方的环保考核形同虚设，造成环境污染突出等问题。督察组在例行督察后发现多个问题，将这些问题及时反馈给地方党委和政府，要求他们及时进行整改。督察组还定期开展专项督察，督促检查问题整改和落实情况，督察过程中的信息都同时向社会公布，接受全社会的监督，将“专项督察”这种“自上而下”的方式以及“群众监督”这种“自下而上”的方式相结合，监督地方党委和政府及时整改环境问题，履行新修订的《中华人民共和国环境保护法》（简称新《环境保护法》）规定的对其辖区内环境质量负责的职责。综上，“督察”的工作内容以监督为主，“督查”则是以检查为主。相较而言，“督察”的权力、力度和范围更大。

13．中央环保督察的类别有哪些?

根据《规定》，中央环保督察包括例行督察、专项督察和“回头看”等，这也是在第一轮中央环保督察经验基础上总结出来的三种方式。

中央环保例行督察的内容主要包括九个方面：一是学习贯彻落实习近平生态文明思想以及贯彻落实新发展理念、推动高质量发展情况；二是贯彻落实党中央、国务院生态文明建设和生态环境保护决策部署情况；三是贯彻落实国家生态环境保护法律法规、政策制度、标准规范、规划计划情况；四是生态环境保护“党政同责”“一岗双责”推进落实情况和长效机制建设情况；五是突出生态环境问题以及处理情况；六是生态环境质量呈现恶化趋势的区域流域以及整治情况；七是对人民群众反映的生态环境问题立行立改情况；八是生态环境问题立案、查处、移交、审判、执行等环节非法干预以及不予配合等情况；九是其他需要督察的生态环境保护事项。

中央环保专项督察直奔问题、强化震慑、严肃问责，督察事项主要包括四个方面：一是党中央、国务院明确要求督察的事项；二是重点区域、重点领域、重点行业突出生态环境问题；三是中央环保督察整改不力的典型案件；四是其他需要开展专项督察的事项。

中央环保督察“回头看”主要是对例行督察整改工作开展情况、重点整改任务完成情况和生态环境保护长效机制建设情况等，特别是整改过程中的形式主义、官僚主义问题进行督察。

根据《规定》，中央环保例行督察、“回头看”的有关工作安排都应当报党中央、国务院批准；中央环保专项督察的组织形式、督察对象和督察内容应当根据具体督察事项和要求确定，重要专项督察的有关工作安排也应当报党中央、国务院批准。

14．中央环保督察的对象有哪些？

中央环保督察的对象主要有四类：一是省、自治区、直辖市党委和政府及其有关部门，并可以下沉至有关地市级党委和政府及其有关部门；二是承担重要生态环境保护职责的国务院有关部门；三是从事的生产经营活动对生态环境影响较大的有关中央企业；四是其他中央要求督察的单位。

15．中央环保督察多久开展一次？

根据《规定》，原则上在每届党的中央委员会任期内，应当对各省、自治区、直辖市党委和政府，国务院有关部门以及有关中央企业开展例行督察，并根据需要对督察整改情况实施“回头看”，针对突出生态环境问题，视情组织开展专项督察。中央环保督察还将实施规划计划管理，五年工作规划经党中央、国务院批准后实施；年度工作计划应当明确当年督察工作具体安排，以保障五年规划任务落实到位。

根据《规定》，经党中央、国务院批准，自 2019 年 7 月开始，第二轮中央环保督察已经全面启动，至 2021 年结束，利用三年时间对被督察对象开展督察，再利用 2022 年一年时间，对一些地方和部门开展“回头看”。

16．中央环保督察有哪些程序？

中央环保督察一般包括督察准备、督察进驻、督察报告、督察反馈、移交移送、整改落实和立卷归档等程序环节。

督察准备工作主要包括五个事项，一是向党中央、国务院有关部门和单位了解被督察对象有关情况以及问题线索；二是组织开展必要的摸底排查；三是确定组长、副组长人选，组成中央环保督察组，开展动员培训；四是制订督察工作方案；五是印发督察进驻通知，落实督察进驻各项准备工作。

中央环保督察进驻时间应当根据具体督察对象和督察任务确定。根据第一轮中央环保督察进驻时间，一般是一个月时间。在督察组进驻期间，主要听取被督察对象工作汇报和有关专题汇报，与被督察对象党政主要负责人和其他有关负责人进行个别谈话，受理人民群众生态环境保护方面的信访举报，调阅、复制有关文件、档案、会议记录等资料，对有关地方、部门、单位以及个人开展走访问询，针对问题线索开展调查取证，并可以责成有关地方、部门、单位以及个人就有关问题作出书面说明；督察组还可以召开座谈会，列席被督察对象有关会议，到被督察对象下属地方、部门或者单位开展下沉督察，并提请有关地方、部门、单位以及个人予以协助；针对督察发现的突出问题，还可以视情况对有关党政领导干部实施约见或者约谈。

督察进驻结束后，中央环保督察组应当在规定时限内形成督察报告，如实报告督察发现的重要情况和问题，并提出意见和建议。督察报告应当以适当方式与被督察对象交换意见，经中央环保督察工作领导小组审议后，报党中央、国务院。督察报告经党中央、国务院批准后，由中央环保督察组向被督察对象反馈，指出督察发现的问题，明确督察整改工作要求。督察结果作为对被督察对象领导班子和领导干部综合考核评价、奖惩任免的重要依据，按照干部管理权限送有关组织部门和人事部门。

被督察对象应当按照督察报告制定督察整改方案，在规定时限内报党中央、国务院。被督察对象应当按照督察整改方案要求抓好整改落实工作，并在规定时限内向党中央、国务院报送督察整改落实情况。中央环保督察办公室应当对督察整改落实情况开展调度督办，并组织抽查核实。对整改不力的，视情采取函告、通报、约谈、专项督察等措施，压实责任，推动整改。督察组还要加强边督边改工作。对督察进驻过程中人民群众举报的生态环境问题，以及督察组交办的其他问题，被督察对象应当立行立改，坚决整改，确保有关问题查处到位、整改到位。

《规定》要求加强信息公开，中央环保督察的具体工作安排、边督边改情况、有关突出问题和案例、督察报告主要内容、督察整改方案、督察整改落实情况以及督察问责有关情况等，应当按照有关要求对外公开，回应社会关切，接受群众监督。

17. 中央环保督察的组织机构是怎样的?

中央环保督察的组织机构是中央环保督察工作领导小组（以下简称领导小组），由领导小组负责组织协调推动中央环保督察工作，领导小组组长、副组长由党中央、国务院研究确定。

领导小组有8个组成部门，包括中共中央办公厅、中央组织部、中央宣传部、国务院办公厅、司法部、生态环境部、审计署和最高人民检察院。中央环保督察办公室设在生态环境部，负责领导小组的日常工作，承担中央环保督察的具体组织实施工作。这种协调机制和领导机构的设立，有利于强化督察的权威，确保督察形成的报告、结论有效运用，有利于把生态文明建设和生态环境保护的政治责任进一步夯实，进一步落实到位。

领导小组有六项主要职责：一是学习贯彻落实习近平生态文明思想，研究其在实施中央环保督察工作中的具体贯彻落实措施；二是贯彻落实党中央、国务院关于生态环境保护督察的决策部署；三是向党中央、国务院报告中央环保督察工作有关情况；四是审议中央环保督察制度规范、督察报告；五是听取中央环保督察办公室有关工作情况的汇报；六是审议中央环保督察其他重要事项。

中央环保督察办公室也有六项主要职责：一是向中央环保督察工作领导小组报告工作情况，组织落实领导小组确定的工作任务；二是负责拟订中央环保督察法规制度、规划计划、实施方案，并组织实施；三是承担中央环保督察组的组织协调工作；四是承担督察报告审核、汇总、上报，以及督察反馈、移交移送的组织协调和督察整改的调度督促等工作；五是指导省、自治区、直辖市开展省级生态环境保护督察工作；六是承担领导小组交办的其他事项。

18．中央环保督察组的人员构成是怎样的?

根据中央环保督察工作安排，经党中央、国务院批准，组建督察组，承担具体生态环境保护督察任务。督察组设组长、副组长。督察组实行组长负责制，副组长协助组长开展工作。组长由现职或者近期退出领导岗位的省部级领导同志担任，副组长由生态环境部现职部领导担任。建立组长人选库，由中央组织部商生态环境部管理。组长、副组长人选由中央组织部履行审核程序。组长、副组长根据每次中央环保督察任务确定并授权。

根据《规定》，督察组成员以生态环境部各督察局人员为主体，并根据任务需要抽调有关专家和其他人员参加。督察组成员应当具备以下五项条件：一是理想信念坚定，对党忠诚，在思想上、政治上、行动上同以习近平同志为核心的党中央保持高度一致；二是坚持原则，敢于担当，依法办事，公道正派，清正廉洁；三是遵守纪律，严守秘密；四是熟悉中央环保督察工作或者相关政策法规，具有较强的业务能力；五是身体健康，能够胜任工作要求。

《规定》要求，要加强中央环保督察队伍建设，选配督察组成员应当严格标准条件，对不适合从事督察工作的人员应当及时予以调整。《规定》还要求，督察组成员实行任职回避、地域回避、公务回避，并根据任务需要进行轮岗交流。

19．中央环保督察的责任追究有哪些?

根据《规定》，督察进驻结束后，督察组应当在规定时限内形成督察报告，如实报告督察发现的重要情况和问题，并提出意见和建议。督察报告以适当方式与被督察对象交换意见，经领导小组审议后，报党中央、国务院。督察报告经党中央、国务院批准后，由督察组向被督察对象反馈，指出督察发现的问题，明确督察整改工作要求。

督察结果作为对被督察对象领导班子和领导干部综合考核评价、奖惩任免的重要依据，按照干部管理权限送有关组织（人事）部门。对督察发现的重要生态环境问题及失职失责情况，督察组应当形成生态环境损害责任追究问题清单和案卷，按照有关权限、程序和要求移交中央纪委国家监委、中央组织部、国务院国有资产监督管理委员会党委或者被督察对象。

对督察发现需要开展生态环境损害赔偿工作的，移送省、自治区、直辖市政府依照有关规定索赔追偿；需要提起公益诉讼的，移送检察机关等有权机关依法处理。对督察发现涉嫌犯罪的，按照有关规定移送检察机关或者司法机关依法处理。对不履行或者不正确履行职责而造成生态环境损害的地方和单位党政领导干部，应当依纪依法严肃、精准、有效问责；对该问责而不问责的，应当追究相关人员责任。

20．中央环保督察的纪律要求有哪些?

为树立中央环保督察良好形象，确保中央环保督察工作风清气正，生态环境部于 2019 年 5 月发布实施了《中央生态环境保护督察纪律规定》，提出 10 项严格明确的要求：

一是严守政治纪律和政治规矩，不准发表与党中央关于生态文明建设和生态环境保护决策部署不一致的言论、文章等，自觉在思想上、政治上、行动上与党中央保持高度一致。坚持依规依法、客观公正，做到聚焦、精准、深入督察，防止形式主义、官僚主义，严禁作表面文章、搞形式、走过场。严格落实临时党支部工作要求和“一督察两报告”制度。改进督察方式，规范督察行为，切实减少被督察对象的负担。

二是严守组织纪律，坚决服从领导，严格执行请示报告和请销假制度。在督察工作中，必须听从组织安排，执行组织决定，严格执行组长负责制，对发现的重大情况和问题要及时报告，不准擅自处置和对外发表个人主张。督察进驻期间，不准擅自离开驻地、不准私自会客；不准参加老乡、校友、战友等组织的各种活动。

三是严守工作纪律，不准滥用督察职权。在督察工作中，不干预被督察对象的正常工作，不准向被督察对象提出与督察工作无关的要求。不准隐瞒、歪曲、捏造事实，不准违反生态环境损害责任追究问题的处置规范和程序，不准私自留存涉及督察工作秘密的资料。督察进驻期间，严格遵守回避制度。

四是严格执行保密制度，不准泄露督察工作秘密，不准跑风漏气。督察期间，严禁在非工作场合谈论督察问题或交流督察内部情况；严禁以任何形式向无关人员泄露任何与督察有关的情况；未经批准严禁对外发布督察情况或接受采访。督察进驻结束后，所有督察工作人员不准擅自对外泄露任何未经公开的督察资料。

五是严格执行住宿标准和要求，督察进驻期间入住宾馆要严格按照中央国家机关差旅住宿费标准安排房间，中途离开要腾退不必要的房间，进驻结束后要及时腾退全部房间。不准擅自在驻地外住宿，不准以督察组名义在驻地安排亲友及其他人员住宿。

六是严格执行接待标准和规定，要按当地接待标准安排工作用餐，不接受宴请，不上高档菜肴，自助餐也要节俭。督察组工作人员不准接受被督察对象宴请，不准饮酒，不准外出自费集体聚餐。督察进驻结束后，应向被督察对象缴纳伙食费。现场督察一律轻车简从，对被督察地方搞层层陪同的，要亮明态度，严肃拒绝。

七是严格执行中央国家机关出差乘坐交通工具的规定。不准擅自借用和占有被督察对象及有关单位的交通工具、通信工具和办公设备，不准擅自驾驶工作用车。督察进驻期间，确因工作需要由被督察对象协助安排城市内交通用车的，督察进驻结束后，应向被督察对象缴纳交通费。

八是不准利用督察工作便利牟取私利，不准为请托人、亲属或所在单位在课题或项目承揽、环评审批、环境执法、督察问责、企业经营活动、干部提拔和调整等方面打招呼、递条子。严禁利用内部信息谋取利益。

九是不准接受礼金、礼品、有价证券和变相赠予的其他物品，不准接受保健性体检活动，不准接受文艺、体育等营业性活动门票，不准在被督察对象及有关单位报销任何应由个人支付的费用。不准通过被督察对象及有关单位接待家属或亲友旅游、度假。督察进驻期间，除工作需要并经批准外，不准到名胜古迹、旅游风景区参观。

十是不准漠视群众利益，对符合督察受理范围的群众环境投诉举报均应认真对待，及时转办督办，不准消极应付、推诿扯皮。督察工作中，不准居高临下、盛气凌人、口大气粗。督察工作场合，不准随意着装。不准涉足影响督察工作人员形象和声誉的不健康场所和活动。

以上10项要求充分体现了督察的政治属性，明确提出要全面贯彻落实习近平生态文明思想，要加强政治建设、严明政治纪律和政治规矩，要增强“四个意识”、坚定“四个自信”、做到“两个维护”，并且要坚决反对形式主义、官僚主义，在督察工作中坚持依规依法、客观公正，防止形式主义、官僚主义。特别是严格禁止表面文章，搞形式、走过场，还要切实减少被督察对象的负担。

（四）生态环境执法

21. 中央改革是如何整合生态环境保护执法职责的？

中共中央办公厅、国务院办公厅于2018年12月印发《关于深化生态环境保护综合行政执法改革的指导意见》，明确提出根据中央改革精神和现行法律法规，整合环境保护和国土、农业、水利、海洋、林业等部门关于污染防治和生态保护的执法职责。具体整合范围包括：环境保护部门污染防治、生态保护、核与辐射安全等方面的执法权；海洋部门海洋、海岛污染防治和生态保护等方面的执法权；国土部门地下水污染防治的执法权，对因开发土地、矿藏等造成生态破坏的执法权；农业部门农业面源污染防治的执法权；水利部门流域水生态环境保护的执法权；林业部门对在自然保护地内进行非法开矿、修路、筑坝、建设而造成生态破坏的执法权。整合后，形成生态环境保护综合执法队伍。生态环境保护综合执法队伍以本级生态环境主管部门的名义，依法统一行使污染防治、生态保护、核与辐射安全的行政处罚权以及与行政处罚相关的行政检查、行政强制等执法职能。除法律法规另有规定外，相关部门不再行使上述行政处罚权和行政强制权。

《关于深化生态环境保护综合行政执法改革的指导意见》还明确，各地可以根据地方性法规规章和工作需要，进一步整合地方有关部门污染防治和生态保护执法职责，由生态环境保护综合执法队伍统一行使。已经实行更大范围跨领域跨部门综合行政执法的，可以继续探索。具备条件的地区可结合实际进行更大范围的综合行政执法。

22．如何整合组建生态环境保护综合执法队伍？

《关于深化生态环境保护综合行政执法改革的指导意见》中明确要求，坚持优化协同高效，整合相关部门污染防治和生态保护执法职责、队伍，相对集中行政执法权。按照编随事走、人随编走的原则，有序整合环境保护和国土、农业、水利、海洋、林业等部门有关污染防治和生态保护的执法队伍，组建生态环境保护综合执法队伍。改革中应当做到职责整合与编制划转同步实施，队伍组建与人员划转同步操作，充实加强生态环境保护综合执法力量。改革后，其他部门不再保留生态环境保护执法队伍。整合范围具体包括：环境保护部门承担生态环境保护执法职责的人员，海洋部门及其海监执法机构承担海洋和海岛生态环境保护执法职责的人员，国土部门承担地下水污染防治执法和对因开发土地、矿藏等造成生态破坏执法职责的人员，农业部门承担农业面源污染防治执法职责的人员，水利部门流域管理机构承担水生态环境保护执法职责的人员，林业部门承担自然保护地生态环境保护执法职责的人员，以及其他承担污染防治执法和生态保护执法职责的人员。

23．承担生态环境执法职责的部门有哪些？

任何一个国家机关的执法权限都是法律赋予的，只有在法定的权限内执法才是合法的，否则就是不合法的。根据我国生态环境保护法律法规的规定，在承担生态环境执法职责的部门当中，县级以上人民政府生态环境主管部门是对环境保护工作实施统一监督管理的部门，承担着生态环境执法的主要职责，是生态环境执法的主要机构。

除生态环境主管部门承担生态环境执法职责外，依照有关法律的规定，自然资源、矿产、住建、水利、农业、林业、渔政、卫生、交通、铁路、工信、海关、市场监管等行政主管部门，以及军队环境保护部门，都具有相关的生态环境执法职责。但是，任何机关都要依照法律授权来行使生态环境执法职责，不得行使应由其他部门行使的环境执法权力。同时，下级环境行政执法机关也不得行使本应由上级行政执法机关行使的执法权力，上级机关也不得行使本来应由下级执法机关行使的执法权力。

24．为什么要发布《生态环境保护综合行政执法事项指导目录（2020年版）》？

为全面贯彻党的十九大和十九届二中、三中、四中全会精神，按照党中央、国务院决策部署，扎实推进生态环境保护综合行政执法改革，统筹配置行政执法职能和执法资源，切实解决多头多层重复执法问题，严格规范公正文明执法，2020年3月11日，国务院办公厅发布了《关于生态环境保护综合行政执法有关事项的通知》，指明《生态环境保护综合行政执法事项指导目录（2020年版）》是落实统一实行生态环境保护执法要求、明确生态环境保护综合行政执法职能的重要文件。2020年3月17日，生态环境部公布了《生态环境保护综合行政执法事项指导目录（2020年版）》（以下简称《指导目录》）。

国务院办公厅《关于生态环境保护综合行政执法有关事项的通知》中强调，对列入《指导目录》的行政执法事项，要按照减少执法层级、推动执法力量下沉的要求，区分不同事项和不同管理体制，结合实际明晰第一责任主体，把查处违法行为的责任压实。坚持有权必有责、有责要担当、失责必追究，逐一厘清与行政执法权相对应的责任事项，明确责任主体、问责依据、追责情形和免责事由，健全问责机制。严禁以属地管理为名将执法责任转嫁给基层。对不按要求履职尽责的单位和个人，依纪依法追究责任。

《指导目录》同时明确，各地区、各部门要高度重视深化生态环境保护综合行政执法改革，全面落实清权、减权、制权、晒权等改革要求，统筹推进机构改革、职能转变和作风建设。要切实加强组织领导，落实工作责任，明确时间节点和要求，做细做实各项工作，确保改革举措落地生效。生态环境部要强化对地方生态环境主管部门的业务指导，推动完善执法程序、严格执法责任，加强执法监督，不断提高生态环境保护综合行政执法效能和依法行政水平。

《指导目录》的作用是贯彻落实习近平新时代中国特色社会主义思想，全面贯彻党的十九大和十九届二中、三中、四中全会精神，按照党中央、国务院决策部署，根据中共中央办公厅、国务院办公厅于2018年12月印发的《关于深化生态环境保护综合行政执法改革的指导意见》，扎实推进生态环境保护综合行政执法改革，统筹配置行政执法职能和执法资源，切实解决多头多层重复执法问题，严格规范公正文明执法。

《指导目录》的实施将进一步营造更加公开透明、规范有序、公平高效的执法环境，切实维护人民群众合法的环境权益，为落实全面依法治国基本方略、推进法治政府建设奠定坚实基础。

25.《指导目录》的内容及依据是什么?

《指导目录》不仅是执法人员的手册，也是执法相对人的普法书；不仅是执法人员的责任状，也是执法相对人的义务书；不仅是执法人员的小账本，也是执法相对人的监督册。

对于公民、法人、社会组织、企业事业单位和其他生产经营者、一切排污单位等法律上规定的执法相对人来说，在《指导目录》中将生态环境执法相关的法律法规详细列出来是非常有必要的。也就是把生态环境执法的事项名称、职权类型、实施依据、实施主体和责任主体全部在阳光下晒出来，让执法相对人和社会公众看得懂、用得上，方便查询其环境保护义务和责任，监督生态环境主管部门是否履职到位。

此外，《指导目录》不仅完整、清晰、准确地列出了执法事项相关的法律、行政法规和部门规章的具体条款内容，还规范了生态环境保护综合行政执法事项的名称、职权类型、实施依据、实施主体、第一责任层级建议等，厘清了部门间执法事项调整、层级事权划分、执法职责边界划定、执法责任认定等一直以来困扰基层执法者的问题。

《指导目录》的依据主要是现行的生态环境保护领域相关的15部法律和21部行政法规中设定的行政处罚和行政强制事项，以及34部生态环境相关部门规章中设定的警告、罚款的行政处罚事项，但不包括地方性法规规章设定的行政处罚和行政强制事项。

需要特别强调的是，凡没有法律法规规章依据的执法事项一律取消。需要保留或新增的执法事项，要依法逐条逐项进行合法性、合理性和必要性审查。虽有法定依据但长期未发生且无实施必要的、交叉重复的执法事项，要大力清理，及时提出取消或调整的意见建议。需修改法律法规规章的，要按程序先修法再调整《指导目录》，先立后破，有序推进。

26．地方是否可以制定本地的《指导目录》？

《指导目录》属于指导性文件，所以国务院办公厅《关于生态环境保护综合行政执法有关事项的通知》明确授权各省、自治区、直辖市可以根据法律、行政法规、部门规章立改废释和地方立法等情况，对指导目录进行补充、细化和完善，按程序进行动态调整。《指导目录》中指出，进一步明确行政执法事项的责任主体，研究细化执法事项的工作程序、规则、自由裁量标准等，推进严格规范公正文明执法。因此，地方可以制定本地的《指导目录》。但是，有关执法事项和目录按程序审核确认后，要在政府门户网站等载体上以适当方式公开，并接受社会监督。

地方制定本地的《指导目录》一定要“于法有据”，因为制定《指导目录》中执法事项的依据必须是法律法规和规章。地方制定本地的《指导目录》，增补的无非是地方性法规制定的执法事项，根据2015年新修订的《中华人民共和国立法法》第七十二条的规定，“设区的市的人民代表大会及其常务委员会根据本市的具体情况和实际需要，在不同宪法、法律、行政法规和本省、自治区的地方性法规相抵触的前提下，可以对城乡建设与管理、环境保护、历史文化保护等方面的事项制定地方性法规”，并要求“设区的市的地方性法规须报省、自治区的人民代表大会常务委员会批准后施行”。

27.《指导目录》中新增了哪些执法事项?

《指导目录》实现了将原海洋、国土、农业、水利、林业等部门涉及污染防治或生态保护的执法事项共54项，整合成为由生态环境主管部门的执法事项。

其中，整合海洋主管部门相关的执法事项共21个，在《指导目录》中第22项、第41～42项、第45～47项、第51～52项以及第56～68项；整合卫生主管部门相关的执法事项为7个，在《指导目录》中第143～148项和第155项；整合自然保护区主管部门相关的执法事项为 5 个，在《指导目录》中第 17～20 项和第 55 项；整合建设部门相关的执法事项为 6 个，在《指导目录》中第 31 项、第 33 项、第 116 项、第 117 项、第 118 项和第 155 项；整合林业主管部门相关的执法事项为 3 个，在《指导目录》中第 19～21 项；整合国土资源与自然资源部门相关的执法事项为 4 个，在《指导目录》中第 110 项、第 111 项、第 120 项和第 165 项；整合水利部门相关的执法事项为 2 个，在《指导目录》中第 25 项和第 32 项；整合发改部门相关的执法事项为 1 个，在《指导目录》中第 98 项；整合农业部门相关的执法事项为 1 个，在《指导目录》中第 35 项；整合渔业部门相关的执法事项为 1 个，在《指导目录》中第 25 项；整合质量技术监督部门相关的执法事项为 2 个，在《指导目录》中第 110 项和第 121 项；整合安全生产监管部门相关的执法事项为 2 个，在《指导目录》中第 110 项和第 142 项；整合市场监管部门相关的执法事项为 1 个，在《指导目录》中第 76 项。

28.《指导目录》中执法职责划分的原则是什么?

根据全国人大常委会《关于国务院机构改革涉及法律规定的行政机关职责调整问题的决定》和国务院《关于国务院机构改革涉及行政法规规定的行政机关职责调整问题的决定》，现行法律行政法规规定的行政机关职责和工作，机构改革方案确定由组建后的行政机关或者划入职责的行政机关承担的，在有关法律行政法规规定尚未修改之前，调整适用有关法律行政法规规定，由组建后的行政机关或者划入职责的行政机关承担；相关职责尚未调整到位之前，由原承担该职责和工作的行政机关继续承担；地方各级行政机关承担法律行政法规规定的职责和工作需要进行调整的，按照上述原则执行。

如果地方需要对部分事项的实施主体作出调整的，可结合部门“三定”规定作出具体规定，依法按程序报同级党委和政府决定。

29.《指导目录》中执法的责任层级有哪些?

为解决执法层级不明确导致多层执法或者无人执法的问题，《指导目录》按照有权必有责、有责要担当、失责必追究的原则，逐一厘清不同执法事项相对应的责任事项，结合实际提出了执法第一责任层级的建议，这是一个亮点。明确执法责任主体，不仅可以把查处违法行为的责任压实，从而推进执法责任的落实，而且对于健全问责机制，提供问责依据、问责层级以及责任人，都有实践意义。

《指导目录》中将执法第一责任层级分为国家级、省级、设区的市级等 3 级责任主体，第一责任层级包括国务院生态环境主管部门，国务院、省级生态环境主管部门，国务院、省级、设区的市级生态环境主管部门，省级生态环境主管部门，省级、设区的市级生态环境主管部门，设区的市级生态环境主管部门等 6 类。

《指导目录》中执法第一责任层级为国务院生态环境主管部门的有 49 项，其中 45 项为核与辐射相关执法职责；为国务院、省级生态环境主管部门的有 3 项；为国务院、省级、设区的市级生态环境主管部门的有 1 项；为省级生态环境主管部门的有 11 项；为省级、设区的市级生态环境主管部门的有 27 项；为设区的市级生态环境主管部门的有 157 项。

《指导目录》中共有执法事项 248 项，其中，建议设区市级生态环境主管部门作为执法第一责任层级的有 157 项，占 63.3%。由此可以看到，设区的市级生态环境主管部门是执法第一责任层级的主要责任人，承担绝大部分生态环境执法职责。

之所以提出将设区的市级生态环境主管部门作为第一责任层级的建议，是根据党的十九届三中全会关于“减少执法层级，推动执法力量下沉”的精神和落实属地化监管责任的要求，也是落实中央对于生态环境保护综合行政执法改革的要求。

《指导目录》属于指导性文件，各地也可以在此基础上，区分不同事项和不同管理体制，结合实际具体明晰行政执法事项的第一责任主体。

同时，《关于深化生态环境保护综合行政执法改革的指导意见》也要求设区的市级执法队伍和装备要配齐配强，该意见中明确强调“执法事项主要由市县两级生态环境保护综合执法队伍承担”“省、自治区生态环境主管部门应强化统筹协调和监督指导职责，主要负责监督指导、重大案件查处和跨区域执法的组织协调工作，原则上不设执法队伍，已设立的执法队伍要进行有效整合、统筹安排，现有事业性质执法队伍逐步清理消化”“推进人财物等资源向基层下沉，增强市县级执法力量，配齐配强执法队伍，强化属地执法”。

因此，在将设区的市级生态环境主管部门作为第一责任层级的同时，相应地，设区的市级生态环境执法人员和执法队伍、执法资源和执法装备都要配齐配强。

《关于生态环境保护综合行政执法有关事项的通知》中特别指出，“严禁以属地管理为名将执法责任转嫁给基层。对不按要求履职尽责的单位和个人，依纪依法追究责任”。所以，需要特别强调的是，执法第一责任层级在设区的市级，并非执法的管辖权和处罚权也仅仅在设区的市级。明确第一责任层级，目的是把查处违法行为的第一管辖和第一责任压实，但是并非免除上级主管部门的执法责任；也并不排除上级主管部门的管辖权和处罚权，必要时，上级主管部门可以按程序对重大案件和跨区域案件实施直接管辖，或进行监督指导和组织协调。

同时，是根据党的十九届三中全会关于“减少执法层级，推动执法力量下沉”的精神和落实属地化监管责任的要求，结合省以下环保机构监测监察执法垂直管理制度改革实际，对法定实施主体为“县级以上××主管部门”或“××主管部门”的，原则上明确“第一责任层级”为“设区的市”。各地可在此基础上，区分不同事项和不同管理体制，结合实际具体明晰行政执法事项的第一管辖和第一责任主体。因此，旗（县、区）的相关执法部门对自己直接负责执行的事项也负有执法责任。

30．如何创新生态环境保护执法方式?

一是按照“放管服”改革要求，优化改进执法方式。健全以“双随机、一公开”监管为基本手段、以重点监管为补充、以信用监管为基础的监管机制，推进“互联网+执法”，促进办案流程和执法工作网上运行管理。

二是大力推进非现场执法，加强智能监控和大数据监控，依托互联网、云计算、大数据等技术，充分运用移动执法、自动监控、卫星遥感、无人机等科技监侦手段，实时监控、实时留痕，提升监控预警能力和科学办案水平。

三是加强信用监管，坚持守信激励和失信惩戒相结合，将企业事业单位和其他生产经营者生态环境守法以及违法信息记入社会诚信档案，推行生态环境守法积分制度。通过扶持引导、购买服务等制度安排，鼓励社会力量参与执法监管。顺应经济社会发展趋势，积极探索包容审慎监督执法。

31．什么是“双随机、一公开”？

“双随机”，就是要建立随机抽取检查对象、随机选派执法检查人员的“双随机”抽查机制，严格限制监管部门的自由裁量权。建立健全市场主体名录库和执法检查人员名录库，通过摇号等方式，从市场主体名录库中随机抽取检查对象，从执法检查人员名录库中随机选派执法检查人员。推广运用电子化手段，对“双随机”抽查做到全程留痕，实现责任可追溯。“一公开”就是加快政府部门之间、上下之间监管信息的互联互通，依托全国企业信用信息公示系统，整合形成统一的市场监管信息平台，及时公开监管信息，形成监管合力。

首次提出“双随机、一公开”执法监管要求的，是2015年8月5日国务院办公厅发布的《关于推广随机抽查规范事中事后监管的通知》，其中明确要求在政府管理方式和规范市场执法中，全面推行“双随机、一公开”的执法监管模式。

全面推行“双随机、一公开”，是深化简政放权、放管结合、优化服务改革的重要举措，是完善事中、事后监管的关键环节，对提升监管的公平性、规范性和有效性，减轻企业负担和减少权力寻租具有重要意义。

32．生态环境执法开展“双随机、一公开”的情况怎样？

根据《关于 2020 年全国生态环境“双随机、一公开”监管工作情况的通报》的内容，2020 年生态环境执法开展“双随机、一公开”的情况如下：

（一）总体情况

截至 2020 年底，各地各级生态环境部门有效应用排污许可、市场监管信息，动态更新、建立污染源监管动态信息库 1 993 个，涵盖污染源企业（单位）125.24 万家（个）；根据机构改革实际，动态调整、建立生态环境执法人员信息库 1 900 个，入库生态环境执法人员达 4.48 万人。

全国日常监管采取“双随机、一公开”方式开展执法检查 66.14 万家次，其中对一般排污单位检查 32.19 万家次，对重点排污单位检查 10.24 万家次，对特殊监管对象检查 2.06 万家次，对其他执法事项监管检查 21.65 万家次，参加其他部门联合执法检查 1.65 万家次。随机抽查发现并查处环境违法问题 2.24 万个，随机抽查信息公开 43.29 万次。

（二）主要做法

（1）完善制度建设，巩固工作运行成效。北京印发《关于进一步规范“双随机、一公开”工作的通知》，明确专项执法和跨部门联合检查均采用双随机模式；河北制定《污染源随机抽查工作指引（2020 年版）》，梳理并明确检查事项、检查方法及相应违法问题查处的法律法规依据；广西研究实施《广西壮族自治区生态环境系统“双随机、一公开”监管实施细则（试行）》，明确将检查对象按区域、行业、规模、要素等进行分类，相应地按照执法资质、业务专长等对检查人员进行分类标注。各地积极探索新的工作方式方法，进一步强化“双随机、一公开”监管工作的统一化、制度化、规范化。

（2）减少检查频次，强化部门联合执法。天津、山西、河南、安徽、陕西等地分别联合市监、交通、住建、应急管理等部门开展联合抽查工作，实现“进一次门、查多项事”，减少对企业正常生产经营的干扰；甘肃结合疫情防控实际制订年度抽查检查计划，2020 年全省抽查检查数量与 2019 年同期相比下降 55.6%，部门联合检查次数是 2019 年的 1.5 倍；广东通过实施差异化监管，合理配置执法资源，随机抽查企业比 2019 年同期减少了 2 472 家次，实现对守法企业无事不扰，对违法企业利剑高悬。

（3）突出工作重点，做好工作衔接配合。浙江、江苏紧扣系统融合趋势，将“双随机”抽查系统同企业环境信用评价系统有效衔接，以信用评价为基础，分级分类差别实施“双随机”监管；内蒙古、辽宁、四川、新疆生产建设兵团将“双随机”抽查与监督执法正面清单进行衔接，被抽查企业已纳入正面清单的，免除现场执法，利用在线监控、视频监控、遥感、无人机、用电用能监控、电话询问等方式进行非现场检查；海南加大对市县“双随机”检查的监督力度，将其作为年度稽查重点，进一步提升基层监管工作水平。

（4）推动信息公开，加强工作成果应用。山东同时在省政府、生态环境厅“双随机、一公开”监管专栏两个平台公开抽查事项清单、抽查细则、抽查计划、抽查结果等信息；广东将随机抽查任务信息和检查结果同步推送至“信用广东”平台，实现抽查结果部门间共享交换和互认互用；云南制定“事项公开、标准公开、程序公开、对象公开、结果公开”的信息公开制度，接受社会监督，促使企业自觉守法。

（三）存在问题

日常调度管理过程中发现，各地开展生态环境执法“双随机、一公开”监管工作，与国家推进“放管服”改革、优化营商环境的现实要求还有一些不适应，推进过程中还存在一些问题。

（1）各级生态环境部门组织开展专项执法活动较多，未能考虑同“双随机”抽查工作的结合，存在重复监管问题，企业反映检查过多过频。

（2）部分地方存在多系统、多平台的情况，数据定义不相同、技术接口不兼容等问题，致使排污许可管理信息、“二污普”数据成果在随机抽查中的应用还不够充分。

（3）部分地区机构改革后，入库的人员执法能力不够均衡，缺少除执法人员之外的相关专业管理人员及技术专家支持，发现问题的能力得不到有效提升，无法满足目前多面性的执法需求。

33．如何健全生态环境执法与司法衔接的机制?

自 2013 年 6 月，最高人民法院和最高人民检察院《关于办理环境污染刑事案件适用法律若干问题的解释》发布实施以来，公安部和环境保护部联合建立了行政执法与刑事执法协调配合机制，指导地方打击环境污染犯罪活动。据统计，仅 2013 年，地方各级环境保护部门向公安机关移送涉嫌污染犯罪案件就超过了以往 10 年的总和，总计达到 706 件，公安机关受理 637 件，案件受理率达 90.2%；污染环境罪判决 109 件，追究刑事责任 186 人，各级公安机关立案数是以往最多年份的 25 倍，涉嫌污染犯罪案件办理工作取得突破性进展，初步形成打击污染犯罪的高压态势。

2018 年 12 月，中共中央办公厅、国务院办公厅印发的《关于深化生态环境保护综合行政执法改革的指导意见》明确要求，建立生态环境保护综合执法队伍与公安机关、人民检察院、人民法院之间的信息共享、线索和案件移送、联合调查、案情通报等协调配合制度，完善案件移送标准和程序，完善生态环境保护领域民事、行政公益诉讼制度，建立健全生态环境损害赔偿制度，加大对生态环境违法犯罪行为的制裁和惩处力度，实现行政执法和司法无缝衔接。人民检察院对涉嫌环境污染、生态破坏犯罪案件的立案活动，依法实施法律监督。加强公安机关环境犯罪侦查职能，进一步加大对破坏生态环境犯罪的打击力度。公安机关、人民检察院依法要求生态环境主管部门作出检验、鉴定、认定、调查核实、提供行政执法卷宗等协助和配合的，生态环境主管部门应当予以协助和配合；人民法院在审理环境资源案件中，需要环境保护技术协助的，各级生态环境主管部门应当给予支持。

34．向公安机关移送涉嫌环境犯罪案件，应当符合哪些条件？

为进一步健全环境保护行政执法与刑事司法衔接工作机制，依法惩治环境犯罪行为，2017 年 1 月 25 日，环境保护部、公安部和最高人民检察院联合发布《环境保护行政执法与刑事司法衔接工作办法》，明确要求环境保护主管部门在执法检查时，发现违法行为明显涉嫌犯罪的，应当及时向公安机关通报。生态环境主管部门在查办环境违法案件过程中发现涉嫌环境犯罪案件，应当核实情况并作出移送涉嫌环境犯罪案件的书面报告。本机关负责人应当自接到报告之日起 3 日内作出批准移送或者不批准移送的决定。

向公安机关移送的涉嫌环境犯罪案件，应当符合两个基本条件：一是实施行政执法的主体与程序合法；二是有合法证据证明有涉嫌环境犯罪的事实发生。对生态环境主管部门移送的涉嫌环境犯罪案件，公安机关应当依法接受，并立即出具接受案件回执或者在涉嫌环境犯罪案件移送书的回执上签字。

公安机关审查发现移送的涉嫌环境犯罪案件材料不全的，应当在接受案件的 24 小时内书面告知移送的生态环境主管部门在 3 日内补正。但不得以材料不全为由，不接受移送案件。

公安机关审查发现移送的涉嫌环境犯罪案件证据不充分的，可以就证明有犯罪事实的相关证据等提出补充调查意见，由移送案件的生态环境主管部门补充调查。生态环境主管部门应当按照要求补充调查，并及时将调查结果反馈给公安机关。因客观条件所限，无法补正的，生态环境主管部门应当向公安机关作出书面说明。

35．生态环境主管部门向公安机关移送涉嫌环境犯罪案件要附哪些材料？

生态环境主管部门移送涉嫌环境犯罪案件，应当自作出移送决定后 24 小时内向同级公安机关移交案件材料，并将案件移送书抄送同级人民检察院。

生态环境主管部门向公安机关移送涉嫌环境犯罪案件时，应当附以下 7 项材料，一是案件移送书，载明移送机关名称、涉嫌犯罪罪名、主要依据、案件主办人及联系方式等，案件移送书应当附移送材料清单，并加盖移送机关公章；二是案件调查报告，载明案件来源、查获情况、犯罪嫌疑人基本情况、涉嫌犯罪的事实、证据和法律依据、处理建议和法律依据等；三是现场检查（勘察）笔录、调查询问笔录、现场勘验图、采样记录单等；四是涉案物品清单，载明已查封、扣押等采取行政强制措施的涉案物品名称、数量、特征、存放地等事项，并附采取行政强制措施、现场笔录等表明涉案物品来源的相关材料；五是现场照片或者录音录像资料及清单，载明须证明的事实对象、拍摄人、拍摄时间、拍摄地点等；六是监测、检验报告、突发环境事件调查报告、认定意见；七是其他有关涉嫌犯罪的材料，对环境违法行为已经作出行政处罚决定的，还应当附行政处罚决定书。

36．什么是行政执法“三项制度”？

行政执法是行政机关履行政府职能、管理经济社会事务的重要方式。行政执法“三项制度”是指行政执法公示制度、行政执法全过程记录制度、重大执法决定法制审核制度。

近年来，各地区、各部门不断加强行政执法规范化建设，执法能力和水平有了较大提高，但执法中不严格、不规范、不文明、不透明等问题仍然较为突出，损害人民群众利益和政府公信力。《中共中央关于全面推进依法治国若干重大问题的决定》和《法治政府建设实施纲要（2015—2020 年）》对全面推行“三项制度”作出了具体部署、提出了明确要求。2018 年 12 月，国务院办公厅出台了《关于全面推行行政执法公示制度执法全过程记录制度重大执法决定法制审核制度的指导意见》，全面推行“三项制度”，规范各类行政执法行为。

行政执法公示是保障行政相对人和社会公众知情权、参与权、表达权、监督权的重要措施。行政执法机关要按照“谁执法谁公示”的原则，明确公示内容的采集、传递、审核、发布职责，规范信息公示内容的标准、格式。建立统一的执法信息公示平台，及时通过政府网站及政务新媒体、办事大厅公示栏、服务窗口等平台向社会公开行政执法基本信息、结果信息。

行政执法全过程记录是行政执法活动合法有效的重要保证。行政执法机关要通过文字、音像等记录形式，对行政执法的启动、调查取证、审核决定、送达执行等全部过程进行记录，并全面系统归档保存，做到执法全过程留痕和可回溯管理。

重大执法决定法制审核是确保行政执法机关作出的重大执法决定合法有效的关键环节。行政执法机关作出重大执法决定前，要严格进行法制审核，未经法制审核或者审核未通过的，不得作出决定。

推行行政执法“三项制度”是党的十八届四中全会部署的重要改革任务。2016 年 12 月 30 日，中央全面深化改革领导小组第三十一次会议审议通过了推行行政执法“三项制度”试点工作方案。2017 年 1 月，国务院办公厅印发通知，部署在全国 32 个地方和部门开展试点。2019 年 5 月，生态环境部印发《关于在生态环境系统推进行政执法公示制度执法全过程记录制度重大执法决定法制审核制度的实施意见》，在生态环境执法领域全面推行“三项制度”。

生态环境执法“三项制度”聚焦环境行政执法的源头、过程和结果，将“阳光政府”“服务政府”“法治政府”的理念融入行政程序全过程，是提升行政执法水平和质量的重要制度安排，是推进法治政府建设的重要保证，是深化依法治国实践的重要举措，对促进严格规范公正文明执法，切实保障人民群众合法权益，维护政府公信力，营造更加公开透明、规范有序、公平高效的法治环境，加快社会主义法治国家建设进程具有重要意义。

37．生态环境执法管辖范围是怎样划定的?

环境保护部于 2010 年 3 月 1 日发布施行的《环境行政处罚办法》第十七至第二十一条明确规定，县级以上环境保护主管部门管辖本行政区域的环境行政处罚案件，造成跨行政区域污染的行政处罚案件，由污染行为发生地环境保护主管部门管辖。对于两个以上环境保护主管部门都有管辖权的环境行政处罚案件，由最先发现或者最先接到举报的环境保护主管部门管辖。对行政处罚案件的管辖权发生争议时，争议双方应当报请共同的上一级环境保护主管部门指定管辖。下级环境保护主管部门认为其管辖的案件重大、疑难或者实施处罚有困难的，可以报请上一级环境保护主管部门指定管辖。上一级环境保护主管部门认为下级环境保护主管部门实施处罚确有困难或者不能独立行使处罚权的，经通知下级环境保护主管部门和当事人，可以对下级环境保护主管部门管辖的案件指定管辖。上级环境保护主管部门可以将其管辖的案件交由有管辖权的下级环境保护主管部门实施行政处罚。不属于本环境保护主管部门管辖的案件，应当移送有管辖权的环境保护主管部门处理。受移送的环境保护主管部门对管辖权有异议的，应当报请共同的上一级环境保护主管部门指定管辖，不得再自行移送。

38．现场检查发现不属于生态环境主管部门管辖的案件应当怎么办?

生态环境执法人员在现场检查过程中，发现不属于生态环境主管部门管辖的案件，应当按照有关要求和时限移送有管辖权的机关处理。对于涉嫌违法，依法应当由人民政府实施责令停产整顿、责令停业、关闭的案件，生态环境主管部门应当立案调查，并提出处理建议报本级人民政府。对于涉嫌违法，依法应当实施行政拘留的案件，移送公安机关。对于涉嫌违反党纪、政纪的案件，移送纪检、监察部门。对于涉嫌犯罪的案件，按照《行政执法机关移送涉嫌犯罪案件的规定》等有关规定移送司法机关，不得以行政处罚代替刑事处罚。

39．拒绝、阻挠生态环境执法现场检查的法律后果有哪些?

在整个环境执法过程中，现场检查制度是一项十分重要的环境保护制度，它赋予了生态环境主管部门和公安、交通、铁道、渔业等其他监督管理部门对管辖范围内的排污单位进行现场检查的权力。被检查的单位必须如实反映情况，提供必要的资料。如果拒绝现场检查或者在现场检查时弄虚作假，例如，在现场检查时使用污染物处理设施，等检查人员检查结束后就偷偷将污染物处理设施关闭的，根据其违法行为情节的不同，生态环境主管部门或者其他监督管理部门可以对其进行处罚，处罚的种类与幅度则具体规定于各单行法中。

例如，《中华人民共和国大气污染防治法》第九十八条规定，违反本法规定，以拒绝进入现场等方式拒不接受生态环境主管部门及其环境执法机构或者其他负有大气环境保护监督管理职责的部门的监督检查，或者在接受监督检查时弄虚作假的，由县级以上人民政府生态环境主管部门或者其他负有大气环境保护监督管理职责的部门责令改正，处二万元以上二十万元以下的罚款；构成违反治安管理行为的，由公安机关依法予以处罚。而根据2020年9月1日起施行的《中华人民共和国固体废物污染环境防治法》第一百零三条的规定，违反本法规定，以拖延、围堵、滞留执法人员等方式拒绝、阻挠监督检查，或者在接受监督检查时弄虚作假的，由生态环境主管部门或者其他负有固体废物污染环境防治监督管理职责的部门责令改正，处五万元以上二十万元以下的罚款；对直接负责的主管人员和其他直接责任人员，处二万元以上十万元以下的罚款。

拒绝、阻挠生态环境执法现场检查情节严重的，还将承担如下法律责任：

一是行政拘留。行政拘留具有几种适用情形：第一种是阻挠核查时的行政拘留。根据《中华人民共和国治安管理处罚法》第五十条第（二）项的规定，阻碍国家机关工作人员依法执行职务的，处警告或者二百元以下罚款；情节严重的，处五日以上十日以下拘留，可以并处五百元以下罚款。本行为中的阻碍，是指行为人以主动且非暴力、威胁的方式实施的阻挠、妨碍行为，如吵闹、谩骂、无理纠缠、撕毁封条、拒不接受检查情节恶劣等。

在生态环境执法实践中，具有下列情形之一的，可以认定为"情节严重"：（1）煽动、纠集他人阻碍国家机关工作人员依法执行职务的；（2）聚众阻碍国家机关工作人员依法执行职务的首要人员和骨干人员的；（3）不听国家机关工作人员劝阻的；（4）泼洒污物阻碍国家机关工作人员依法执行职务的；（5）抢夺、扣留、污损国家机关工作人员执行职务使用的交通工具、公务标志、器械等物品的；（6）因阻碍执行职务，造成国家、集体、个人财产损失的或者造成恶劣影响的；（7）当场撕毁执法机关依法执行职务的法律文书的；（8）因阻碍国家机关工作人员依法执行职务，导致国家机关工作人员未能依法履行职务的。

二是刑事责任。根据《中华人民共和国刑法》第二百七十七条第一款的规定，以暴力、威胁方法阻碍国家机关工作人员依法执行职务的，处三年以下有期徒刑、拘役、管制或者罚金。所谓暴力，是指对国家机关工作人员实施殴打、捆绑或者其他人身强制行为，致使其不能正常履行职务或者职责。所谓威胁，是指行为人以杀害、伤害、毁坏财产、破坏名誉等相恐吓，对国家机关工作人员进行精神强制，以迫使其放弃或者不正确履行职务或职责。

40．生态环境执法立案的条件是什么？

生态环境主管部门对涉嫌违反环境保护法律法规和规章的违法行为，应当进行初步审查，并在7个工作日内决定是否立案。经审查，满足以下四项条件的，应当予以立案：一是有涉嫌违反环境保护法律、法规和规章的行为；二是依法应当或者可以给予行政处罚；三是属于本机关管辖；四是违法行为发生之日起到被发现之日止未超过2年，如果环境违法行为处于连续或继续状态的，从行为终了之日起计算。生态环境执法人员在现场检查过程中，对需要立即查处的环境违法行为，可以先行调查取证，并在7个工作日内决定是否立案和补办立案手续。

经立案审查，属于生态环境主管部门管辖，但不属于本机关管辖范围的，应当移送有管辖权的生态环境主管部门；属于其他有关部门管辖范围的，应当移送其他有关部门。对已经立案的案件，经立案审查发现不符合立案条件的，或者根据新情况发现不符合立案条件的，应当撤销立案。

41. 生态环境执法调查取证有什么要求?

生态环境主管部门对登记立案的环境违法行为，应当及时组织调查取证。需要委托其他生态环境主管部门协助调查取证的，应当出具书面委托调查函。受委托的生态环境主管部门应当予以协助。无法协助的，应当及时将无法协助的情况和原因函告委托机关。

生态环境执法人员在调查取证时，调查人员不得少于两人，并应当出示行政执法证件。生态环境执法人员应当对当事人的基本情况、违法事实、危害后果、违法情节等情况进行全面、客观、及时、公正的调查；生态环境执法人员还应当依法收集与案件有关的证据，不得以暴力、威胁、引诱、欺骗以及其他违法手段获取证据，在询问当事人、证人或者其他有关人员时，应当告知其依法享有的权利。生态环境执法人员应当对当事人、证人或者其他有关人员的陈述如实记录。生态环境执法人员对有关物品或者场所进行检查时，应当制作现场检查（勘察）笔录，可以采取拍照、录像或者其他方式记录现场情况。

生态环境执法人员在调查取证时，有权进入被检查单位进行检查、勘察、取样、录音、拍照、录像；询问当事人及有关人员，要求其说明相关事项和提供有关材料；查阅、复制生产记录、排污记录和其他有关材料。

生态环境执法人员在调查取证时，还有权对排污口进行采样和监测。生态环境执法人员在组织环境监测等技术人员进行采样和监测时，要注意制作取样记录或者将取样过程记入现场检查（勘察）笔录，可以采取拍照、录像或者其他方式记录取样情况。

42．环境执法人员现场调查取证时当事人是否应到场？

根据《环境行政处罚办法》的要求，生态环境主管部门调查取证时，当事人应当到场。但是，当事人拒不到场的，或者无法找到当事人的，以及当事人拒绝签名、盖章或者以其他方式确认的，不影响调查取证的进行，也不影响调查取证的法律效力。另外，生态环境主管部门以暗查、暗访或者“双随机”执法等其他方式调查的，也不影响调查取证的进行，并且不影响调查取证的法律效力。

43．环境执法人员进行现场检查时是否能够采样？

在环境执法活动中，许多环境执法人员为提高工作效率，在进入现场后无须与专门的采样人员对接即直接进行采样活动。

对于其现场采样资格，根据《关于环境监察人员采样资格问题的复函》和《环境监测管理办法》第十二条第二款的规定，“环境保护部门所属环境监测机构从事环境监测的专业技术人员，应当进行专业培训，并经国家环境保护总局统一组织的环境监测岗位考试合格，方可上岗”。另依据《环境监察办法》第十三条的规定，从事现场执法工作的环境监察人员进行现场检查时，有权依法进入有关场所进行勘察、采样、监测、拍照、录音、制作笔录等。

综合考虑有关法律文件规定和现场检查的实际情况，生态环境部认为环境监察人员应当在具备采样资格的情况下从事采样活动，现场检查时，环境监察机构可请有相应资质的环境监测人员进行现场采样；或者通过环境监测机构的专业培训，取得相应的采样资格后，环境监察人员可以进行现场采样。

而环境监察人员本身即为环境执法人员中的一类。因此，综上所述，环境执法人员若具备相应的采样资格，则在进入现场后可以采样；若环境执法人员不具备相应的采样资格，在进入现场后则不能进行采样。

44．现场即时采样的监测结果是否可以作为执法的证据？

行政处罚必须建立在一定的证据基础之上，对违法排污的行为人实施处罚前需要掌握充分的、能够表明其排污种类、浓度和总量的信息。因为污染物质排放后在自然界中具有极大的扩散性和不稳定性，这就要求上述数据信息只能在污染物排放发生之时取得，否则收集的信息不准确，将不能客观反映违法排污的情形和情节，有可能影响正确适用法律、准确行使行政处罚自由裁量权。

环境执法实践中，现场即时采样是执法的一种取证方式，对及时发现环境违法行为、客观反映违法排污的情形和情节、加大环境执法力度发挥着非常重要的作用。《环境行政处罚办法》第三十七条明确规定，环境保护主管部门在对排污单位进行监督检查时，可以现场即时采样，监测结果可以作为判定污染物排放是否超标的证据。第三十四条规定，需要取样的，应当制作取样记录或者将取样过程记入现场检查（勘察）笔录，可以采取拍照、录像或者其他方式记录取样情况。

根据《关于环保部门现场检查中排污监测方法问题的解释》的规定，排放标准中规定的污染物排放方式、排放限值等是判定排污行为是否超标的技术依据，在任何时间、任何情况下，排污单位的排污行为均不得违反排放标准中的有关规定。

《关于“现场即时采样”监测数据认定有关问题的复函》指出，现场即时采样即一次性采样，可以作为判定排污行为是否超标的证据。2018 年生态环境部《关于环境行政处罚即时采样问题的复函》指出，现场即时采样是指现场检查时可以取一个样品进行监测，监测结果可以作为判定污染物排放是否超标的证据。该样品的采集须按照相关技术规范进行。因此，现场检查中即时采样的监测结果可以作为判定排污行为超标的证据。

《关于医疗废水监督性监测采样频次和分析方法等有关问题的复函》指出：

一、根据我部《关于在环境监测工作中实施国家环境保护标准问题的复函》和《关于火电厂氮氧化物监测方法有关问题的复函》的相关内容，新发布的环境监测方法标准与排放标准指定的监测方法不同，但适用范围相同的，原则上也可用于该污染物的监测。但根据《水质　总大肠菌群和粪大肠菌群的测定　纸片快速法》（HJ 755—2015）（以下简称纸片快速法）编制说明，在测定粪大肠菌群时，纸片快速法与多管发酵法的测定结果有显著性差异。但与多管发酵法相比，纸片快速法具有所需时间短、操作简便、检测结果受人员影响小等优点，且测定结果具有相关性，故在测定医疗机构排水中粪大肠菌群时，纸片快速法可作为参考方法。

二、《环境行政处罚办法》第三十七条规定，环境保护主管部门在对排污单位进行监督检查时，可以现场即时采样，监测结果可以作为判定污染物排放是否超标的证据。《关于环境保护部门现场检查中排污监测方法问题的解释》规定，环保部门在对排污单位进行监督性检查时，可以环保工作人员现场即时采样或监测的结果作为判定排污行为是否超标以及实施相关环境保护管理措施的依据。据此，即时采样监测结果可以作为行政执法依据。

三、《地表水和污水监测技术规范》（HJ/T 91—2002）规定，排污单位如有污水处理设施并能正常运转使污水能稳定排放，则污染物排放曲线比较平稳，监督监测可以采瞬时样。据此，在满足上述要求后，瞬时样可用于监督性监测。

45．社会环境监测机构出具的监测报告能否作为执法的依据?

根据中华人民共和国环境保护部2017年11月29日《关于社会环境监测机构出具监测报告能否作为行政执法管理依据的复函》，社会环境监测机构受环境保护主管部门的委托开展环境监测活动，符合《中华人民共和国计量法》和《中华人民共和国计量法实施细则》，以及有关环境保护法律法规规章或相关技术规范要求出具的环境监测数据，可以作为环境保护行政管理的依据；同时满足《中华人民共和国行政处罚法》《中华人民共和国行政诉讼法》等法律以及相关司法解释规定的证据要件的，可以作为行政处罚的证据。

社会环境监测机构出具监测报告作为环境行政执法管理的依据需要满足一定的条件，即在社会环境监测机构具有相应的监测资质，且在受到环境保护主管部门委托，签订了专项委托合同的情况下，按照国家、法律规定要求的方法、标准进行监测后，所出具的监测报告，可以作为环境行政执法管理的依据。在符合行政处罚方面的法律规定时，还可作为行政处罚的依据。

同时，根据《最高人民法院、最高人民检察院关于办理环境污染刑事案件适用法律若干问题的解释》第十二条的规定，环境保护主管部门及其所属监测机构在行政执法过程中收集的监测数据，在刑事诉讼中可以作为证据使用。在实践中，社会环境监测机构只要是在环境保护主管部门或者所属监测机构的主持下从事相关监测活动或者提供技术支持，以环境保护主管部门或者所属监测机构名义做出的监测报告，应当认为符合第十二条第一款的规定，在刑事诉讼中可以作为证据使用。

46. 生态环境保护综合执法部门的职责是什么?

《关于深化生态环境保护综合行政执法改革的指导意见》中指出，根据中央改革精神和现行法律法规，整合环境保护和国土、农业、水利、海洋等部门相关污染防治和生态保护执法职责。生态环境保护综合执法包括污染防治执法和生态保护执法，其中，生态保护执法是指生态环境保护综合执法队伍依法查处破坏自然生态系统水源涵养、防风固沙和生物栖息等服务功能和损害生物多样性的行政行为。

生态环境保护综合执法队伍以本级生态环境部门的名义，依法统一行使污染防治、生态保护、核与辐射安全的行政处罚权以及与行政处罚相关的行政检查、行政强制权等执法职能。具体执法事项参照《生态环境保护综合行政执法事项指导目录（2020 年版）》。

47. 如何处理生态环境保护中“监管”和“执法”的关系?

一方面,生态环境主管部门在监督管理中遇到拒不执行监督管理要求的情况,可以通过执法辅助推进行政相对人履行相应的义务;另一方面,执法也可以检验生态环境监管的效果,执法部门在执法中发现的具有普遍性的生态环境管理等问题,可以提交管理部门讨论提出方案,优化监管方式,更好地实现监管的社会效果和法律效果。但是,在实践中不可以用监管代替执法,更不可以用执法代替监管,二者应是互为补充和促进的,不可偏废一方。

48. 如何构建生态环境监管、监测和执法的联动执法机制?

监管中发现的环境违法问题,移交环境执法机构启动调查执法程序;环境执法机构在执法检查中发现违法排污问题,需要监测部门予以技术支撑的,商请监测部门开展监测工作;监测机构在日常监测中,发现涉嫌违法排污行为的,将有关线索移交环境执法部门调查处理;环境监测和环境执法中发现的问题,均可以反馈到监管部门优化监管,三者之间应该是一个良性的互动。

49. 如何界定生态环境主管部门与卫生部门在医疗废物方面的监管职责?

二者之间的监管职责界定主要参考《医疗废物管理条例》第三十五条、第三十六条。《医疗废物管理条例》第三十五条规定,县级以上地方人民政府卫生行政主管部门,应当对医疗卫生机构和医疗废物集中处置单位从事医疗废物的收集、运送、贮存、处置中的疾病防治工作,以及工作人员的卫生防护等情况进行定期监督检查或者不定期的抽查。《医疗废物管理条例》第三十六条规定,县级以上地方人民政府环境保护行政主管部门,应当对医疗卫生机构和医疗废物集中处置单位从事医疗废物收集、运送、贮存、处置中的环境污染防治工作进行定期监督检查或者不定期的抽查。

可以看出，县级以上地方人民政府卫生行政主管部门主要针对从事医疗废物的收集、运送、贮存、处置中的疾病防治工作，以及工作人员的卫生防护等情况进行监管；县级以上地方人民政府生态环境主管部门主要针对从事医疗废物收集、运送、贮存、处置中的环境污染防治工作进行监管。

50．违反落后生产工艺和设备实行淘汰制度的违法行为由哪个部门管辖？

《中华人民共和国水污染防治法》第八十六条：违反本法规定，生产、销售、进口或者使用列入禁止生产、销售、进口、使用的严重污染水环境的设备名录中的设备，或者采用列入禁止采用的严重污染水环境的工艺名录中的工艺的，由县级以上人民政府经济综合宏观调控部门责令改正，处五万元以上二十万元以下的罚款；情节严重的，由县级以上人民政府经济综合宏观调控部门提出意见，报请本级人民政府责令停业、关闭。

《中华人民共和国固体废物污染环境防治法》第一百零九条：违反本法规定，生产、销售、进口或者使用淘汰的设备，或者采用淘汰的生产工艺的，由县级以上地方人民政府指定的部门责令改正，处十万元以上一百万元以下的罚款，没收违法所得；情节严重的，由县级以上地方人民政府指定的部门提出意见，报经有批准权的人民政府批准，责令停业或者关闭。

《中华人民共和国大气污染防治法》第一百零一条：违反本法规定，生产、进口、销售或者使用国家综合性产业政策目录中禁止的设备和产品，采用国家综合性产业政策目录中禁止的工艺，或者将淘汰的设备和产品转让给他人使用的，由县级以上人民政府经济综合主管部门、海关按照职责责令改正，没收违法所得，并处货值金额一倍以上三倍以下的罚款；拒不改正的，报经有批准权的人民政府批准，责令停业、关闭。进口行为构成走私的，由海关依法予以处罚。

51．企业建设产业政策禁止的项目，由哪个部门管辖？

企业投资建设产业政策禁止投资建设项目的，由县级以上人民政府投资主管部门管辖。

《企业投资项目核准和备案管理条例》第二十条规定，企业投资建设产业政策禁止投资建设项目的，由县级以上人民政府投资主管部门责令停止建设或者责令停产并恢复原状，对企业处项目总投资额5‰以上10‰以下的罚款；对直接负责的主管人员和其他直接责任人员处五万元以上十万元以下的罚款，属于国家工作人员的，依法给予处分。法律、行政法规另有规定的，依照其规定。

52．码头堆场未采取防尘措施由哪个部门监管？

《中华人民共和国大气污染防治法》第一百一十七条：违反本法规定，有下列行为之一的，由县级以上人民政府生态环境等主管部门按照职责责令改正，处一万元以上十万元以下的罚款；拒不改正的，责令停工整治或者停业整治：

……

（五）码头、矿山、填埋场和消纳场未采取有效措施防治扬尘污染的。

……

53．建筑工地未采取防尘措施由哪个部门监管？

《中华人民共和国大气污染防治法》第一百一十五条：违反本法规定，施工单位有下列行为之一的，由县级以上人民政府住房城乡建设等主管部门按照职责责令改正，处一万元以上十万元以下的罚款；拒不改正的，责令停工整治：

（一）施工工地未设置硬质围挡，或者未采取覆盖、分段作业、择时施工、洒水抑尘、冲洗地面和车辆等有效防尘降尘措施的；

（二）建筑土方、工程渣土、建筑垃圾未及时清运，或者未采用密闭式防尘网遮盖的。

违反本法规定，建设单位未对暂时不能开工的建设用地的裸露地面进行覆盖，或者未对超过三个月不能开工的建设用地的裸露地面进行绿化、铺装或者遮盖的，由县级以上人民政府住房城乡建设等主管部门依照前款规定予以处罚。

54．向河道直接排放餐饮废水由哪个部门监管？

由县级以上人民政府生态环境主管部门监管。

55．直接向河道排放建筑泥浆由哪个部门监管？

由城市人民政府市容环境卫生主管部门监管。《城市建筑垃圾管理规定》第二十六条规定，任何单位和个人随意倾倒、抛撒或者堆放建筑垃圾的，由城市人民政府市容环境卫生主管部门责令限期改正，给予警告，并对单位处 5 000 元以上 5 万元以下罚款，对个人处 200 元以下罚款。

56．如何处理生态环境主管部门与安全生产部门之间的“监管”冲突？

要解决生态环境主管部门和安全生产部门之间的监管冲突，需要从源头上对建设项目提出双重标准要求。

（1）建设项目环境保护设施的设计、运行和管理，均需要考虑安全和环境保护双重因素，必须通过安全评价，并进行风险分析。

（2）在环保设施验收时，应秉持环保和安全双验收原则，如二者有冲突，可寻求专家提出解决方案进行论证。

（3）在中央层面，优化顶层设计，生态环境主管部门和安全生产监督管理部门更应实现顶层设计方面的对话，在法律规定、政策制定中寻求二者的平衡；在地方层面，基层生态环境主管部门和安全生产监督管理部门应加强业务交流和学习，建立信息共享和工作联动机制，共同寻求安全和环保冲突的现实解决路径。

57. 如何扭转生态环境执法领域“两高一低”现象？

（1）深化“放管服”改革，加快政府职能深刻转变，强化政府服务功能。

（2）执法部门在执法中要做到公平、公证、公开，法律面前一律平等，一切违法行为都应依法追究。

（3）执法做到宽严相济，对轻微违法行为可以不予处罚，对污染严重、拒不改正违法行为的企业可采取行政强制等措施，不仅追究企业责任，还需追究个人责任。

（4）将环保信用信息纳入全国信用信息共享平台，针对环境失信企业和自然人，实施联合惩戒。建立政府失信责任追溯和承担机制。

（5）提升执法人员的执法能力和水平，借助科技手段创新执法方式。

58. 如何在生态环境执法中做到禁止“一刀切”？

第一，生态环境执法要以事实为依据，以法律为准绳，实事求是，坚持“区别对待”“分类整改”。针对污染严重、屡劝不改的企业，可以加大处罚力度、采取查封、扣押等行政强制措施；针对违法行为轻微及时改正、没有造成危害后果的企业，可以不予行政处罚；针对违法行为能够及时改正、并未造成严重污染的企业，可以适当从轻处罚。

第二，制定严格规范的适用自由裁量权。各地可根据执法实际制定符合地方需求的行政处罚自由裁量基准规范，严格控制自由裁量权，减少裁量的恣意性。

第三，对执法信息进行全过程记录并公开，接受上级部门和社会监督，强化问责机制。对执法信息进行主动公开，接受监督，是执法部门从外部给自我施压，督促自己依法行政，合理行政，一旦出现不合法、不合规行为，启动问责程序。

第四，提升执法人员的执法能力。执法人员的执法能力是一切执法活动的基础。通过提升执法能力，能有效促使执法人员提升执法效能，在执法严肃性和灵活性之间寻求平衡，在提升执法经验中细化执法的标准，做到相同情况相同对待，不同情况不同对待。

59. 如何正确处理严格执法与热情服务的关系？

2015 年 5 月 12 日，国务院召开全国推进简政放权放管结合职能转变工作电视电话会议，首次提出了“放管服”改革的概念。“放管服”是简政放权、放管结合、优化服务的简称。“服”就是转变政府职能，减少政府对市场进行干预，转变政府角色，让政府化身成为市场主体的“店小二”。热情服务市场主体，为市场活跃提供更多的便利。

严格执法即执法部门秉公执法，严肃执法，严格按照法律规定和程序办案，以事实为依据，以法律为准绳；执法人员尽职尽责，对发生的违法行为敢于纠正并依法处罚，做到见违必纠，纠违必罚，处罚有据。

热情服务可以表现为帮助行政相对人理解法律法规和政策、为其提供更高效便捷的办事通道、优化审批流程、做好环境管理等。但是热情服务并非无底线，而是在管理有要求的前提下的服务无条件。

在当前优化营商环境的形势下，政府的热情服务一般而言会走在严格执法之前，针对需要政府提供服务的行政相对人，政府一定会无条件地提供服务，如果在政府热情服务背后，仍然有行政相对人从事违反法律法规的行为，那么执法部门便会启动严格的执法程序，严肃查处其违法行为。所以，严格执法和热情服务是政府对待企业不同情况的不同做法，都是督促企业做好管理的方式和手段。热情服务的效果如何可以通过严格执法进行验证，严格的执法行为更能检验服务的效果；严格执法中发现的问题可以通过服务进一步得到解决。所以，二者互为补充，并不冲突。

60．环保管家是否可以以生态环境主管部门的名义对企业开展污染排查？

如果环保管家是生态环境主管部门购买的第三方服务，可以对企业开展污染排查，但是要明确自己的身份，且该排查行为并非执法或监管行为，否则不可以以生态环境主管部门的名义对企业开展污染排查。县级以上人民政府生态环境主管部门及其委托的生态环境执法机构和其他承担环境保护监督管理职责的部门，有权对排放污染物的企业事业单位和其他生产经营者进行现场检查，才有相应的监管或者执法权。

61．生态环境执法人员如何做到尽职免责？

环境执法人员要做到尽职免责就必须遵纪守法、依法履职、规范执法，杜绝选择性、随意性执法，推动执法工作精细化、规范化、痕迹化。

具体可以从以下几点执行：（1）坚持依法行政，做到公平、规范执法。（2）提升工作安排的计划性，明确具体的执法内容。（3）全面推行痕迹化监管，确保执法全过程留痕。（4）做到向上级汇报工作留痕。例如，日常巡查、现场检查要有记录、笔录，执法留痕，向上级政府的情况汇报要建档保存，对相关领导提出的不符合环保规定的要求也要留下记录。

62．如何在环境执法中推行“双随机、一公开”制度？

（1）结合实际情况制定“双随机、一公开”实施方案，强化领导责任，明确任务分工，对抽查主体、内容、对象、比例等事项予以细化，将“双随机”理念贯穿环境执法各事项、各环节。

（2）坚持“管精、管少、管好”的理念，应用大数据分析研判企业环境污染程度、违法情节、环境风险不同等级，将监管对象进行细化，实现对高风险目标的重点监管，有效推动“双随机、一公开”机制运行的科学性和公平性，节约执法资源，维护公平竞争的市场环境。

（3）及时公开“双随机”信息，主动接受社会和纪检部门监督，把“一公开”作为“双随机”成效的“放大镜”。

（4）积极开展业务知识培训，提升环境执法人员业务水平。

（5）积极开展部门联动，形成执法合力，做到“一次执法、全面检查”。

63．如何全面推行生态环境执法“三项制度”？

要全面推行生态环境执法“三项制度”，需要以《关于在生态环境系统推进行政执法公示制度执法全过程记录制度重大执法决定法制审核制度的实施意见》为指导。地方各级人民政府要具体组织实施，稳妥有序推进“三项制度”的落实。在确保统一、规范的基础上，紧密结合各地工作实际，注重与生态环境行政执法各项制度建设的统筹推进，加强与生态环境系统内部纵向的资源整合、信息共享，做到各项制度有机衔接、高度融合。

该意见针对全面推行行政执法公示制度，提出按照“谁执法、谁公示”的原则落实执法公示责任，规范公示内容的标准、格式，以及公开渠道。具体包括：强化事前公开，按要求主动公开相关生态环境行政执法信息，编制发布权责清单；规范事中公示，包括执法全程公示身份、做好告知说明、明示政务服务岗位信息等；加强事后公开，包括及时公开执法决定、动态更新信息内容、拓展应用环境信息等。

该意见要求各级生态环境部门按照合法、客观、公正的原则，根据不同执法行为的性质种类、现场情况、执法环节，通过合法、恰当、有效的文字、音像等方式记录行政执法全过程，按规范归档保存，实现全过程留痕和可回溯管理。具体包括：一是规范文字、音像记录，地方可结合本地实际，参照《环境行政执法文书制作指南》，制作文书模板，鼓励有条件的地方全程使用执法记录等；二是妥善保管储存，确保所有行政执法行为有据可查，有源可溯；三是加强制度建设，建立健全执法全过程记录的管理制度，强化对全过程记录的刚性约束。

该意见提出各级生态环境部门在作出重大执法决定前，要严格进行法制审核，未经法制审核或者审核未通过的，不得作出决定。具体包括：一是明确审核机构，要单独设立法制工作内设机构或设立专门的法制审核岗位，按规定配备法制审核人员；二是明确审核范围，要根据本部门具体情况，制定本部门重大执法决定法制审核目录清单；三是明确审核内容，审核内容重点包括执法主体、管辖权限、执法程序、事实认定、法律适用、证据使用、自由裁量权运用等；四是明确审核责任，要结合实际确定本部门法制审核流程，行政执法承办机构对送审材料的真实性、准确性、完整性，以及执法的事实、证据、法律适用、程序的合法性负责。

64．如何利用科技手段精准提高生态环境执法效率?

（1）运用移动执法系统让网格巡检员可以及时地反馈生态环境违法问题。通过环境执法部门引入移动信息化手段，明确执法主体、执法依据、执法程序、处罚标准、执法监督和执法责任，可以使立案、调查、处理、执行、结案等全过程记录，一方面可以提高执法的规范化水平，提高办案的效率；另一方面可以提高办案的质量和水平，实现规则的统一化、标准化、透明化。

（2）充分利用污染物在线监测设施，发挥远程监控的效能。远程监控能降低执法成本，让监管部门能够远程了解企业的排污情况，也可以针对企业的排污行为及时管控。

（3）借助大数据、云计算等现代化的信息技术手段，整合环境统计、排污申报、刷卡排污等，集成废水、废气、固体废物、放射源、空气质量五大在线监测系统，并纳入企业基本信息、污染源、执法记录等，实现“环保一张图”，让环境执法有了“智慧大脑”，能更加系统地了解环境状态全貌，更让违法行为无处藏身。

（4）运用走航车等技术能及时寻找出污染点，解决了人工不能及时发现污染点的弊端。

65．如何推动精准实施差别化环境监管执法？

以推动深化“放管服”改革、优化营商环境、服务企业绿色发展等工作，推动实现环境效益、经济效益、社会效益共赢的目标导向。对守法意识强、管理规范、记录良好的企业减少监管频次，做到无事不扰；对群众投诉反映强烈、违法违规频次高的企业加密执法监管频次，依法惩处违法者、防止“劣币驱逐良币”；对能力不足的企业加强帮扶指导。

66．如何强化生态环境保护事中事后执法监管？

要强化生态环境保护事中事后执法监管，需要参照《关于强化建设项目环境影响评价事中事后监管的实施意见》。按照意见的要求，从以下几点着力强化推进生态环境保护事中事后执法监管：

（1）总体要求落实。构建综合监管体系，完善监管内容，明确监管责任。

（2）做好监管保障保障。依法开展环评制度改革，架构并严守“三线一单”，实施清单式管理，做好与排污许可制度的衔接。

（3）创新监管方式。运用大数据进行监管，开展“双随机”抽查，发挥环境影响后评价监管作用。

（4）强化技术机构管理。加强环评文件质量管理，发挥技术评估作用，规范环评技术服务。

（5）加大惩戒问责力度。严格环评审批责任追究，严格环评违法行为查处，严格环评从业监管，实施失信惩戒。

（6）形成社会共治。落实环评信息公开机制方案，发挥公众参与环评的监督作用。

（7）强化组织实施。提高思想认识，加强组织领导，做好宣传引导。

67．如何健全宽严相济的生态环境执法机制？

（1）对守法记录良好的企业大幅减少监管频次，做到对守法者无事不扰；对环境违法行为轻微及时改正，没有造成危害后果的企业，不予处罚；对违法行为没有造成严重污染，及时消除危害后果的企业，可以从轻处罚。

（2）对群众投诉反映强烈、违法违规频次高的企业加密执法监管频次；对拒不改正违法行为、环境危害后果严重、违法情节恶劣的企业从严处罚；对案情重大、影响恶劣的案件，联合公安机关挂牌督办；推进生态环境行政执法与刑事司法衔接，依法严厉打击环境犯罪。

（3）将环保信用信息纳入全国信用信息共享平台，针对环境失信企业和自然人，实施联合惩戒。建立政府失信责任追溯和承担机制。

68．如何稳妥推进民生领域生态环境执法监管？

（1）坚持以供定需、以气定改、先立后破、不立不破，在确保群众温暖过冬的前提下推进清洁取暖，在改造完全到位并落实气源、电源之前，不得先行拆除群众现有取暖设施及装备。加强餐饮、洗染、修理等生活性服务业和畜禽养殖业的日常监督管理，对环境污染突出、群众反映强烈的，依法予以查处，避免“突击式”整治或关停。

（2）分类实施“散乱污”企业整治。牢牢把握治“污”这个核心，严格执行“散乱污”企业及集群认定和整治标准，建立清单式管理台账，实施分类处置。生态环境部明确，已完成整治任务但手续不全的企业，依法支持按照相关要求办理手续。对违法违规、污染严重、无法实现升级改造的企业，应当依法关停取缔。建立“散乱污”企业动态管理机制，坚决杜绝“散乱污”企业项目建设和已取缔“散乱污”企业异地转移、死灰复燃。

（3）精准实施重污染天气应急减排。对同行业内企业根据环保绩效水平进行分级并采取差异化管控措施，支持企业优先选取污染物排放量较大且能够快速安全减排的工艺环节进行生产调控，避免出现所有涉气企业、不可中断工序全部临时关停等脱离实际的情况。

（五）生态环境监测

69. 污染源自动监控设施发生故障怎么办？

为加强对污染源自动监控设施运行的监督管理，保证污染源自动监控设施正常运行，加强对污染源的有效监管，2008 年 3 月，环境保护部印发《污染源自动监控设施运行管理办法》，要求县级以上重点污染源（实践中，目前只要求重点排污单位安装）需要安装自动监控设施，运行单位应当保持污染源自动监控设施正常运行，每半年向环境保护行政主管部门报送自动监控设施运行状况报告，并接受社会公众监督。当污染源自动监控设施运行发生故障时，或者因维修、更换、停用、拆除等原因将影响自动监控设施正常运行时，运行单位应当事先报告县级以上环境保护行政主管部门，说明原因、时段等情况，递交人工监测方法报送数据方案，并取得县级以上环境保护行政主管部门的批准；设施的维修、更换、停用、拆除等相关工作均须符合国家或地方相关的标准。同时，污染源自动监控设施的维修、更换，必须在48小时内恢复自动监控设施正常运行，设施不能正常运行期间，要采取人工采样监测的方式报送数据，数据报送每天不少于4次，间隔不得超过6小时。

《污染源自动监控设施运行管理办法》还要求污染源自动监控设施运行单位应当建立健全管理制度，加强对自动监控设施维护和管理，如加强人员培训、制定操作规程、明确岗位责任、定期比对监测、定期校准维护记录、公开运行信息，常年备有日常运行和维护所需的各种耗材以及备用整机或关键部件，明确设施故障预防和应急措施等制度等，确保污染源自动监控设施正常运行。

70．如何对污染源自动监控设施进行监督管理?

根据《污染源自动监控设施运行管理办法》第二十条的规定，县级以上生态环境主管部门对污染源自动监控设施运行情况行使以下现场检查和日常监督权：一是社会化运行单位是否依法获得污染源自动监控设施运营资质证书，是否按照资质证书的规定，在有效期内从事运行活动；二是社会化运行单位是否与委托单位签订运行服务合同，合同有关内容是否符合环境保护要求并得到落实；三是运行单位岗位现场操作和管理人员是否经过岗位培训；四是运行单位是否按照要求建立自动监控设施运行的人员培训、操作规程、岗位责任、定期比对监测、定期校准维护记录、运行信息公开、事故预防和应急措施等管理制度以及这些制度是否得到有效实施；五是自动监控设施是否按照环境保护主管部门的相关要求联网，并准确及时地传输监控信息和数据；六是运行委托单位是否有影响运行单位正常工作和污染源自动监控设施正常运行的行为；七是运行委托单位和运行单位是否有其他环境违法行为。

71．故意不正常使用污染源自动监测设备该如何处罚?

2005年9月，国家环境保护总局发布了《污染源自动监控管理办法》，自2005年11月1日起施行。《污染源自动监控管理办法》规定，自动监控设备因故障不能正常采集、传输数据时，应当及时检修并向环境监察机构报告，必要时应当采用人工监测方法报送数据。

对于未按照规定对所排放的水污染物自行监测，或者未保存原始监测记录的；未按照规定安装水污染物排放自动监测设备，未按照规定与环境保护主管部门的监控设备联网，或者未保证监测设备正常运行的；未按照规定对有毒有害水污染物的排污口和周边环境进行监测，或者未公开有毒有害水污染物信息的，依据《中华人民共和国水污染防治法》第八十二条的规定，由县级以上人民政府环境保护主管部门责令限期改正，处二万元以上二十万元以下的罚款；逾期不改正的，责令停产整治。

对于侵占、损害或者擅自移动、改变大气环境质量监测设施或者大气污染物排放自动监测设备的；未按照规定对所排放的工业废气和有毒有害大气污染物进行监测并保存原始监测记录的；未按照规定安装、使用大气污染物排放自动监测设备或者未按照规定与生态环境主管部门的监控设备联网，并保证监测设备正常运行的；重点排污单位不公开或者不如实公开自动监测数据的；未按照规定设置大气污染物排放口的，依据《中华人民共和国大气污染防治法》第一百条的规定，由县级以上人民政府生态环境主管部门责令改正，处二万元以上二十万元以下的罚款；拒不改正的，责令停产整治。

对于未经生态环境主管部门批准，擅自拆除或者闲置环境噪声污染防治设施，致使环境噪声排放超过规定标准的，依据《中华人民共和国环境噪声污染防治法》第五十条的规定，由县级以上地方人民政府生态环境主管部门责令改正，并处罚款。

72．自动在线监测数据能否作为执法依据?

根据《环境行政处罚办法》第三十六条的规定，环境保护主管部门可以利用在线监控或者其他技术监控手段收集违法行为证据。经环境保护主管部门认定的有效性数据，可以作为认定违法事实的证据。该办法将“经环境保护主管部门认定有效”作为前提条件，是基于当时在线监测设备技术性能等历史条件作出的谨慎规定。但对生态环境主管部门如何“认定”，如哪一级生态环境主管部门认定、按什么样的程序认定，没有作出规定。

针对执法实践中遇到的问题，环境保护部有两个相关复函，一个是2016年5月13日致函天津市环保局《关于污染源在线监测数据与现场监测数据不一致时证据适用问题的复函》，其中明确“现场监测可视为对企业在线监测设备进行的比对监测。若同一时段的现场监测数据与经过有效性审核的在线监测数据不一致，现场监测数据符合法定的监测标准和监测方法的，以该现场监测数据作为优先证据使用”。另一个是2016年8月16日致函河南省环保厅《关于自动在线监控数据应用于环境行政执法有关问题的复函》，其中明确“根据《环境行政处罚办法》第三十六条和第三十二条的规定，污染源自动在线监控数据与其他有关证据共同构成证据链，可以应用于环境行政执法”。

2016年11月，国务院办公厅印发的《控制污染物排放许可制实施方案》中也明确规定“企事业单位在线监测数据可以作为环境保护部门监管执法的依据”。2017年9月21日，中共中央办公厅、国务院办公厅印发的《关于深化环境监测改革提高环境监测数据质量的意见》规定，重点排污单位“自动监测数据可作为环境行政处罚等监管执法的依据”。

此外，《中华人民共和国环境保护税法》第十条明确规定，将“纳税人安装使用符合国家规定和监测规范的污染物自动监测设备的，按照污染物自动监测数据计算”，排在四种计算办法的第一位。

综上所述，自动监测数据可作为环境行政处罚等监管执法的依据。

73. 自行监测数据能否作为生活垃圾焚烧发电厂环境违法行为的证据？

2020年1月1日起施行的《生活垃圾焚烧发电厂自动监测数据应用管理规定》中第四条规定：垃圾焚烧厂应当按照生活垃圾焚烧发电厂自动监测数据标记规则（以下简称标记规则），及时在自动监控系统企业端，如实标记每台焚烧炉工况和自动监测异常情况。自动监测设备发生故障，或者进行检修、校准的，垃圾焚烧厂应当按照标记规则及时标记；未标记的，视为数据有效。

第五条规定：生态环境主管部门可以利用自动监控系统收集环境违法行为证据。自动监测数据可以作为判定垃圾焚烧厂是否存在环境违法行为的证据。

同时，第八条规定：生态环境主管部门开展行政执法时，可以按照监测技术规范要求采集一个样品进行执法监测，获取的监测数据可以作为行政执法的证据。生态环境主管部门执法监测获取的监测数据与自动监测数据不一致的，以生态环境主管部门执法监测获取的监测数据作为行政执法的证据。

74. 排污单位开展自行监测或者委托监测应当满足哪些条件？

排污单位应根据本单位自行监测的工作需求，设置监测机构，梳理监测方案制定、样品采集、样品分析、监测结果报出、样品留存、相关记录保存等监测的各个环节中，为保证监测工作质量，应制定的工作流程、管理措施与监督措施，建立自行监测质量体系。

委托其他有资质的检（监）测机构代其开展自行监测的，排污单位不用建立监测质量体系，但应对检（监）测机构的资质进行确认。监测机构应具有与监测任务相适应的技术人员、仪器设备和实验室环境，明确监测人员和管理人员的职责、权限和相互关系，有适当的措施和程序保证监测结果准确可靠。应配备数量充足、技术水平满足工作要求的技术人员，规范监测人员录用、培训教育和能力确认/考核等活动，建立人员档案，并对监测人员实施监督和管理，规避人员因素对监测数据正确性和可靠性的影响。

75．企业应如何开展自行监测工作?

排污单位应根据《排污单位自行监测技术指南　总则》（HJ 819—2017）的要求开展自行监测工作，应保持自动监测设施的正常运行，做好自动监测设施的运行维护，应做好与监测相关的数据记录，按照规定进行保存，并依据相关法规向社会公开监测结果。

76．重点排污单位应当依法公开哪些环境监测信息?

重点排污单位向社会公开其环境信息，是保障公众依法享有获取环境信息、参与和监督环境保护权利的需要，也是社会信用体系建设的重要组成部分。新《环境保护法》第五十五条规定，“重点排污单位应当如实向社会公开其主要污染物的名称、排放方式、排放浓度和总量、超标排放情况，以及防治污染设施的建设和运行情况，接受社会监督”。

根据《企业事业单位环境信息公开办法》（自2022年2月8日起废止）①的规定，重点排污单位应当公开其环境自行监测方案，并且公开六类环境信息：一是基础信息，包括单位名称、组织机构代码、法定代表人、生产地址、联系方式，以及生产经营和管理服务的主要内容、产品及规模；二是排污信息，包括主要污染物及特征污染物的名称、排放方式、排放口数量和分布情况、排放浓度和总量、超标情况，以及执行的污染物排放标准、核定的排放总量；三是防治污染设施的建设和运行情况；四是环境许可信息，包括建设项目环境影响评价制度及其他环

① 2022年2月8日起施行《企业环境信息依法披露管理办法》。

境保护行政许可情况；五是突发环境事件应急预案；六是其他应当公开的环境信息。同时，《企业事业单位环境信息公开办法》还鼓励所有企业事业单位自愿公开有利于保护生态、防治污染、履行社会环境责任的相关信息。

2013年7月，环境保护部发布《国家重点监控企业自行监测及信息公开办法（试行）》，明确要求企业应将自行监测工作开展情况及监测结果向社会公众公开，公开内容应包括自行监测方案、自行监测结果、全部监测点位、监测时间、污染物种类及浓度、标准限值、达标情况、超标倍数、污染物排放方式及排放去向以及污染源监测年度报告，如果未开展自行监测的，还要公开其未开展自行监测的原因。同时，要求企业在省级或地市级环境保护主管部门统一组织建立的公布平台上公开自行监测信息，并至少保存一年。

77．重点排污单位应当怎样公开其监测信息？

《企业事业单位环境信息公开办法》第十条规定，重点排污单位应当通过其网站、企业事业单位环境信息公开平台或者当地报刊等便于公众知晓的方式公开环境信息，同时可以采取以下一种或者几种方式予以公开：

（1）公告或者公开发行的信息专刊；

（2）广播、电视等新闻媒体；

（3）信息公开服务、监督热线电话；

（4）本单位的资料索取点、信息公开栏、信息亭、电子屏幕、电子触摸屏等场所或者设施；

（5）其他便于公众及时、准确获得信息的方式。

《企业事业单位环境信息公开办法》还要求生态环境主管部门要推进、指导、监督企业事业单位开展环境信息公开，明确企业事业单位的主体责任以及确定重点排污单位名录的基本依据，规范信息公开的内容、方式和时限。同时，生态环境主管部门要加强监督检查，对重点排污单位不公开或者不如实公开环境信息的违法行为，严格依法查处。

78. 环境监测数据弄虚作假行为包括哪几类?

环境监测数据弄虚作假行为，系指故意违反国家法律法规、规章等以及环境监测技术规范，篡改、伪造或者指使篡改、伪造环境监测数据等行为。为配合新《环境保护法》的贯彻执行，严肃查处环境监测数据弄虚作假行为，提升环境监测数据的公信力和权威性，原环境保护部出台了《环境监测数据弄虚作假行为判定及处理办法》，如何对环境监测数据弄虚作假行为进行判定是该办法的核心内容，该办法明确了三大类共 27 种环境监测数据弄虚作假行为。

第一类是篡改监测数据，主要包括擅自停运、变更、增减环境监测点位或故意改变监测点位属性，干扰采样、干预或破坏生产工况，逃避自动监控，改变样品性质，干扰监测设备正常运转，秘密修改设备参数或监测数据，故意不真实记录或选择性记录原始数据等 14 种情形。

第二类是伪造监测数据，主要包括记录不一致、监测报告正副本不一致、通过软件凭空生成监测数据、未开展采样或分析但出具监测报告等 8 种情形。

第三类是指使篡改、伪造监测数据，主要包括强令、授意有关人员篡改、伪造监测数据；将考核达标或者评比排名情况列为下属监测机构、人员的工作考核要求；无正当理由，强制要求监测机构多次监测并从中挑选数据，或者无正当理由拒签上报监测数据的；在未做整改的前提下，进行多家或多次监测委托，挑选其中“合格”监测报告等 5 种情形。

以上弄虚作假情形都是根据实践中发现的情况总结出来的，非常有针对性，为打击环境监测数据弄虚作假行为提供了判定依据。

79. 篡改环境监测数据的行为有哪些?

篡改监测数据是指利用某种职务或者工作上的便利条件，故意干预环境监测活动的正常开展，导致监测数据失真的行为。根据《环境监测数据弄虚作假行为判定及处理办法》的规定，篡改监测数据包括以下 14 种情形：

一是未经批准部门同意，擅自停运、变更、增减环境监测点位或者故意改变环境监测点位属性的；二是采取人工遮挡、堵塞和喷淋等方式，干扰采样口或周围局部环境的；三是人为操纵、干预或者破坏排污单位生产工况、污染源净化设施，使生产或污染状况不符合实际情况的；四是稀释排放或者旁路排放，或者将部分或全部污染物不经规范的排污口排放，逃避自动监控设施监控的；五是破坏、损毁监测设备站房、通信线路、信息采集传输设备、视频设备、电力设备、空调、风机、采样泵、采样管线、监控仪器或仪表以及其他监测监控或辅助设施的；六是故意更换、隐匿、遗弃监测样品或者通过稀释、吸附、吸收、过滤、改变样品保存条件等方式改变监测样品性质的；七是故意漏检关键项目或者无正当理由故意改动关键项目的监测方法的；八是故意改动、干扰仪器设备的环境条件或运行状态或者删除、修改、增加、干扰监测设备中存储、处理、传输的数据和应用程序，或者人为使用试剂、标样干扰仪器的；九是未向生态环境主管部门备案，自动监测设备暗藏可通过特殊代码、组合按键、远程登录、遥控、模拟等方式进入不公开的操作界面对自动监测设备的参数和监测数据进行秘密修改的；十是故意不真实记录或者选择性记录原始数据的；十一是篡改、销毁原始记录，或者不按规范传输原始数据的；十二是对原始数据进行不合理修约、取舍，或者有选择性评价监测数据、出具监测报告或者发布结果，以至评价结论失真的；十三是擅自修改数据的；十四是其他涉嫌篡改监测数据的情形。

80．伪造环境监测数据的行为有哪些？

伪造监测数据，是指没有实施实质性的环境监测活动，凭空编造虚假监测数据的行为。根据《环境监测数据弄虚作假行为判定及处理办法》的规定，伪造监测数据包括以下 8 种情形：一是纸质原始记录与电子存储记录不一致，或者谱图与分析结果不对应，或者用其他样品的分析结果和图谱替代的；二是监测报告与原始记录信息不一致，或者没有相应原始数据的；三是监测报告的副本与正本不一致的；四是伪造监测时间或者签名的；五是通过仪器数据模拟功能，或者植入模拟软件，凭空生成监测数据的；六是未开展采样、分析，直接出具监测数据或者到现场采样，但未开设烟道采样口，出具监测报告的；七是未按规定对样品留样或保存，导致无法对监测结果进行复核的；八是其他涉嫌伪造监测数据的情形。

81．指使篡改、伪造监测数据行为的情形有哪些？

根据《环境监测数据弄虚作假行为判定及处理办法》的规定，涉嫌指使篡改、伪造监测数据的行为，包括以下 5 种情形：一是强令、授意有关人员篡改、伪造监测数据的；二是将考核达标或者评比排名情况列为下属监测机构、监测人员的工作考核要求，意图干预监测数据的；三是无正当理由，强制要求监测机构多次监测并从中挑选数据，或者无正当理由拒签上报监测数据的；四是委托方人员授意监测机构工作人员篡改、伪造监测数据或者在未做整改的前提下，进行多家或多次监测委托，挑选其中“合格”监测报告的；五是其他涉嫌指使篡改、伪造监测数据的情形。

82．篡改、伪造环境监测数据应承担怎样的法律责任？

排污单位存在监测数据弄虚作假行为的，首先由生态环境主管部门、公安机关按照新《环境保护法》第六十三条和《行政主管部门移送适用行政拘留环境违法案件暂行办法》的要求，对通过篡改、伪造监测数据等逃避监管的方式违法排放污染物的企业事业单位和其他生产经营者，尚不构成犯罪的，除依照有关法律法规规定予以处罚外，县级以上生态环境主管部门或者其他有关部门应将案件移送公安机关，对其直接负责的主管人员和其他直接责任人员，处十日以上十五日以下拘留；情节较轻的，处五日以上十日以下拘留。涉嫌犯罪的，根据最高人民法院、最高人民检察院发布的《关于办理环境污染刑事案件适用法律若干问题的解释》，移交司法机关依法追究直接负责的主管人员和其他责任人的刑事责任。《关于办理环境污染刑事案件适用法律若干问题的解释》第十条规定，针对环境质量监测系统修改参数或者监测数据、干扰采样致使监测数据严重失真的等，以破坏计算机信息系统罪论处，从事环境监测设施维护、运营的人员实施或者参与实施篡改、伪造自动监测数据、干扰自动监测设施、破坏环境质量监测系统等行为的，应当从重处罚。

环境监测机构在提供环境服务中弄虚作假，对造成的环境污染和生态破坏负有责任的，除依照有关法律法规规定予以处罚外，由生态环境主管部门将篡改、伪造监测数据或出具虚假监测报告的社会环境监测机构以及从事环境监测设备维护、运营的机构，以及环境监测数据弄虚作假的企业和涉及弄虚作假行为的人员的信息列入不良记录名单，并向社会公开，依法纳入全国信用信息共享平台和国家企业信用信息公示系统，推进联合惩戒，实现一处违法、处处受限。针对监测仪器生产、销售商配合弄虚作假行为的，由生态环境主管部门通报公示生产厂家、销售单位及其产品名录，将单位列入不良记录名单，禁止其参与政府购买环境监测服务或政府委托项目，对安装在企业的设备不予验收、联网。按照新《环境保护法》的规定，检察机关、社会组织和其他法律规定的机关提起民事公益诉讼或者省级政府授权的行政机关依法提起生态环境损害赔偿诉讼时，还可以要求环境监测机构与造成环境污染和生态破坏的其他责任者承担连带责任。

党政领导干部指使篡改、伪造监测数据的，由负责调查的生态环境主管部门提出建议，移送有关任免机关或监察机关依据《党政领导干部生态环境损害责任追究办法（试行）》的有关规定予以处理。生态环境主管部门发现篡改、伪造监测数据，涉及目标考核的，视情节严重程度将考核结果降低等级或者确定为不合格，情节严重的，取消授予的环境保护荣誉称号；涉及县域生态考核的，视情节严重程度，建议国务院财政主管部门减少或者取消当年中央财政资金转移支付；涉及《大气污染防治行动计划》《水污染防治行动计划》排名的，分别以当日或当月监测数据的历史最高浓度值计算排名。

国家机关工作人员篡改、伪造或指使篡改、伪造监测数据的，由负责调查的生态环境主管部门提出建议，移送有关任免机关或监察机关依据《行政机关公务员处分条例》和《事业单位工作人员处分暂行规定》的有关规定予以处理，并可以按照新《环境保护法》第六十八条的规定，给予记过、记大过或者降级处分；造成严重后果的，给予撤职或者开除处分。

第二部分

生态环境法律法规、制度和标准

（一）生态环境法律法规、制度

83．我国生态环境保护法律有哪些？

环境法是由国家制定或认可，并由国家强制力保证执行的关于保护环境和自然资源、防治污染和其他公害的法律规范的总称。其目的是保护和改善人类生存环境和自然环境，防治污染和其他公害，协调人类和环境的关系。其作用是通过调整人们在生产、生活和其他活动中所产生的同保护和改善环境有关的各种社会关系，协调社会经济发展与环境保护的关系，把人类活动对环境的污染和危害限制在最小限度内，维护生态环境，实现人类社会与环境协调发展。

我国现行的生态环境保护有关的法律及其生效日期如下表。

序号	名称	颁布日期	最新修订/修正日期	修订/修正后生效日期
1	中华人民共和国环境保护法	1989年12月26日	2014年4月24日	2015年1月1日
2	中华人民共和国水污染防治法	1984年5月11日	2017年6月27日	2018年1月1日
3	中华人民共和国大气污染防治法	1987年9月5日	2018年10月26日	2018年10月26日
4	中华人民共和国土壤污染防治法	2018年8月31日	—	2019年1月1日
5	中华人民共和国固体废物污染环境防治法	1995年10月30日	2020年4月29日	2020年9月1日
6	中华人民共和国环境噪声污染防治法	1996年10月29日	2018年12月29日	2018年12月29日
7	中华人民共和国环境影响评价法	2002年10月28日	2018年12月29日	2018年12月29日

序号	名称	颁布日期	最新修订/修正日期	修订/修正后生效日期
8	中华人民共和国环境保护税法	2016 年 12 月 25 日	2018 年 10 月 26 日	2018 年 10 月 26 日
9	中华人民共和国海洋环境保护法	1982 年 8 月 23 日	2017 年 11 月 4 日	2017 年 11 月 5 日
10	中华人民共和国放射性污染防治法	2003 年 6 月 28 日	—	2003 年 10 月 1 日
11	中华人民共和国核安全法	2017 年 9 月 1 日	—	2018 年 1 月 1 日
12	中华人民共和国清洁生产促进法	2002 年 6 月 29 日	2012 年 2 月 29 日	2012 年 7 月 1 日
13	中华人民共和国循环经济促进法	2008 年 8 月 29 日	2018 年 10 月 26 日	2018 年 10 月 26 日

84．我国生态环境保护相关的其他法律有哪些？

我国现行的生态环境保护相关的法律及其生效日期如下表。

序号	名称	颁布日期	最新修订/修正日期	修订/修正后生效日期
1	中华人民共和国宪法	1982 年 12 月 4 日	2018 年 3 月 11 日	2018 年 3 月 11 日
2	中华人民共和国立法法	2000 年 3 月 15 日	2015 年 3 月 15 日	2015 年 3 月 15 日
3	中华人民共和国标准化法	1988 年 12 月 29 日	2017 年 11 月 4 日	2018 年 1 月 1 日
4	中华人民共和国行政许可法	2003 年 8 月 27 日	2019 年 4 月 23 日	2019 年 4 月 23 日
5	中华人民共和国行政强制法	2011 年 6 月 30 日	—	2012 年 1 月 1 日
6	中华人民共和国行政处罚法	1996 年 3 月 17 日	2021 年 1 月 22 日	2021 年 7 月 15 日
7	中华人民共和国治安管理处罚法	2005 年 8 月 28 日	2012 年 10 月 26 日	2013 年 1 月 1 日
8	中华人民共和国刑法	1979 年 7 月 1 日	2020 年 12 月 26 日	2021 年 3 月 1 日
9	中华人民共和国行政复议法	1999 年 4 月 29 日	2017 年 9 月 1 日	2017 年 9 月 1 日
10	中华人民共和国行政诉讼法	1989 年 4 月 4 日	2017 年 6 月 27 日	2017 年 7 月 1 日
11	中华人民共和国民法典	2020 年 5 月 28 日	—	2021 年 1 月 1 日
12	中华人民共和国国家赔偿法	1994 年 5 月 12 日	2012 年 10 月 26 日	2013 年 1 月 1 日

序号	名称	颁布日期	最新修订/修正日期	修订/修正后生效日期
13	中华人民共和国公务员法	2005年4月27日	2018年12月29日	2019年6月1日
14	中华人民共和国监察法	2018年3月20日	—	2018年3月20日
15	中华人民共和国突发事件应对法	2007年8月30日	—	2007年11月1日
16	中华人民共和国传染病防治法	1989年2月21日	2013年6月29日	2013年6月29日
17	中华人民共和国职业病防治法	2001年10月27日	2018年12月29日	2018年12月29日
18	中华人民共和国道路交通安全法	2003年12月28日	2021年4月22日	2021年5月1日
19	中华人民共和国安全生产法	2002年6月29日	2014年8月31日	2014年12月1日
20	中华人民共和国食品安全法	2009年2月28日	2018年12月29日	2018年12月29日

85. 我国自然资源保护法律有哪些?

我国现行的自然资源保护法律及其生效日期如下表。

序号	名称	颁布日期	最新修订/修正日期	修订/修正后生效日期
1	中华人民共和国节约能源法	1997年11月1日	2018年10月26日	2018年10月26日
2	中华人民共和国水法	1998年1月21日	2016年7月2日	2016年9月1日
3	中华人民共和国水土保持法	1991年6月29日	2010年12月25日	2011年3月1日
4	中华人民共和国矿产资源法	1986年3月19日	2009年8月27日	2009年8月27日
5	中华人民共和国城乡规划法	2007年10月28日	2019年4月23日	2019年4月23日
6	中华人民共和国土地管理法	1986年6月25日	2019年8月26日	2020年1月1日
7	中华人民共和国森林法	1984年9月20日	2019年12月28日	2020年7月1日
8	中华人民共和国草原法	1985年6月18日	2013年6月29日	2013年6月29日
9	中华人民共和国农业法	1993年7月2日	2012年12月28日	2013年1月1日

序号	名称	颁布日期	最新修订/修正日期	修订/修正后生效日期
10	中华人民共和国渔业法	1986 年 1 月 20 日	2013 年 12 月 28 日	2014 年 3 月 1 日
11	中华人民共和国畜牧法	2005 年 12 月 29 日	2015 年 4 月 24 日	2015 年 4 月 24 日
12	中华人民共和国海岛保护法	2009 年 12 月 26 日	—	2010 年 3 月 1 日
13	中华人民共和国海域使用管理法	2001 年 10 月 27 日	—	2002 年 1 月 1 日
14	中华人民共和国防沙治沙法	2001 年 8 月 31 日	2018 年 10 月 26 日	2018 年 10 月 26 日
15	中华人民共和国气象法	1999 年 10 月 31 日	2016 年 11 月 7 日	2016 年 11 月 7 日
16	中华人民共和国野生动物保护法	1988 年 11 月 8 日	2018 年 10 月 26 日	2018 年 10 月 26 日
17	中华人民共和国动物防疫法	1997 年 7 月 3 日	2021 年 1 月 22 日	2021 年 5 月 1 日
18	中华人民共和国煤炭法	1996 年 8 月 29 日	2016 年 11 月 7 日	2016 年 11 月 7 日

86. 我国生态环境保护有关的行政法规有哪些?

我国现行的生态环境保护有关的行政法规及其生效日期如下表。

序号	名称	颁布日期	最新修订/修正日期	修订/修正后生效日期
1	环境保护税法实施条例	2017 年 12 月 25 日	—	2018 年 1 月 1 日
2	规划环境影响评价条例	2009 年 8 月 17 日	—	2009 年 10 月 1 日
3	建设项目环境保护管理条例	1998 年 11 月 29 日	2017 年 7 月 16 日	2017 年 10 月 1 日
4	优化营商环境条例	2019 年 10 月 22 日	—	2020 年 1 月 1 日
5	企业投资项目核准和备案管理条例	2016 年 11 月 30 日	—	2017 年 2 月 1 日
6	全国污染源普查条例	2007 年 10 月 9 日	2019 年 3 月 2 日	2019 年 3 月 2 日
7	计量法实施细则	1987 年 2 月 1 日	2018 年 3 月 19 日	2018 年 3 月 19 日
8	城镇排水与污水处理条例	2013 年 10 月 2 日	—	2014 年 1 月 1 日
9	太湖流域管理条例	2011 年 9 月 7 日	—	2011 年 11 月 1 日

序号	名称	颁布日期	最新修订/修正日期	修订/修正后生效日期
10	淮河流域水污染防治暂行条例	1995年8月8日	2011年1月8日	2011年1月8日
11	消耗臭氧层物质管理条例	2010年4月8日	2018年3月19日	2018年3月19日
12	医疗废物管理条例	2003年6月16日	2011年1月8日	2011年1月8日
13	废弃电器电子产品回收处理管理条例	2009年2月25日	2019年3月2日	2019年3月2日
14	防治陆源污染物污染损害海洋环境管理条例	1990年6月21日	—	1990年8月1日
15	防治海岸工程建设项目污染损害海洋环境管理条例	1990年6月25日	2018年3月19日	2018年3月19日
16	防治船舶污染海洋环境管理条例	2009年9月9日	2018年3月9日	2018年3月19日
17	防止拆船污染环境管理条例	1988年5月18日	2017年3月1日	2017年3月1日
18	海洋倾废管理条例	1985年3月6日	2017年3月1日	2017年3月1日
19	畜禽规模养殖污染防治条例	2013年11月11日	—	2014年1月1日
20	生猪屠宰管理条例	1997年12月19日	2016年2月6日	2016年3月1日
21	危险化学品安全管理条例	2002年1月26日	2013年12月7日	2013年12月7日
22	农药管理条例	1997年5月8日	2017年3月16日	2017年6月1日
23	危险废物经营许可证管理办法	2004年5月30日	2016年2月6日	2016年2月6日
24	政府信息公开条例	2007年4月5日	2019年4月3日	2019年5月15日
25	企业信息公示暂行条例	2014年8月7日	—	2014年10月1日
26	气象设施和气象探测环境保护条例	2012年8月29日	2016年2月6日	2016年2月6日
27	自然保护区条例	1994年10月9日	2017年10月7日	2017年10月7日
28	无证无照经营查处办法	2017年8月6日	—	2017年10月1日
29	行政复议法实施条例	2007年5月29日	—	2007年8月1日
30	信访条例	2005年1月10日	—	2005年5月1日
31	土地管理法实施条例	1998年12月27日	2014年7月29日	2014年7月29日
32	退耕还林条例	2002年12月14日	2016年2月6日	2016年2月6日
33	矿产资源法实施细则	1994年3月26日	—	1994年3月26日

序号	名称	颁布日期	最新修订/修正日期	修订/修正后生效日期
34	取水许可和水资源费征收管理条例	2006年2月21日	2017年3月1日	2017年3月1日
35	森林法实施条例	2000年1月29日	2018年3月19日	2018年3月19日
36	野生植物保护条例	1996年9月30日	2017年10月7日	2017年10月7日
37	陆生野生动物保护实施条例	1992年3月1日	2016年2月6日	2016年2月6日
38	水生野生动物保护实施条例	1993年10月5日	2013年12月7日	2013年12月7日
39	城市市容和环境卫生管理条例	1992年6月28日	2017年3月1日	2017年3月1日
40	城市绿化条例	1992年6月22日	2017年3月1日	2017年3月1日
41	防汛条例	1991年7月2日	2011年1月8日	2011年1月8日
42	河道管理条例	1988年6月10日	2018年3月19日	2018年3月19日
43	烟花爆竹安全管理条例	2006年1月21日	2016年2月6日	2016年2月6日
44	道路交通安全法实施条例	2004年4月30日	2017年10月7日	2017年10月7日
45	海洋石油勘探开发环境保护管理条例	1983年12月29日	—	1983年12月29日
46	风景名胜区条例	2006年9月19日	2016年2月6日	2016年2月6日
47	土地复垦条例	2011年3月5日	—	2011年3月5日
48	退耕还林条例	2002年12月14日	2016年2月6日	2016年2月6日
49	基本农田保护条例	1998年12月27日	2011年1月8日	2011年1月8日
50	森林法实施条例	2000年1月29日	2018年3月19日	2018年3月19日
51	长江河道采砂管理条例	2001年10月25日	—	2002年1月1日

87. 生态环境保护相关司法解释有哪些?

我国现行的生态环境保护相关司法解释及其生效日期如下表。

序号	名称	颁布日期	最新修订/修正日期	修订/修正后生效日期
1	最高人民法院关于审理行政协议案件若干问题的规定	2019年11月27日	—	2020年1月1日
2	最高人民法院、最高人民检察院关于人民检察院提起刑事附带民事公益诉讼应否履行诉前公告程序问题的批复	2019年11月25日	—	2019年12月6日

序号	名称	颁布日期	最新修订/修正日期	修订/修正后生效日期
3	最高人民法院关于审理生态环境损害赔偿案件的若干规定（试行）	2019年6月4日	—	2019年6月5日
4	最高人民法院　最高人民检察院关于检察公益诉讼案件适用法律若干问题的解释	2018年3月1日	—	2018年3月2日
5	最高人民法院关于执行和解若干问题的规定	2018年2月22日	—	2018年3月1日
6	最高人民法院关于适用《中华人民共和国行政诉讼法》的解释	2018年2月6日	—	2018年2月8日
7	最高人民法院关于审理海洋自然资源与生态环境损害赔偿纠纷案件若干问题的规定	2017年12月29日	—	2018年1月15日
8	最高人民法院关于全面加强长江流域生态文明建设与绿色发展司法保障的意见	2017年12月1日	—	2017年12月1日
9	最高人民法院关于进一步保护和规范当事人依法行使行政诉权的若干意见	2017年8月31日	—	2017年8月31日
10	最高人民法院关于审理矿业权纠纷案件适用法律若干问题的解释	2017年6月24日	2020年12月29日	2021年1月1日
11	环境保护部、公安部、最高人民检察院关于印发《环境保护行政执法与刑事司法衔接工作办法》的通知	2017年1月25日	—	2017年1月25日
12	最高人民法院　最高人民检察院关于办理环境污染刑事案件适用法律若干问题的解释	2016年12月23日	—	2017年1月1日
13	最高人民法院　最高人民检察院关于办理非法采矿、破坏性采矿刑事案件适用法律若干问题的解释	2016年11月28日	—	2016年12月1日
14	最高人民法院关于行政诉讼应诉若干问题的通知	2016年7月28日	—	2016年7月28日

序号	名称	颁布日期	最新修订/修正日期	修订/修正后生效日期
15	关于充分发挥审判职能作用为推进生态文明建设与绿色发展提供司法服务和保障的意见	2016年5月26日	—	2016年5月26日
16	最高人民法院　最高人民检察院关于办理贪污贿赂刑事案件适用法律若干问题的解释	2016年4月18日	—	2016年4月18日
17	最高人民法院关于海事法院受理案件范围的规定	2016年2月24日	—	2016年3月1日
18	最高人民法院关于审理环境侵权责任纠纷案件适用法律若干问题的解释	2015年6月1日	—	2015年6月3日
19	最高人民法院关于审理环境民事公益诉讼案件适用法律若干问题的解释	2015年1月6日	2020年12月29日	2021年1月1日
20	最高人民法院、最高人民检察院关于办理走私刑事案件适用法律若干问题的解释	2014年8月12日	—	2014年9月10日
21	最高人民法院关于全面加强环境资源审判工作为推进生态文明建设提供有力司法保障的意见	2014年6月23日	—	2014年6月23日
22	最高人民法院、民政部、环境保护部关于贯彻实施环境民事公益诉讼制度的通知	2014年12月26日	—	2014年12月26日
23	最高人民法院关于审理破坏草原资源刑事案件应用法律若干问题的解释	2012年11月2日	—	2012年11月22日
24	最高人民法院、最高人民检察院关于办理渎职刑事案件适用法律若干问题的解释（一）	2012年12月7日	—	2013年1月9日
25	最高人民法院、最高人民检察院关于办理危害计算机信息系统安全刑事案件应用法律若干问题的解释	2011年8月1日	—	2011年9月1日

序号	名称	颁布日期	最新修订/修正日期	修订/修正后生效日期
26	最高人民法院关于审理政府信息公开行政案件若干问题的规定	2011 年 7 月 29 日	—	2011 年 8 月 13 日
27	最高人民法院关于审理船舶油污损害赔偿纠纷案件若干问题的规定	2011 年 5 月 4 日	2020 年 12 月 29 日	2021 年 1 月 1 日
28	最高人民检察院、公安部关于公安机关管辖的刑事案件立案追诉标准的规定（三）	2012 年 5 月 16 日	—	2012 年 5 月 16 日
29	最高人民检察院、公安部关于公安机关管辖的刑事案件立案追诉标准的规定（二）	2010 年 5 月 7 日	—	2010 年 5 月 7 日
30	最高人民检察院、公安部关于公安机关管辖的刑事案件立案追诉标准的规定（二）的补充规定	2011 年 11 月 14 日	—	2011 年 11 月 14 日
31	最高人民检察院、公安部关于公安机关管辖的刑事案件立案追诉标准的规定（一）	2008 年 6 月 25 日	—	2008 年 6 月 25 日
32	最高人民检察院、公安部关于公安机关管辖的刑事案件立案追诉标准的规定（一）的补充规定	2017 年 4 月 27 日	—	2017 年 4 月 27 日
33	最高人民法院、最高人民检察院关于办理盗窃油气、破坏油气设备等刑事案件具体应用法律若干问题的解释	2007 年 1 月 15 日	—	2007 年 1 月 19 日
34	最高人民法院关于审理行政许可案件若干问题的规定	2009 年 12 月 14 日	—	2010 年 1 月 4 日
35	最高人民法院关于行政诉讼撤诉若干问题的规定	2008 年 1 月 14 日	—	2008 年 2 月 1 日
36	最高人民检察院关于渎职侵权犯罪案件立案标准的规定	2006 年 7 月 26 日	—	2006 年 7 月 26 日
37	最高人民法院关于印发《关于审理行政案件适用法律规范问题的座谈会纪要》的通知	2004 年 5 月 18 日	—	2004 年 5 月 18 日
38	最高人民法院关于行政诉讼证据若干问题的规定	2002 年 7 月 24 日	—	2002 年 10 月 1 日

88．生态环境保护法律法规中规定了哪些法律责任?

环境法律责任是指违反环境法律规范的行为者，应承担法律所规定的违法行为的后果。《中华人民共和国环境保护法》《中华人民共和国水污染防治法》《中华人民共和国水污染防治法》《中华人民共和国大气污染防治法》《中华人民共和国环境噪声污染防治法》《中华人民共和国固体废物污染环境防治法》《建设项目环境保护管理条例》等7部法律法规在“法律责任”一章的具体表述中，对各种行为规定了一定的法律责任，主要分为以下几类：

一是承担刑事处罚的法律责任。这是最为严厉的法律责任，也是各法中所涉条文较少的一种法律责任，所涉的对象也比较特定，主要是针对造成重大环境污染事故，导致公私财产重大损失或人身伤亡严重后果的单位及其直接责任人员和滥用职权、玩忽职守、徇私舞弊的环境保护监督管理人员。

二是受到行政处分的法律责任。主要是针对那些滥用职权、玩忽职守、徇私舞弊尚未构成犯罪的环境保护监督管理人员和造成污染事故的单位和直接负责的主管人员，其他直接责任人员，即承担这部分法律责任的群体，与承担刑事处罚责任的群体，在责任载体上是基本一致的，只不过在后果或情节上承担行政处分的群体要轻于承担刑事处罚的群体。

三是承担纪律处分的法律责任。这7部法律法规中仅有一部法律、一个条文涉及，且与前述行政处分的责任载体同处一个条文。即《中华人民共和国大气污染防治法》所规定的对造成大气污染事故情节较重的直接负责的主管人员和其他直接责任人员，由所在单位或者上级主管机关依法给予纪律处分。

四是承担民事义务的法律责任。主要表现为两种形式：①排除危害；②赔偿损失，如环境损害赔偿，指向的对象是造成环境污染危害的行为人。

五是承担行政处罚的法律责任。这部分的法律责任主要有警告、罚款、没收违法所得、责令停产、责令停业、吊销许可证等六种类型。承担行政处罚的法律责任是环境保护法律法规中的责任的主要形式。

89．生态环境法律法规、规章和司法解释的效力层级如何划分?

按照《中华人民共和国立法法》的规定，在我国法律体系中，宪法具有最高的法律效力，其后依次是法律、行政法规、地方性法规、规章。

生态环境法律是指全国人民代表大会及其常委会制定的生态环境方面的规范性文件。生态环境行政法规是指国务院制定通过的生态环境保护方面的规范性的决定和命令，行政法规的名称一般为“条例”，也有的名称为“规定”“办法”。生态环境部门规章是指国务院环境保护主管部门单独发布或与国务院有关部门联合发布的生态环境保护方面的规范性的决定和命令，国务院各部委制定的部门规章之间具有同等法律效力。生态环境地方性法规是指由省、区、市人大通过的生态环境保护方面的规范性的决定和命令。《中华人民共和国立法法》第七十二条特别授权设区的市的人民代表大会及其常务委员会可以根据本市的具体情况和实际需要，对城乡建设与管理、环境保护、历史文化保护等方面的事项制定地方性法规，报省、自治区的人民代表大会常务委员会批准后施行。

司法解释是指国家最高司法机关在适用法律过程中对具体应用法律问题所做的解释，包括审判解释和检察解释两种。最高人民法院对审判工作中具体应用法律问题所做的解释为审判解释；最高人民检察院对检查工作中具体应用法律问题所做的解释为检察解释。这种解释对各级人民法院和各级人民检察院具有普遍约束力。中央政法委员会于 2010 年发文对司法解释的效力作出过明确界定，“司法解释是最高人民法院、最高人民检察院制定的具有普遍效力的法律适用方面的文件”“是审判机关、检察机关统一适用的执法办案依据，具有法律效力”。

90. 生态环境法律法规、规章和地方性法规之间有何关系?

根据《中华人民共和国立法法》的相关规定，生态环境保护法律效力最高，生态环境保护行政法规效力在生态环境保护法律之下，生态环境保护部门规章效力在生态环境保护行政法规之下。

部门规章与地方性法规效力相同。当地方性法规与部门规章之间对同一事项的规定不一致，不能确定如何适用时，依据《中华人民共和国立法法》第九十五条的规定，由国务院提出意见，国务院认为应当适用地方性法规的，应当决定在该地方适用地方性法规的规定；认为应当适用部门规章的，应当提请全国人民代表大会常务委员会裁决。

依据《中华人民共和国立法法》第九十五条的规定，当根据授权制定的法规与法律规定不一致，不能确定如何适用时，由全国人民代表大会常务委员会裁决；当部门规章之间、部门规章与地方政府规章之间对同一事项的规定不一致时，由国务院裁决。

91. 特别法和一般法的适用规则是什么?

目前生态环境保护领域的一般法为《中华人民共和国环境保护法》，特别法为《中华人民共和国水污染防治法》《中华人民共和国大气污染防治法》《中华人民共和国固体废物污染环境防治法》《中华人民共和国环境噪声污染防治法》《中华人民共和国水土保持法》《中华人民共和国野生动物保护法》《中华人民共和国防沙治沙法》《中华人民共和国环境影响评价法》等。一般法适用于生态环境保护领域中普遍存在的基本问题、共性问题的法律规范，特别法是适用于生态环境保护领域某些独立存在的特殊性、专业性问题的法律规范，特别法比一般法更专业、更具体、更具可操作性。一般法与特别法之间存在包容关系，具有相同的时间效力和空间效力。特别法是一个相对性的概念，它与一般法的区分是相对的，而不是绝对的。

《中华人民共和国立法法》第九十二条规定，“同一机关制定的法律、行政法规、地方性法规、自治条例和单行条例、规章，特别规定与一般规定不一致的，适用特别规定；新的规定与旧的规定不一致的，适用新的规定”。由此可以看出，一般法与特别法的适用规则遵循“特别法优于一般法”“新法优于旧法”的适用原则。

92．有关新旧法律衔接适用的基本规则是什么？

新旧法律执行的衔接问题，不仅是环境执法界的难题，在整个法律界也是一个普遍的难题。因此，最高人民法院于2004年5月18日印发了《关于审理行政案件适用法律规范问题的座谈会纪要》，专门就新旧法律规范衔接适用明确了一个基本规则，“根据行政审判中的普遍认识和做法，行政相对人的行为发生在新法施行以前，具体行政行为作出在新法施行以后，人民法院审查具体行政行为的合法性时，实体问题适用旧法规定，程序问题适用新法规定”。

以上规则，简言之，“行政相对人”就是违法企业，“具体行政行为”就是执法人员的执法行为，“实体问题”就是对违法行为的违法事实认定其应按新法律还是旧法律进行处罚，“程序问题”就是执法人员的执法程序是否合法，如处罚之前是否有事先告知程序，是否告知被处罚企业可以陈述申辩、诉讼、复议等救济途径和程序等。

因此，如果违法行为发生在新法律实施之前，符合最高法规则中明确的“行政相对人的行为发生在新法施行以前”的条件，依据“实体问题适用旧法规定”的规则，应当按照旧法律进行处罚。

93．我国生态环境保护法律体系是怎样的?

我国生态环境保护法律体系如下：

（1）《中华人民共和国宪法》中关于生态环境保护的规定。

（2）生态环境保护方面的法律

①生态环境保护基本法律为《中华人民共和国环境保护法》。②环境保护单行法为污染防治方面的法律和资源保护方面的法律：《中华人民共和国大气污染防治法》《中华人民共和国水污染防治法》《中华人民共和国环境噪声污染防治法》《中华人民共和国固体废物污染环境防治法》《中华人民共和国放射性污染防治法》《中华人民共和国环境影响评价法》《中华人民共和国海洋环境保护法》《中华人民共和国水法》《中华人民共和国森林法》《中华人民共和国土地管理法》《中华人民共和国草原法》《中华人民共和国矿产资源法》《中华人民共和国煤炭法》《中华人民共和国节约能源法》《中华人民共和国渔业法》《中华人民共和国野生动物保护法》《中华人民共和国水土保持法》《中华人民共和国防沙治沙法》《中华人民共和国防洪法》等。

（3）生态环境保护方面的行政法规

①行政法规：由国务院制定并发布的有关生态环境保护规范，如《建设项目环境保护管理条例》等。②地方性法规：由各省、自治区、直辖市的人民代表大会及其常委会制定并发布的有关生态环境保护规范，如《上海市环境保护条例》等。

（4）生态环境保护规章

①部门规章：由生态环境部或者其他有关部门制定并颁布的有关生态环境保护规范，如《环境保护主管部门实施按日连续处罚办法》等。②地方政府规章：由各省、自治区、直辖市、设区的市、自治州的人民政府等的人民政府制定并发布的有关生态环境保护规范，如《上海市社会生活噪声污染防治办法》等。

（5）环境标准

①国家环境标准：由生态环境部制定，在全国范围内适用，包括环境质量标准、污染物排放标准、环境监测方法标准、环境标准样品标准、环境基础标准。②地方环境标准：由省级人民政府制定，在该省（区、市）辖区内适用，包括地方环境质量标准和地方污染物排放标准。

（6）我国缔结或参加的与生态环境保护有关的国际条约

中国政府为保护全球环境而缔结或参加的与生态环境保护有关的国际条约是我国环境法体系的重要组成部分，如《联合国人类环境宣言》《联合国里约环境与发展宣言》《气候变化框架公约》等。

94．“最严之法”怎样成为“最严执法”？

（1）执法人员要严格依法执法。严格、规范执法是法治政府建设的题中要义，执法人员必须严格按照法定程序、法律规定和要求执法，依法打击处理各类环境违法行为，不断提升生态环境保护能力和水平。按照标准化、流程化、精细化的要求，自觉规范权力运行，规范执法行为，把权力关进制度的笼子，把制度建在法治的笼子之下。

（2）环境执法要采取严厉的措施和手段。针对违法排放污染物，造成或者可能造成严重污染环境的企业，要启动最严环保法及其四个配套办法，用严厉的措施及时制止违法行为。

（3）环境执法应当严密无死角。环境执法工作应当全面，水、气、声、渣等各个方面都要兼顾，重点排污单位和非重点排污单位均要涉及，只有严密无死角的监管和执法，才能最大限度地发现环境风险和隐患，及时制止违法行为。

（4）执法人员要严于律己，不断提升自身的执法能力和技巧。执法人员只有不断提升自身的职业素养，才能在具体的执法中实现法律的公平和正义。

95. 如何适用“上位法优于下位法”规则?

“上位法优于下位法”规则的一个重要条件是二者在内容上相抵触。2004 年最高人民法院印发《关于审理行政案件适用法律规范问题座谈会纪要》，较为详细地罗列了审判实践中下位法不符合上位法的常见情形，具体包括：下位法缩小上位法规定的权利主体范围，或者违反上位法立法目的、扩大上位法规定的权利主体范围；下位法限制或者剥夺上位法规定的权利，或者违反上位法立法目的、扩大上位法规定的权利范围；下位法扩大行政主体或其职权范围；下位法延长上位法规定的履行法定职责期限；下位法以参照、准用等方式扩大或者限缩上位法规定的义务或者义务主体的范围、性质或者条件；下位法增设或者限缩违反上位法规定的适用条件；下位法扩大或者限缩上位法规定的给予行政处罚的行为、种类和幅度的范围；下位法改变上位法已规定的违法行为的性质；下位法超出上位法规定的强制措施的适用范围、种类和方式，以及增设或者限缩其适用条件；法规、规章或者其他规范文件设定不符合《中华人民共和国行政许可法》规定的行政许可，或者增设违反上位法的行政许可条件；其他相抵触的情形。

首先，在推进法治化的进程中，在发挥立法主导模式下，也应积极发挥司法的能动性。特别是在上位法与下位法冲突时，不应仅仅根据“上位法优于下位法”规则来判断，综合考虑相关因素才是关键。其次，在判断下位法是否违反上位法时，仅仅依据条文来判断是不够的，要根据上位法的立法目的及精神来判断，如果下位法的制定符合上位法的立法目的，在上位法没有明确规定的情况下，下位法作出一些表面上与上位法相抵触的规定，也不应认定是违法的。最后，法院在审理行政案件过程中，遇到法律冲突问题，尽可能地发挥司法能动性，行使其司法裁量权，在保证公平正义的前提下，更好地兼顾效率。

96．如何适用“特别法优于普通法”规则?

“特别法优于一般法”规则的适用必须建立在二者是由同一机关制定的，即属于同一位阶法律规范的基础之上，否则，该规则不具有启动的基础。

如果相互关联的法律规范之间存在上位法与下位法的关系，优先适用“上位法优于下位法”的规则加以解决；如果相互关联的法律规范之间不存在上位法与下位法的关系，则适用“特别法优于一般法”的规则加以解决。

为了维持国家法制体系的统一性，“特别法优于一般法”规则优先于“上位法优于下位法”规则适用必须以作为下位法的特别法先期获得了作为上位法的一般法的授权为前提，否则不可以优先适用。

97．如何适用“新法优于老法”规则?

依据《中华人民共和国立法法》第九十二条、第九十四条和第九十五条的规定：

（1）同一机关制定的法律、行政法规、地方性法规、自治条例和单行条例、规章，新的规定与旧的规定不一致的，适用新的规定。

（2）法律之间对同一事项的新的一般规定与旧的特别规定不一致，不能确定如何适用时，由全国人民代表大会常务委员会裁决。

（3）行政法规之间对同一事项的新的一般规定与旧的特别规定不一致，不能确定如何适用时，由国务院裁决。

（4）针对同一机关制定的地方性法规、规章新的一般规定与旧的特别规定不一致时，由制定机关裁决。

（二）生态环境标准

98. 生态环境标准的类型有哪些？

2021 年 2 月 1 日起施行的《生态环境标准管理办法》中第三条规定，本办法所称生态环境标准，是指由国务院生态环境主管部门和省级人民政府依法制定的生态环境保护工作中需要统一的各项技术要求。

《生态环境标准管理办法》第四条规定，生态环境标准分为国家生态环境标准和地方生态环境标准。

国家生态环境标准包括国家生态环境质量标准、国家生态环境风险管控标准、国家污染物排放标准、国家生态环境监测标准、国家生态环境基础标准和国家生态环境管理技术规范。国家生态环境标准在全国范围或者标准指定区域范围执行。

地方生态环境标准包括地方生态环境质量标准、地方生态环境风险管控标准、地方污染物排放标准和地方其他生态环境标准。地方生态环境标准在发布该标准的省、自治区、直辖市行政区域范围或者标准指定区域范围执行。有地方生态环境质量标准、地方生态环境风险管控标准和地方污染物排放标准的地区，应当依法优先执行地方标准。

（1）生态环境质量标准

《生态环境标准管理办法》第十条规定：为保护生态环境，保障公众健康，增进民生福祉，促进经济社会可持续发展，限制环境中有害物质和因素，制定生态环境质量标准。第十一条规定：生态环境质量标准包括大气环境质量标准、水环境质量标准、海洋环境质量标准、声环境质量标准、核与辐射安全基本标准。

（2）生态环境风险管控标准

《生态环境标准管理办法》第十五条规定：为保护生态环境，保障公众健康，推进生态环境风险筛查与分类管理，维护生态环境安全，控制生态环境中的有害物质和因素，制定生态环境风险管控标准。第十六条规定：生态环境风险管控标准包括土壤污染风险管控标准以及法律法规规定的其他环境风险管控标准。

（3）污染物排放标准

《生态环境标准管理办法》第二十条规定：为改善生态环境质量，控制排入环境中的污染物或者其他有害因素，根据生态环境质量标准和经济、技术条件，制定污染物排放标准。第二十一条规定：污染物排放标准包括大气污染物排放标准、水污染物排放标准、固体废物污染控制标准、环境噪声排放控制标准和放射性污染防治标准等。

（4）生态环境监测标准

《生态环境标准管理办法》第二十六条规定：为监测生态环境质量和污染物排放情况，开展达标评定和风险筛查与管控，规范布点采样、分析测试、监测仪器、卫星遥感影像质量、量值传递、质量控制、数据处理等监测技术要求，制定生态环境监测标准。第二十七条规定：生态环境监测标准包括生态环境监测技术规范、生态环境监测分析方法标准、生态环境监测仪器及系统技术要求、生态环境标准样品等。

（5）生态环境基础标准

《生态环境标准管理办法》第三十二条规定：为统一规范生态环境标准的制订技术工作和生态环境管理工作中具有通用指导意义的技术要求，制定生态环境基础标准，包括生态环境标准制订技术导则，生态环境通用术语、图形符号、编码和代号（代码）及其相应的编制规则等。第三十三条规定：制定生态环境标准制订技术导则，应当明确标准的定位、基本原则、技术路线、技术方法和要求，以及对标准文本及编制说明等材料的内容和格式要求。

（6）生态环境管理技术规范

《生态环境标准管理办法》第三十六条规定：为规范各类生态环境保护管理工作的技术要求，制定生态环境管理技术规范，包括大气、水、海洋、土壤、固体废物、化学品、核与辐射安全、声与振动、自然生态、应对气候变化等领域的管理技术指南、导则、规程、规范等。

（7）地方生态环境标准

《生态环境标准管理办法》第三十九条规定：地方生态环境质量标准、地方生态环境风险管控标准和地方污染物排放标准可以对国家相应标准中未规定的项目作出补充规定，也可以对国家相应标准中已规定的项目作出更加严格的规定。

第四十条规定：对本行政区域内没有国家污染物排放标准的特色产业、特有污染物，或者国家有明确要求的特定污染源或者污染物，应当补充制定地方污染物排放标准。

99. 什么是强制性标准，什么是推荐性标准?

1988 年 12 月 29 日第七届全国人民代表大会常务委员会第五次会议通过《中华人民共和国标准化法》，2017 年 11 月 4 日第十二届全国人民代表大会常务委员会第三十次会议做了修订，自 2018 年 1 月 1 日起施行。《中华人民共和国标准化法》第二条规定，“本法所称标准（含标准样品），是指农业、工业、服务业以及社会事业等领域需要统一的技术要求。标准包括国家标准、行业标准、地方标准和团体标准、企业标准。国家标准分为强制性标准、推荐性标准，行业标准、地方标准是推荐性标准。强制性标准必须执行。国家鼓励采用推荐性标准”。《中华人民共和国标准化法》第十条规定，对保障人身健康和生命财产安全、国家安全、生态环境安全以及满足经济社会管理基本需要的技术要求，应当制定强制性国家标准，第二条要求“强制性标准必须执行”。因此，强制性标准是通过法律、行政法规等强制性手段加以实施的标准，具有法律属性。

100．强制性标准和推荐性标准的区别是什么?

强制性标准与推荐性标准的区别在于，强制性标准具有法律属性的特点，属于技术法规；而推荐性标准不具有法律属性的特点，属于技术文件，不具有强制执行的功能。

101．强制性标准和推荐性标准的法律效力如何?

强制性标准一经颁布，必须贯彻执行；否则造成恶劣后果和重大损失的单位和个人，要受到经济制裁或承担法律责任。

推荐性标准没有法律层面的意义，但由于推荐性标准是指在生产、交换、使用等方面，通过经济手段或市场调节而自愿采用的标准，因此推荐性标准一经接受并采用，或各方商定同意纳入经济合同中，就成为各方必须共同遵守的技术依据。

《生态环境标准管理办法》第五条规定：国家和地方生态环境质量标准、生态环境风险管控标准、污染物排放标准和法律法规规定强制执行的其他生态环境标准，以强制性标准的形式发布。法律法规未规定强制执行的国家和地方生态环境标准，以推荐性标准的形式发布。强制性生态环境标准必须执行。推荐性生态环境标准被强制性生态环境标准或者规章、行政规范性文件引用并赋予其强制执行效力的，被引用的内容必须执行，推荐性生态环境标准本身的法律效力不变。

102．什么是特别排放限值?什么情况下适用特别排放限值?

特别排放限值是指更加严格的污染物排放标准。特别排放限值的“特别”之处，不仅在于其标准值更严格，更重要的是，特别排放限值的执行地域一般是指在国土开发密度已经较高、环境承载能力开始减弱，或者环境容量较小、生态环境脆弱，容易发生严重环境污染问题而需要采取特别保护措施的地区。

2010 年，针对我国日益严重的环境空气污染问题，《关于推进大气污染联防联控工作改善区域空气质量的指导意见》中首次提出，“制定并实施重点区域内重点行业的大气污染物特别排放限值”。

2012 年，经国务院批准印发的《重点区域大气污染防治“十二五”规划》规定，“重点控制区内新建火电、钢铁、石化、水泥、有色、化工等重污染项目与工业锅炉必须满足大气污染物排放标准中特别排放限值要求，火电项目实施时间与规划发布时间同步，其他行业实施时间与排放标准发布时间同步”。该规划同时明确，重点控制区包括“三区十群”。

2013 年 2 月 27 日，环境保护部公布的《关于执行大气污染物特别排放限值的公告》进一步明确了“三区十群”的“6+1”重点行业（领域）新建企业、现有企业实施大气污染物特别排放限值的具体时间、地域、内容。

2013 年 9 月 10 日，国务院印发的《大气污染防治行动计划》明确要求，“三区十群”中的 47 个城市，新建火电、钢铁、石化、水泥、有色、化工等企业以及燃煤锅炉项目要执行大气污染物特别排放限值。各地区可根据环境质量改善的需要，扩大特别排放限值实施的范围。例如，《火电厂大气污染物排放标准》（GB 13223—2011）中增设大气污染物特别排放限值，对燃煤锅炉、以油为燃料的锅炉或燃气轮机组、以气体为燃料的锅炉或燃气轮机组和燃煤锅炉，以油、气体为燃料的锅炉或燃气轮机组这四类设施的大气污染物项目进行了特别排放限值规定。《锅炉大气污染物排放标准》（GB 13271—2014）对重点地区锅炉的颗粒物、二氧化硫、氮氧化物、汞及其化合物和烟气黑度实行特别排放限值。

103．国家环境标准和地方环境标准之间有何关系？

《中华人民共和国环境保护法》第十五条规定，省、自治区、直辖市人民政府对国家环境质量标准中未作规定的项目，可以制定地方环境质量标准；对国家环境质量标准中已作规定的项目，可以制定严于国家环境质量标准的地方环境质量标准。地方环境质量标准应当报国务院环境保护主管部门备案。并在第十七条规定，省、自治区、直辖市人民政府对国家污染物排放标准中未作规定的项目，可以制定地方污染物排放标准；对国家污染物排放标准中已作规定的项目，可以制定严于国家污染物排放标准的地方污染物排放标准。地方污染物排放标准应当报国务院环境保护主管部门备案。因此，省级地方人民政府可以根据本地实际情况，制定严于国家环境质量标准的地方环境质量标准，以及制定严于国家污染物排放标准的地方污染物排放标准。

国家环境标准和地方环境标准制定的原则和起点不一样，国家环境标准是定位在一定的经济、技术和管理条件下，一定时期内，全国范围内的排污企业都应该达到的最基本的环境要求，是一个基准线，任何单位和企业经过一定努力都可以达到。而地方环境标准是各地根据本地的经济、技术和管理水平以及地域特点所确定的，这个要求必须比国家环境标准的要求高，但不同地方的环境标准要求的高低不同。国家环境标准只能依行业划分来制定，体现环境要求的行业差异，而不能体现环境要求的地域差异。地方环境标准不但要体现环境要求的行业差异，还要体现环境要求的地域差异，这样才能发挥地方环境标准对地域的分类指导作用，具有可操作性。

目前，在我国环境排放标准体系建设中，国家制定的环境标准相对较多，地方制定的环境标准相对较少。对此，为充分发挥国家标准的作用，应最大限度地完善地方环境标准，才能从根本上解决国家标准与地方标准关系不顺、主次不分、定位不准的问题。

104. 超标排放污染物就是违法吗?

环境违法行为是指行为人故意或过失实施的、违反环境法规定的、造成或可能造成直接的或间接的环境污染与破坏的行为。根据我国现行法律的相关规定，超过国家或者地方规定的污染物排放标准排放污染物就是违法行为，而不要求达到实际损害环境的结果。例如，《中华人民共和国水污染防治法》第十条规定，排放水污染物，不得超过国家或者地方规定的水污染物排放标准和重点水污染物排放总量控制指标。《中华人民共和国大气污染防治法》第十八条规定，企业事业单位和其他生产经营者向大气排放污染物的，应当符合大气污染物排放标准，遵守重点大气污染物排放总量控制要求。第九十九条规定，企业事业单位和其他生产经营者超过大气污染物排放标准或者超过重点大气污染物排放总量控制指标排放大气污染物的，由县级以上人民政府生态环境主管部门责令改正或者限制生产、停产整治，并处十万元以上一百万元以下的罚款；情节严重的，报经有批准权的人民政府批准，责令停业、关闭。因此，从法律规定来看，一旦超标排放污染物，就可以构成环境违法行为。

105．我国环境空气质量标准与发达国家相比处于什么水平？

我国《环境空气质量标准》（GB 3095—2012）中，PM_{10}年均标准（70 μg/m^3）、$PM_{2.5}$年均标准（35 μg/m^3）、O_3日最大 8 小时浓度（160 μg/m^3）均采用世界卫生组织过渡时期目标 I 标准值，NO_2 年均标准（40 μg/m^3）采用的是世界卫生组织设定的准则值，SO_2年均标准（60 μg/m^3）介于世界卫生组织过渡时期 I 标准和过渡时期 II 标准之间。与发达国家相比，我国颗粒物（PM_{10}和 $PM_{2.5}$）和 O_3浓度标准相对较为宽松，NO_2 标准值与国外差异不大。

第三部分

生态环境执法常见具体问题

（一）现场检查

106．生态环境执法机构现场检查的依据是什么？

权力依据：《中华人民共和国环境保护法》第二十四条，县级以上人民政府环境保护主管部门及其委托的环境监察机构和其他负有环境保护监督管理职责的部门，有权对排放污染物的企业事业单位和其他生产经营者进行现场检查。被检查者应当如实反映情况，提供必要的资料。实施现场检查的部门、机构及其工作人员应当为被检查者保守商业秘密。

检查内容依据：生态环境法律法规、规章、规范性文件中有关生态环境保护的规范。

107．开展现场执法检查前需要做好哪些准备工作？

更换执法服装，准备执法证件，检查执法检查辅助设备，如照相机、录音机、执法记录仪是否可以正常使用；准备整改单、现场检查笔录、询问笔录、委托书等，确保不影响现场执法调查取证之用。

108．案件立案后调查发现违法事实不存在怎么办？

撤销立案。根据《环境行政处罚办法》第二十三条，对已经立案的案件，根据新情况发现不符合第二十二条立案条件的，应当撤销立案。

109．案件现场检查如何做到“闭环留痕”？

参照执法全过程记录制度，对现场检查进行执法全过程记录；初次现场检查应详细在现场检查笔录上记录企业的生产情况、污染物排放情况、环境保护设施运行情况等，拍照取证，向企业指出其存在的涉嫌违法行为，并在现场对企业开具整改单，要求企业签收整改单并在现场检查笔录、照片上进行签字。经过调查取证并对企业发出责令改正违法行为决定书，执法人员需要对企业改正违法行为的情况进行复查，复查时应在现场检查笔录上记录企业的生产情况、污染物排放情况、环境保护设施运行情况等，着重记录企业违法行为改正的情况，拍照取证，并要求其在现场检查笔录和照片上签字。

110．对以公司内部有规定为由拒绝、阻挠现场检查的行为应当如何处理？

明确告知在场人不得以公司内部有规定为由拒绝、阻挠现场检查，并告知其相应的法律后果；同时与在场人沟通，如果在场人执意不配合执法人员进行现场检查，执法人员可以采用无人机等方式对现场进行调查取证，并对在场人不配合执法检查的情况进行全过程记录以及其他的调查取证工作。

111．对拒绝、阻挠现场检查的违法行为应当如何取证？

执法人员应该全过程开启执法记录仪；针对在场人拒绝、阻挠执法检查的时间、地点、具体的情形、产生的后果和影响进行记录，要求在场人签字；随后对企业的法定代表人或主要负责人进行调查询问，核实在场人的身份信息等。

112．执法人员现场检查时发现企业正在违法排放污染物应如何处理？

（1）执法人员应及时做好调查取证工作，记录企业生产情况以及违法排放污染物的情况。

（2）经过调查取证后，应告知企业违法排放污染物的环境后果以及法律后果，告知其及时进行整改，并告知其拒不改正的法律后果。

（3）如果该排放污染物可能造成严重污染，应及时采取查封（扣押）措施。

113．企业是否可以将本厂产生的超标废水用于浇灌厂区内绿化？

不可以。《中华人民共和国水污染防治法》规定，排放水污染物，不得超过国家或者地方规定的水污染物排放标准。企业应当将生产过程中产生的废水经过污水处理设施处理并达到国家或地方规定的水污染物排放标准后纳管排放。企业将本厂生产中产生的超标废水用于浇灌厂区内绿化，可能构成通过暗管等逃避监管的方式违法排放污染物的违法行为。

114．对一类污染物的废水取样有什么要求？

一类污染物废水取样参照《污水综合排放标准》（GB 8978—1996）的规定：第一类污染物一律在车间或车间处理设施排放口采样，其最高允许排放浓度必须达到本标准要求（采矿行业的尾矿坝出水口不得视为车间排放口）；工业污水按生产周期确定监测频率。生产周期在8 h以内的，每2 h采样一次；生产周期大于8 h的，每4 h采样一次。其他采样要求参照《污水监测技术规范》（HJ 91.1—2019）；若有关行业标准中涉及一类污染物废水取样要求的，应参照执行。

115．违反“环境管理要求”主要包括哪些情形?

未开展自行监测，未进行环境信息公开，未建立环境管理台账，未制定环境保护设施操作规程，未达标排放，超总量排放污染物，未保持防治污染设施的正常运行，利用渗井、渗坑、裂隙、溶洞，私设暗管，篡改、伪造监测数据，或者不正常运行水污染防治设施等逃避监管的方式排放水污染物；通过篡改、伪造监测数据等逃避监管的方式违法排放污染物，未按照排污许可要求排放污染物，未依法安装污染物自动监测设备并与生态环境主管部门的监控设备联网，保证监测设备正常运行。

116．稀释废水是否属于逃避环保监管的行为?

（1）《关于〈水污染防治法〉第二十二条有关“其他规避监管的方式排放水污染物”及相关法律责任适用问题的复函》中明确，将废水进行稀释后排放的行为属于《水污染防治法》第二十二条第二款规定的“禁止私设暗管或者采取其他规避监管的方式排放水污染物”。

（2）《行政主管部门移送适用行政拘留环境违法案件暂行办法》第六条第三项明确规定：稀释排放的污染物故意干扰监测数据的属于《环境保护法》第六十三条第三项规定的通过篡改、伪造监测数据等逃避监管的方式违法排放污染物。

117．企业是否可以以废水进口重金属超标导致出水超标而要求免责?

不可以。《中华人民共和国水污染防治法》规定，排放水污染物，不得超过国家或者地方规定的水污染物排放标准。企业应当对其出水水质负责，废水进口重金属超标导致出水水质超标不属于企业免责的法定事由。

118. 如何认定无组织排放废气的行为?

现场检查时检查正在生产的生产工艺，生产过程中使用的原辅材料，确认生产过程中有废气产生，现场检查时记录该废气的气味、拍照取证，并辅助有关的监测设施进行监测取证，拍照取证周围是不封闭的场所，该废气能直接排放外环境，通过这些调查取证可以认定无组织排放废气的行为。

119. 如何认定对产生挥发性有机物的生产、经营活动未采取密闭措施的行为?

《中华人民共和国大气污染防治法》第四十五条规定：产生含挥发性有机物废气的生产和服务活动，应当在密闭空间或者设备中进行，并按照规定安装、使用污染防治设施；无法密闭的，应当采取措施减少废气排放。首先确认该产生含挥发性有机物废气的生产、经营活动是否可以密闭，如果是可以密闭，再查看其使用的设备是否密闭，最后查看生产环节是否在满足除安全生产需要之外的密闭空间中进行，如门窗是否关闭等。如果企业生产时设备未密闭或者空间未保持密闭状态，那么可以认定产生挥发性有机物的生产、经营活动未采取密闭措施。

120. 挥发性有机物在输送管网和储罐中泄漏，是否可以认定为废气无组织排放?

可以。挥发性有机物在输送和储存环节均属于企业生产环节的一部分，应依法做好挥发性有机物废气的收集和处理工作，如果发生泄漏可以认定为废气无组织排放。

121. 企业生产中产生的废气是否只要达标排放就属于合法排污?

不是，企业废气达标排放只是企业做好废气环境管理的一个方面，除此之外，企业还应当做到以下几点：

（1）采取措施，减少废气无组织排放等行为，如《中华人民共和国大气污染防治法》第四十五条规定的产生含挥发性有机物废气的生产和服务活动，应当在密闭空间或者设备中进行，并按照规定安装、使用污染防治设施；无法密闭的，应当采取措施减少废气排放。

（2）按证排污，必须按照排污许可证规定的种类、总量等排放废气。

（3）排放废气还应当遵守其他管理规定，比如需经过法定排放口排放废气。

122. 如何认定对环境造成严重污染?

对环境造成严重污染可参照《最高人民法院　最高人民检察院关于办理环境污染刑事案件适用法律若干问题的解释》第一条有关实施刑法第三百三十八条规定的行为，认定为“严重污染环境”的十八项规定。

123. 如何区别污染物处理设施“闲置”和“不正常使用”?

闲置污染物处理设施主要表现为：①设施本身是完好可用的；②未经报备和许可，就不使用；③未造成违法排放污染物的客观事实。不正常使用污染物处理设施是指未保证其正常使用状态，其表现形式更为丰富。具体不正常使用污染物处理设施的情形可以参考《行政主管部门移送适用行政拘留环境违法案件暂行办法》第七条规定：

《环境保护法》第六十三条第三项规定的通过不正常运行防治污染设施等逃避监管的方式违法排放污染物，包括以下情形：

（1）将部分或全部污染物不经过处理设施，直接排放的；

（2）非紧急情况下开启污染物处理设施的应急排放阀门，将部分或者全部污染物直接排放的；

（3）将未经处理的污染物从污染物处理设施的中间工序引出直接排放的；

（4）在生产经营或者作业过程中，停止运行污染物处理设施的；

（5）违反操作规程使用污染物处理设施，致使处理设施不能正常发挥处理作用的；

（6）污染物处理设施发生故障后，排污单位不及时或者不按规程进行检查和维修，致使处理设施不能正常发挥处理作用的；

（7）其他不正常运行污染防治设施的情形。

124．危险废物的“认定”和“鉴定”有何区别？

危险废物的认定是对照危险废物名录、根据原辅材料、产生工艺等或者根据危险废物鉴定意见等进行确认。鉴定是根据国家规定的危险废物鉴别标准和鉴别方法进行鉴别。

对危险废物作出认定不需要具备专门知识的人或者无须由具有相关资质的检测鉴定机构进行；而鉴定必须由具有相关资质的检测鉴定机构进行。

125．如何区分危险废物的利用和处置行为？

依据《中华人民共和国固体废物污染环境防治法》附则。

处置是指将危险废物焚烧和用其他改变危险废物的物理、化学、生物特性的方法，达到减少已产生的危险废物数量、缩小危险废物体积、减少或者消除其危险成分的活动，或者将危险废物最终置于符合环境保护规定要求的填埋场的活动。

利用是指从危险废物中提取物质作为原材料或者燃料的活动。

126. 如何防止企业以"副产品"的名义违法转移危险废物?

（1）认定某物质属于副产品，应当满足以下条件：①在化工企业环境影响报告书（表）明确列出；②在化工企业工商营业执照经营范围内；③副产品质量标准在质量监督管理部门备案。

（2）依据《中华人民共和国固体废物污染环境防治法》和《固体废物鉴别导则》（试行），首先对需界定的物质是否属于固体废物进行鉴别。评价一种物质是否固体废物，需要综合考虑以下因素：

①一般考虑。包括：该物质是否有意生产，是否为满足市场需求而制造，经济价值是否为负，是否属于正常的商业循环或使用链中的一部分。

②特征。包括：该物质的生产是否有质量控制，是否满足国家或国际承认的规范/标准。

③环境影响。包括：与初级产品相比，该物质的使用是否环境无害；与相应的原材料相比，在生产过程中，该物质的使用是否会对人体健康或环境增加风险；是否会对人体健康或环境产生更大的风险；该物质是否含有对环境有害的成分，而这些成分通常在所替代的原料或产品中没有发现这些成分在再循环过程中不能被有效利用或再利用。

④使用和归宿。包括：该物质使用前是否需要进一步加工；是否可直接在生产/商业上应用；是否仅仅需要很小的修复就可投入使用；是否仍然适合于其原始目的；是否可作为其他用途的替代物；是否实际应用在生产过程中；是否有固定的用途。

（3）经过上述判断如果认定是固体废物，那么再对该固体废物进行认定，如果属于危险废物应该按照危险废物的管理要求进行管理，不得非法转移危险废物。

127．如何收集非法填埋危险废物的证据？

对填埋的地点进行现场检查，并组织人员对填埋的固体废物进行开挖并做好有关的记录和保存工作；对填埋的固体废物取样鉴定，出具鉴定意见认定其是危险废物；调查清楚危险废物的种类、数量；调查非法填埋主体、危险废物的产生源头、填埋时间、方式、参与人员；开挖后需要对土壤和地下水进行检测。

128．如何认定危险废物贮存场所是否符合要求？

认定危险废物贮存场所是否符合要求，应主要对照《危险废物贮存污染控制标准》（GB 18597—2001）中有关危险废物选址和设计的要求、安全防护要求。同时，还需符合《中华人民共和国固体废物污染环境防治法》《国家危险废物名录（2021 年版）》《危险废物规范化管理指标体系》《环境保护图形标志　固体废物贮存（处置）场》等法律法规的要求。

129．环评机构在环评工作中弄虚作假应当如何处罚？

《中华人民共和国环境保护法》第六十五条规定，环境影响评价机构、环境监测机构以及从事环境监测设备和防治污染设施维护、运营的机构，在有关环境服务活动中弄虚作假，对造成的环境污染和生态破坏负有责任的，除依照有关法律法规规定予以处罚外，还应当与造成环境污染和生态破坏的其他责任者承担连带责任。

根据《中华人民共和国环境影响评价法》第三十二条第二款的规定，接受委托编制建设项目环境影响报告书、环境影响报告表的技术单位违反国家有关环境影响评价标准和技术规范等规定，致使其编制的建设项目环境影响报告书、环境影响报告表存在基础资料明显不实，内容存在重大缺陷、遗漏或者虚假，环境影响评价结论不正确或者不合理等严重质量问题的，由设区的市级以上人民政府生态环境主管部门对技术单位处所收费用三倍以上五倍以下的罚款；情节严重的，禁止从事环境影响报告书、环境影响报告表编制工作；有违法所得的，没收违法所得。同时该法第三十四条规定，生态环境主管部门或者其他部门的工作人员徇私舞弊，滥用职权，玩忽职守，违法批准建设项目环境影响评价文件的，依法给予行政处分；构成犯罪的，依法追究刑事责任。

根据《建设项目环境保护管理条例》第二十五条的规定，从事建设项目环境影响评价工作的单位，在环境影响评价工作中弄虚作假的，由县级以上环境保护行政主管部门处所收费用一倍以上三倍以下的罚款。该条例第二十六条还规定，环境保护主管部门的工作人员徇私舞弊、滥用职权、玩忽职守，构成犯罪的，依法追究刑事责任；尚不构成犯罪的，依法给予行政处分。

2017 年 1 月 1 日施行的《最高人民法院、最高人民检察院关于办理环境污染刑事案件适用法律若干问题的解释》第九条规定，环境影响评价机构或其人员，故意提供虚假环境影响评价文件，情节严重的，或者严重不负责任，出具的环境影响评价文件存在重大失实，造成严重后果的，应当依照《刑法》第二百二十九条、第二百三十一条的规定，以提供虚假证明文件罪或考出具证明文件重大失实罪定罪处罚。

因此，从事环境影响评价工作的机构在环境影响评价工作中弄虚作假的，该机构不仅要被处以高额的罚款，主要负责人受到行政处分，与造成环境污染和生态破坏的其他责任者承担连带责任。构成犯罪的，还需承担刑事责任。

130．如何认定主观故意逃避环境监管？

从客观上讲，排污单位正在排放污染物，同时污染防治设施处于不正常运行的状态；从行为人主观上讲，行为人主观上知道该污染物处理设施正常运行的状态是怎样的，且明知目前该污染处理设施处于不正常运行状态，并且知晓该不正常运行污染物处理设施的行为会影响污染物处理效果，希望或者放任这种状态的发生，就可以认定行为人主观故意逃避环境监管。

131．对将场地、厂房或者设施租赁给未批先建的排污企业，是否要承担连带法律责任?

生态环境法律的一个基本原则是污染者担责，就目前的法律规定而言，针对将场地、厂房或者设施租赁给未批先建的排污企业，出租者并不需要承担相应的连带法律责任，但是一切单位和个人都有保护环境的义务，作为场地、厂房或者设施的出租者基于保护环境的考虑，有义务监督承租方是否实施违反环境法律法规的行为，当然就此而言目前针对出租人并无强制性的约束条款，在以后的法律修订中可以考虑将出租者和承租者的责任绑定，这样更有利于生态环境保护工作的开展。

132．对饮用水水源保护区新建产生污染的建设项目，可否责令其停止建设?

饮用水水源保护区分为一级保护区、二级保护区和准水源保护区，针对不同的区域，法律对新建的产生污染的建设项目的要求不同，具体如下：

（1）国家禁止在饮用水水源一级保护区内新建与供水设施和保护水源无关的建设项目；已建成的与供水设施和保护水源无关的建设项目，由县级以上人民政府责令拆除或者关闭。

（2）禁止在饮用水水源二级保护区内新建排放污染物的建设项目；已建成的排放污染物的建设项目，由县级以上人民政府责令拆除或者关闭。

（3）禁止在饮用水水源准保护区内新建对水体污染严重的建设项目；改建建设项目，不得增加排污量，否则，责令停止违法行为，报经有批准权的人民政府批准，责令拆除或者关闭。

依据：《中华人民共和国水污染防治法》第六十五条禁止在饮用水水源一级保护区内新建、改建、扩建与供水设施和保护水源无关的建设项目；已建成的与供水设施和保护水源无关的建设项目，由县级以上人民政府责令拆除或者关闭。

禁止在饮用水水源一级保护区内从事网箱养殖、旅游、游泳、垂钓或者其他可能污染饮用水水体的活动。

《中华人民共和国水污染防治法》第六十六条禁止在饮用水水源二级保护区内新建、改建、扩建排放污染物的建设项目；已建成的排放污染物的建设项目，由县级以上人民政府责令拆除或者关闭。

在饮用水水源二级保护区内从事网箱养殖、旅游等活动的，应当按照规定采取措施，防止污染饮用水水体。

《中华人民共和国水污染防治法》第六十七条禁止在饮用水水源准保护区内新建、扩建对水体污染严重的建设项目；改建建设项目，不得增加排污量。

《中华人民共和国水污染防治法》第九十一条有下列行为之一的，由县级以上地方人民政府环境保护主管部门责令停止违法行为，处十万元以上五十万元以下的罚款；并报经有批准权的人民政府批准，责令拆除或者关闭：

（1）在饮用水水源一级保护区内新建、改建、扩建与供水设施和保护水源无关的建设项目的；

（2）在饮用水水源二级保护区内新建、改建、扩建排放污染物的建设项目的；

（3）在饮用水水源准保护区内新建、扩建对水体污染严重的建设项目，或者改建建设项目增加排污量的。

133. 哪些单位应当列入重点排污单位?

是否列入重点排污单位，应依照《重点排污单位名录管理规定》的有关条件进行划定，且需要按照《企业事业单位环境信息公开办法》要求，对重点排污单位信息及时依法进行公开并进行动态调整。

134．重点排污单位应当公开哪些信息？

《企业事业单位环境信息公开办法》第九条规定，重点排污单位应当公开下列信息：

（1）基础信息，包括单位名称、组织机构代码、法定代表人、生产地址、联系方式，以及生产经营和管理服务的主要内容、产品及规模；

（2）排污信息，包括主要污染物及特征污染物的名称、排放方式、排放口数量和分布情况、排放浓度和总量、超标情况，以及执行的污染物排放标准、核定的排放总量；

（3）防治污染设施的建设和运行情况；

（4）建设项目环境影响评价及其他环境保护行政许可情况；

（5）突发环境事件应急预案；

（6）其他应当公开的环境信息。

列入国家重点监控企业名单的重点排污单位还应当公开其环境自行监测方案。

135．重点排污单位通过哪些渠道公开信息？

《企业事业单位环境信息公开办法》第十条规定，重点排污单位应当通过其网站、企业事业单位环境信息公开平台或者当地报刊等便于公众知晓的方式公开环境信息，同时可以采取以下一种或者几种方式予以公开：

（1）公告或者公开发行的信息专刊；

（2）广播、电视等新闻媒体；

（3）信息公开服务、监督热线电话；

（4）本单位的资料索取点、信息公开栏、信息亭、电子屏幕、电子触摸屏等场所或者设施；

（5）其他便于公众及时、准确获得信息的方式。

（二）环境行政处罚

136．环境行政处罚有哪几种类型？

所谓环境行政处罚，是指环境保护行政机关依照环境保护法规，对犯有一般环境违法行为的个人或组织作出的具体的行政制裁措施。其直接结果是确定环境行政责任，主要包括申诫罚、财产罚和行为罚三种。

第一种为申诫罚。是指环境行政主体对违法的环境行政相对人予以训诫、谴责，使其停止违法行为并避免重犯的行政处罚。申诫罚的罚则有警告、通报批评等。警告和通报批评的共同点在于都是对违法者通过书面形式予以谴责和告诫。但是二者也有区别：通报批评造成的影响比警告大，通报批评通过报刊或政府文件在一定范围内公开、公布，警告则只是直接下达给被处罚人；警告可以单处也可以并处，而通报批评往往单独使用。

第二种为财产罚。是指环境行政主体剥夺违反环境行政法规范的相对人的某种物质利益的行政处罚。财产罚的罚则很多，环境行政主体运用的罚则主要是罚款。罚款是运用最为广泛的一种财产罚。法律法规和规章都可以规定罚款这一罚则、受罚款处罚的违法行为和实施罚款处罚的行政主体。但是，规章只能规定小数额的罚款处罚；在效力等级较高的行政法规范中对财产罚已经作出规定时，除有授权外，效力等级较低的行政法规范只能就此作出执行性规定，而不能加以扩大、缩小或改变为其他处罚。此外，没收违法所得和非法财物也是财产罚的典型形式。

第三种为行为罚。是指环境行政主体限制和剥夺违法相对人某种行为能力或资格的处罚措施。它是我国现行的主要环境行政处罚形式，主要包括责令重新安装或使用、责令停止生产或使用、责令停业或关闭、责令支付消除污染费用和责令赔偿国家损失。

具体而言，根据《环境行政处罚办法》第十条的规定，环境行政处罚的具体种类有警告，罚款，责令停产整顿，责令停产、停业、关闭，暂扣、吊销许可证或者其他具有许可性质的证件，没收违法所得、没收非法财物，行政拘留，法律、行政法规设定的其他行政处罚种类等8种。

137．环境处罚案件需要审查哪些主要内容?

（1）案件的管辖权问题。一是审查案件是否有管辖职能；二是审查案件是否属本区域管辖；三是确认案件是否属本级级别管辖；四是审查案件的时效性，即是否违反“一事不再罚”等原则；五是审查移送管辖及指定管辖的标准和程序。

（2）被处罚主体是否明确，是否适格。一是当事人的自然信息。是自然人的要有身份证明，是法人或其他组织的，要有相关的证明文件。二是当事人的资格证明。三是当事人是否具有行政行为能力和责任能力等。

（3）违法事实是否清楚。一是违法主体认定是否准确；二是审查违法行为的过程是否明晰，构成要素“七何”（何事、何时、何地、何情、何故、何物、何人）是否清楚；三是涉案物品数量、货值、非法所得等数据是否计算正确等。

（4）证据是否确凿。从证据的真实性、合法性、关联性入手，审查证据是否确凿充分，包括违法主体、违法行为、违法内容、危害结果等实体和程序证据。主要从以下几个细节审查：

一是现场检查（勘验）笔录的内容是否规范。检查情况是否客观、真实、准确；办案人员、当事人是否签名、盖章或以其他方式确认；当事人拒绝签名是否注明原因。二是先行登记保存单据是否准确、规范。保存物品与检查笔录是否一致；是否经当事人或有见证人确认等。三是调查笔录是否符合要求。是否有被询问人、办案人员签名或者盖章，并注明日期；涂改处有无确认，询问笔录中有无诱供、指供现象。四是当事人、委托代理人有无证件证明、委托书。五是收集的复印件、影印件、抄录本是否有证据提供人标明“经核对与原件无误”，注明出证日期、证据出处，并签名盖章。六是收集的证据来源是否合法。偷拍、偷录、窃听等取得的证据不得作为证据使用。七是现场拍摄的照片、计算机数据、录像等视听资料是否注明制作方法、制作时间、制作人以及是否得到当事人或证人的确认。八是鉴定程序和结果是否合法。九是证据材料是否充分。证据之间是否互相印证、环环相扣，能否形成完整的证据链。

（5）程序是否合法。一是立案是否符合立案条件，是否履行了立案审批手续。二是是否违反回避的原则。三是调查或检查时，执法人员是否不少于两人，是否取得执法证件；是否向当事人表明身份、出示执法证件、告知当事人的权利、义务。四是采取先行登记保存或抽样取证时，是否具备规定条件；是否经部门主管领导审批并规范填写、出具相关执法文书；是否在规定时限内作出处理决定。五是抽样取证是否按规定程序进行。六是执行强制措施的限度与方式是否符合法律规定。七是是否按照法律规定在规定期限内告知当事人其有申请听证的权利。八是审查听取、复核、决定是否采纳当事人的陈述申辩情况。

（6）法律适用是否准确。一是审查违法事实与依据的法律法规、规章的一致性，有无规避法律现象。二是适用的法律法规、规章是否有效；引用的法律、法规、规章的条、款、项、目是否明确。

（7）处罚是否适当。一是处罚是否超过行政处罚追诉时效。二是处罚适用法律法规、规章与定性适用法律法规、规章是否彼此一致。二是量罚是否按法律法规、规章规定的罚则（种类、幅度）进行，有无扩大、提高、降低、漏处或自立罚种现象；三是从重、从轻、减轻或不处罚是否有事实和证据证明。

（8）其他需要审查的事项。包括案卷材料是否完备、文书格式是否规范、表述是否准确、用词是否严谨等。

138．下达处罚事先告知书后，是否还应下达处罚听证告知书？

《中华人民共和国行政处罚法》第六十三条规定，行政机关拟作出责令停产停业、吊销许可证、较大数额罚款等行政处罚决定，应当告知当事人有要求听证的权利，当事人要求听证的，行政机关应当组织听证。

《环境行政处罚办法》第四十八条第二款明确规定，在作出暂扣或吊销许可证、较大数额的罚款和没收等重大行政处罚决定之前，应当告知当事人有要求举行听证的权利。

因此，并非所有的环境行政处罚案件均应当下达《行政处罚听证告知书》，而是“在作出暂扣或吊销许可证、较大数额的罚款和没收等重大行政处罚决定之前”，应当下达《行政处罚听证告知书》。

对于罚款处罚而言，《环境行政处罚听证程序规定》第五条规定，拟对法人、其他组织处以人民币50 000元以上或者对公民处以人民币5 000元以上罚款的，应当告知听证权利。《中华人民共和国行政处罚法》规定，适用听证程序的案件，也需要事先告知行政处罚决定的事实、理由及依据，但“陈述申辩权利”和“听证权利”可以在一份文书中同时告知。

139．下达环境行政处罚告知书与决定书之间的期限是多长时间？

《中华人民共和国行政处罚法》没有规定作出行政处罚告知与作出行政处罚决定之间的期限。《环境行政处罚办法》明确规定“环境保护行政处罚案件应当自立案之日起的3个月内作出处理决定。案件办理过程中听证、公告、监测、鉴定、送达等时间不计入期限”。因此，从环境行政处罚案件立案到下达行政处罚决定书的时间不应超过3个月。

140. 自立案之日起超过 3 个月作出的处罚决定是否有效?

根据《环境行政处罚办法》第五十五条的规定，环境保护行政处罚案件应当自立案之日起 3 个月内作出处理决定。案件办理过程中听证、公告、监测、鉴定、送达等时间不计入期限。

综上所述，对于自立案之日超过 3 个月才作出的环境行政处罚决定，如果因为在听证、公告或者监测、鉴定和送达等程序上耗费了一定的时间，不影响此环境行政处罚决定的效力。但是将听证、公告、监测、鉴定和送达等程序的时间扣除后，作出环境行政处罚决定的时间不能超过 3 个月，否则，作出的环境行政处罚决定无效。

141. 企业有两个或者两个以上违法行为的，怎样下发处罚决定书?

《环境行政处罚办法》明确规定，对同一当事人的两个或者两个以上环境违法行为，可以分别制作行政处罚决定书，也可以列入同一行政处罚决定书。因此，企业两个或者两个以上环境违法行为，生态环境执法部门可以对环境违法行为分别制作行政处罚决定书，也可以在一个行政处罚决定书中列出企业所有的环境违法行为。

142. 生态环境执法需要配套的制度有哪些?

《关于进一步规范适用环境行政处罚自由裁量权的指导意见》中明确指出：

一是查处分离制度。将生态环境执法的调查、审核、决定、执行等职能进行相对分离，使执法权力分段行使，执法人员相互监督，建立既相互协调，又相互制约的权力运行机制。

二是执法回避制度。执法人员与其所管理事项或者当事人有直接利害关系、可能影响公平公正处理的，不得参与相关案件的调查和处理。

三是执法公示制度。强化事前、事后公开，向社会主动公开环境保护法律法规、行政执法决定等信息。规范事中公示，行政执法人员在执法过程中要主动表明身份，接受社会监督。

四是执法全过程记录制度。对立案、调查、审查、决定、执行程序以及执法时间、地点、对象、事实、结果等作出详细记录，并全面系统归档保存，实现全过程留痕和可回溯管理。

五是重大执法决定法制审核制度。对涉及重大公共利益，可能造成重大社会影响或引发社会风险，直接关系行政相对人或第三人重大权益，经过听证程序作出行政执法决定，以及案件情况疑难复杂、涉及多个法律关系的案件，设立专门机构和人员进行严格法制审核。

六是案卷评查制度。上级生态环境部门可以结合工作实际，组织对下级生态环境部门的行政执法案卷评查，将案卷质量高低作为衡量执法水平的重要依据。

七是执法统计制度。对本机构作出行政执法决定的情况进行全面、及时、准确的统计，认真分析执法统计信息，加强对信息的分析处理，注重分析成果的应用。

八是裁量判例制度。生态环境部门可以针对常见环境违法行为，确定一批自由裁量权尺度把握适当的典型案例，为行政处罚自由裁量权的行使提供参照。

143. 行政命令与行政处罚的区别是什么?

行政命令是行政主体依法要求相对人进行一定的作为或不作为的意思表示。行政命令具有强制力，它包括两类，一类是要求相对人进行一定作为的命令，如责令改正、责令纳税、责令外国人出境等；另一类是要求相对人履行一定的不作为的命令，称作为禁令或者禁止令，如因修建马路禁止通行，禁止携带危险品的旅客上车等。

在生态环境保护领域，责令改正是行政命令的主要形式。根据2010年3月1日起施行的《环境行政处罚办法》第十二条的规定，“根据环境保护法律、行政法规和部门规章，责令改正或者限期改正违法行为的行政命令的具体形式有：责令停止建设、责令停止试生产、责令停止生产或者使用、责令限期建设配套设施、责令重新安装使用、责令限期拆除、责令停止违法行为、责令限期治理以及法律、法规或者规章设定的责令改正或者限期改正违法行为的行政命令的其他具体形式等八种”。

根据最高人民法院关于行政行为种类和规范行政案件案由的规定，行政命令不属行政处罚，因此，行政命令不适用行政处罚程序的规定。

首先，责令改正（或者限期改正）与行政处罚概念有别。行政处罚是行政主体对违反行政管理秩序的行为依照法定程序所给予的法律制裁；而责令改正（或者限期改正）是指行政机关在实施行政处罚的过程中对违法行为人发出的一种作为命令。

其次，两者性质、内容不同。行政处罚是法律制裁，是对违法行为人的人身自由、财产权利的限制和剥夺，是对违法行为人精神和声誉造成损害的惩戒；而责令改正或者限期改正违法行为，其本身并不是制裁，只是要求违法行为人履行法定义务，停止违法行为，消除不良后果，恢复原状。

再次，两者的规制角度不同。行政处罚是从惩戒的角度，对行政相对人科处新的义务，以告诫违法行为人不得再违法，否则将受罚；而责令改正或者限期改正则是命令违法行为人履行既有的法定义务，纠正违法，恢复原状。

最后，两者形式不同。《行政处罚法》第九条规定的行政处罚的具体种类，包括警告，罚款，没收违法所得、非法财物，责令停产停业，暂扣或者吊销许可证件、行政拘留等。而责令改正或者限期改正违法行为，因各种具体违法行为不同而分别表现为停止违法行为、责令退还、责令赔偿、责令改正、限期拆除等形式。

144. 如何制定生态环境执法自由裁量权的裁量规则和基准?

为深入学习贯彻习近平新时代中国特色社会主义思想和党的十九大精神，进一步提高生态环境部门依法行政的能力和水平，指导生态环境部门进一步规范生态环境行政处罚自由裁量权的适用和监督，2019 年 5 月 22 日，生态环境部印发实施《关于进一步规范适用环境行政处罚自由裁量权的指导意见》，根据该指导意见，生态环境执法中行使自由裁量权应当遵循以下四项原则：

一是合法原则。生态环境部门应当在法律法规、规章确定的裁量条件、种类、范围、幅度内行使行政处罚自由裁量权。

二是合理原则。行使行政处罚自由裁量权，应当符合立法目的，充分考虑、全面衡量地区经济社会发展状况、执法对象情况、危害后果等相关因素，所采取的措施和手段应当必要、适当。

三是过罚相当原则。行使行政处罚自由裁量权，必须以事实为依据，处罚种类和幅度应当与当事人违法过错程度相适应，与环境违法行为的性质、情节以及社会危害程度相当。

四是公开公平公正原则。行使行政处罚自由裁量权，应当向社会公开裁量标准，向当事人告知裁量所基于的事实、理由、依据等内容；应当平等对待行政管理相对人，公平、公正实施处罚，对事实、性质、情节、后果相同的情况应当给予相同的处理。

制定生态环境执法自由裁量权的裁量规则和基准，要在总结实践经验的基础上，根据违法行为构成要素和违法情节，科学设定裁量因子和运算规则，实现裁量额度与行政相对人违法行为相匹配，体现过罚相当的处罚原则。

制定生态环境执法自由裁量权的自由裁量规则和基准，应当综合考虑以下因素：违法行为造成的环境污染、生态破坏以及社会影响；违法行为当事人的主观过错程度；违法行为的具体表现形式；违法行为危害的具体对象；违法行为当事人是初犯还是再犯；改正环境违法行为的态度和所采取的改正措施及效果。

制定自由裁量规则和基准，应当及时、全面贯彻落实新出台或修订法律法规规定，对主要违法行为对应的有处罚幅度的法律责任条款基本实现全覆盖。裁量规则和基准不应局限于罚款处罚，对其他种类行政处罚的具体适用也应加以规范。

严格按照环境保护法及其配套办法规定的适用范围和实施程序，进一步细化规定实施按日连续处罚、查封、扣押、限制生产、停产整治，以及移送公安机关适用行政拘留的案件类型和审查流程，统一法律适用。对符合上述措施实施条件的案件，严格按规定进行审查，依法、公正作出处理决定，并有充分的裁量依据和理由。对同类案件给予相同处理，避免执法的随意性、任意性。有条件的生态环境部门还可以充分运用信息化手段，开发和运用电子化的自由裁量系统，严格按照裁量规则和基准设计并同步更新。

145．哪些违法行为可以依法从重处罚？

根据生态环境部2019年印发的《关于进一步规范适用环境行政处罚自由裁量权的指导意见》，对于以下任何一种情况的环境违法行为，都可以依法予以从重处罚：一是两年内因同类环境违法行为被处罚3次（含3次）以上的；二是重污染天气预警期间超标排放大气污染物的；三是在案件查处中对执法人员进行威胁、辱骂、殴打、恐吓或者打击报复的；四是环境违法行为造成跨行政区域环境污染的；五是环境违法行为引起不良社会反响的。

146．哪些违法行为应当依法从轻或者减轻处罚？

根据生态环境部2019年印发的《关于进一步规范适用环境行政处罚自由裁量权的指导意见》，对于以下任何一种情况的环境违法行为，都应当依法从轻或者减轻处罚：一是主动消除或者减轻环境违法行为危害后果的；二是受他人胁迫有环境违法行为的；三是配合生态环境部门查处环境违法行为有立功表现的。

147．哪些违法行为可以依法免予处罚？

根据生态环境部2019年印发的《关于进一步规范适用环境行政处罚自由裁量权的指导意见》，对于以下任何一种情况的环境违法行为，都可以依法免予处罚：一是违法行为（如“未批先建”）未造成环境污染后果，且企业自行实施关停或者实施停止建设、停止生产等措施的；二是违法行为持续时间短、污染小，如“超标排放水污染物不超过 2 小时，且超标倍数小于 0.1 倍、日污水排放量小于 0.1 吨的”或“不规范贮存危险废物时间不超过 24 小时、数量小于 0.01 吨，且未污染外环境的”，并且于当日完成整改的；三是违法行为轻微并及时纠正，没有造成危害后果的。

148．什么时候需要对处罚案件进行集体审议？

根据《中华人民共和国行政处罚法》第五十七条：调查终结，行政机关负责人应当对调查结果进行审查，根据不同情况，分别作出如下决定：

（1）确有应受行政处罚的违法行为的，根据情节轻重及具体情况，作出行政处罚决定；

（2）违法行为轻微，依法可以不予行政处罚的，不予行政处罚；

（3）违法事实不能成立的，不予行政处罚；

（4）违法行为涉嫌犯罪的，移送司法机关。

对情节复杂或者重大违法行为给予行政处罚，行政机关负责人应当集体讨论决定。

149．什么是重大执法决定法制审核制度？

2018 年 12 月 5 日，国务院办公厅发布《关于全面推行行政执法公示制度执法全过程记录制度重大执法决定法制审核制度的指导意见》（以下简称《指导意见》），要求各地区、各部门于 2019 年 3 月底前制定本地区、本部门全面推行“三项制度”的实施方案，并报司法部备案。2019 年 5 月 5 日，生态环境部出台了《关于在生态环境系统推进行政执法公示制度执法全过程记录制度重大执法决定法制审核制度的实施意见》（以下简称《实施意见》）。

《指导意见》和《实施意见》中都明确规定，重大执法决定法制审核制度，是指各级生态环境部门在作出重大执法决定前，应严格进行法制审核，未经法制审核或者审核未通过的，不得作出决定。凡涉及重大公共利益，可能造成重大社会影响或引发社会风险，直接关系行政相对人或第三人重大权益，经过听证程序作出行政执法决定，以及案件情况疑难复杂、涉及多个法律关系的，都属于重大执法决定，应当进行法制审核。

《实施意见》中明确了进行法制审核的机构，一般是各级生态环境部门负责法制工作的内设机构，没有条件单独设立法制工作内设机构的，应设立专门的法制审核岗位，按规定配备具有法律专业背景并与法制审核工作任务相适应的法制审核人员。鼓励采取聘用方式，发挥法律顾问、公职律师在法制审核工作中的作用。

《实施意见》中还授权了各级生态环境部门可以根据本部门履行行政许可、行政处罚、行政强制等行政执法职责的具体情况，结合违法行为种类、涉案金额、执法层级、涉案金额、社会影响等因素，制定本部门重大执法决定法制审核目录清单。

法制审核的机构审核的重点内容包括执法主体、管辖权限、执法程序、事实认定、法律适用、证据使用、自由裁量权运用等。法制审核机构完成审核后，应根据不同情形，提出同意或者存在问题的书面审核意见。对法制审核机构提出的问题，行政执法承办机构应及时进行研究，作出相应处理后再次报送法制审核。

150. 什么是按日连续处罚?

按日连续处罚是一种累积处罚的行政处罚方式。《环境保护主管部门实施按日连续处罚办法》第十七条规定，按日连续处罚的计罚日数为责令改正违法行为自决定书送达排污者之日的次日起，至环境保护主管部门复查发现违法排放污染物行为之日止。再次复查仍拒不改正的，计罚日数累计执行。再次复查时违法排放污染物行为已经改正，环境保护主管部门在之后的检查中又发现排污者有《环境保护主管部门实施按日连续处罚办法》第五条规定的情形的，应当重新作出处罚决定，按日连续处罚的计罚周期重新起算。按日连续处罚次数不受限制。按日连续处罚每日的罚款数额，为原处罚决定书确定的罚款数额。按照按日连续处罚规则决定的罚款数额，为原处罚决定书确定的罚款数额乘以计罚日数。

151．哪些违法行为可以处以按日连续处罚?

在适用情形上，根据《环境保护主管部门实施按日连续处罚办法》第五条的规定，排污者有下列行为之一，受到罚款处罚，被责令改正，拒不改正的，依法作出罚款处罚决定的环境保护主管部门可以实施按日连续处罚：一是超过国家或者地方规定的污染物排放标准，或者超过重点污染物排放总量控制指标排放污染物的；二是通过暗管、渗井、渗坑、灌注或者篡改、伪造监测数据，或者不正常运行防治污染设施等逃避监管的方式排放污染物的；三是排放法律法规规定禁止排放的污染物的；四是违法倾倒危险废物的；五是其他违法排放污染物行为。

152．作出按日连续处罚决定后多久进行复查?

根据《环境保护主管部门实施按日连续处罚办法》第十条的规定，环境保护主管部门应当在送达责令改正违法行为决定书之日起三十日内，以暗查方式组织对排污者违法排放污染物行为的改正情况实施复查。另根据本办法第十四条的规定，复查时排污者被认定为拒不改正违法排放污染物行为的，环境保护主管部门应当按照本办法第八条的规定再次作出责令改正违法行为决定书并送达排污者，责令立即停止违法排放污染物行为，并应当依照本办法第十条、第十二条的规定对排污者再次进行复查。责令改正违法行为决定书送达后，环境保护主管部门复查发现排污者仍在继续违法排放污染物的，或者排污者拒绝、阻挠环境保护主管部门实施复查的，都可以认定为拒不改正。

环境保护主管部门可以当场认定违法排放污染物的，应当在现场调查时向排污者送达责令改正违法行为决定书，责令立即停止违法排放污染物行为。需要通过环境监测认定违法排放污染物的，环境监测机构应当按照监测技术规范要求进行监测。环境保护主管部门应当在取得环境监测报告后三个工作日内向排污者送达责令改正违法行为决定书，责令立即停止违法排放污染物行为。

综上所述，在作出按日连续处罚的三十日内应当进行复查，在复查中发现被处罚单位未进行整改的，在再次责令整改后的三十日内再次复查。

153．适用查封、扣押强制措施的情形有哪些?

根据《环境保护主管部门实施查封、扣押办法》第四条的规定，排污者有下列六种情形之一的，环境保护主管部门依法实施查封、扣押：

一是违法排放、倾倒或者处置含传染病病原体的废物、危险废物、含重金属污染物或者持久性有机污染物等有毒物质或者其他有害物质的；

二是在饮用水水源一级保护区、自然保护区核心区违反法律法规规定排放、倾倒、处置污染物的；

三是违反法律法规规定排放、倾倒化工、制药、石化、印染、电镀、造纸、制革等工业污泥的；

四是通过暗管、渗井、渗坑、灌注或者篡改、伪造监测数据，或者不正常运行防治污染设施等逃避监管的方式违反法律法规规定排放污染物的；

五是较大、重大和特别重大突发环境事件发生后，未按照要求执行停产、停排措施，继续违反法律法规规定排放污染物的；

六是法律法规规定的其他造成或者可能造成严重污染的违法排污行为。

有前款第一项、第二项、第三项、第六项情形之一的，环境保护主管部门可以实施查封、扣押；已造成严重污染或者有前款第四项、第五项情形之一的，环境保护主管部门应当实施查封、扣押。

因此，当排污者实施了上述行为时，可以适用查封、扣押的强制措施。

154. 其他负有环境监管职责的部门是否也能采取查封、扣押措施?

查封、扣押的实施主体只能是法律法规授权的行政机关和法律、行政法规授权的具有管理公共事务职能的组织，其他任何组织和个人都不得作为实施主体。

行政机关的内设机构、派出机构，如卫生局人事处、公安局所设各派出所、专利局所设专利复审委员会等，一般对外不能以自己的名义作出行政行为，除非有法律、法规的授权。具体来说，行政机关包括中央和地方各级人民政府及其组成部门等。在我国，除行政机关外，还有一些具有管理公共事务职能的组织。这些组织在类别上不在行政机关序列，但是可以根据法律法规的授权，承担行政管理的职能，负责对某项公共事务进行管理。

因此，除了生态环境部门，其他由法律法规授权的行政机关也可以采取查封扣押的措施。例如，新《环境保护法》第二十五条就是授权县级以上环境保护主管部门和其他负有环境保护监督管理职责的部门，对于企业事业单位和其他生产经营者违反法律法规规定排放污染物，造成或者可能造成严重污染的，都可以查封、扣押其造成污染物排放的设施、设备。

155. 不正常运行治污设施并且超标排放算几个违法行为?

通过不正常运行治污设施的方式排放污染物与超标排放污染物同时存在的，应如何认定违法行为的个数，是在执法实践中一直困扰执法人员的难题。

第一种情况，当通过不正常运行治污设施的方式排放污染物与超标排放污染物之间，不存在因果关系或者没有证据证明两者之间存在因果关系时，应认定为两个违法行为。

第二种情况，当有充分证据证明两者之间存在因果关系时，宜认定为两者之间具有牵连关系，即认定为一个违法行为。理由是，牵连行为事实上存在两个行为，原本应该认定为两个违法行为，只是由于结果行为与原因行为之间具有密切关联性，实施该原因行为（通过不正常运行治污设施的方式排放污染物）时，通常会出现结果行为（超标排放污染物），因此不认定为两个违法行为。现行法律没有明文规定牵连行为的处罚原则，不过可以借鉴刑法理论，刑法理论上一般认为，对牵连犯应从“一重处罚”，或者从“一重从重处罚”。牵连犯是按照较重的法定刑处罚，还是按照较重的法定刑从重处罚，则不是重大分歧。

按照《中华人民共和国大气污染防治法》《中华人民共和国水染防治法》的规定，通过不正常运行治污设施的方式排放污染物与超标排放污染物的法律责任均是“责令改正或者限制生产、停产整治，并处十万元以上一百万元以下的罚款；情节严重的，报经有批准权的人民政府批准，责令停业、关闭”。而依据《中华人民共和国环境保护法》第六十三条的规定，企业事业单位和其他生产经营者通过不正常运行治污设施等逃避监管的方式违法排放污染物，尚不构成犯罪的，除依照有关法律法规规定予以处罚外，由县级以上人民政府环境保护主管部门或者其他有关部门将案件移送公安机关，对其直接负责的主管人员和其他直接责任人员，处十日以上十五日以下拘留；情节较轻的，处五日以上十日以下拘留。

由此可见，通过不正常运行治污设施排放污染物的行为与超标排放污染物的行为相比，除“责令改正或者限制生产、停产整治，并处十万元以上一百万元以下的罚款；情节严重的，报经有批准权的人民政府批准，责令停业、关闭”的法律责任外，还有行政拘留。

当通过不正常运行治污设施的方式排放污染物与超标排放污染物同时存在，且存在牵连关系的，应认定为处罚较重的违法行为，即通过不正常运行治污设施的方式排放污染物的行为。

156．计算违法所得时是否需要扣除成本？

在司法实践中，持“扣除成本说”的判例较多。“扣除成本说”认为违法所得即扣除成本后的利润部分。例如，全国人大常委会法制工作委员会在《关于申请解释〈固体废物污染环境防治法〉第七十七条有关规定的答复意见》中提到："《固体废物污染环境防治法》第七十七条对无经营许可证或者不按照经营许可证规定从事收集、贮存、利用、处置危险废物经营活动规定的'没收违法所得'，是指没收违法行为人违法收集、贮存、利用、处置危险废物所获得的收益。"

违法所得不应当包含违法成本的主要理由有以下三点：

一是就字面而言，"违法所得"中最为突出的是"得"字，而成本是当事人付出的，不是因为违法行为得到的。因此，违法所得中的"所得"只能指获利部分。

二是从法理上讲，违法所得的理论基础为"不能允许任何人从自己的错误中获得利益"，因此此处的所得应当指额外的收益。

三是就法律术语的统一性而言，行政处罚中的"违法所得"应当与司法收缴中"违法所得"含义一致，应当扣除成本。

认定违法行为人有违法所得的，举证责任在行政处罚主体。行政处罚主体作出行政处罚时，要有充分的证据证明违法行为人有违法所得。如果违法行为人无法在行政处罚主体调查取证过程中提出令人信服的证据证明其投入的生产成本，行政处罚主体可将违法行为实际获得的收入（扣除已缴税款）视为违法所得予以没收；如果违法行为人能够在行政处罚主体调查取证过程中提出令人信服的证据证明其投入的生产成本，可以将其扣除之后剩余的利润作为违法所得予以没收。

但是，违法所得的认定或估定并非易事。成本核算是一门专业性较强的科学。行政处罚主体较缺乏精通企业会计、成本核算、生产管理等方面的人才，让办案人员去估定违法所得恐怕非常困难。建议违法所得的数额估定应委托具备资质的社会中介机构（如会计师事务所等机构）进行，行政处罚主体仅负责对之"定性"，而不负责对之"定量"。

157．对屡查屡犯的环境违法行为多次处罚是否违反“一事不再罚”原则?

所谓“一事不再罚”原则，是指符合一个行政违法构成要件的行为。对于不同种的多次的环境违法行为，多次处罚是针对不同构成要件构成的违法行为，并不违反“一事不再罚”原则。而针对同一种多次的环境违法行为进行多次处罚是否违反“一事不再罚”原则，关键在于如何对各次环境违法行为的性质进行界定。

随着新修订的《中华人民共和国环境保护法》《中华人民共和国大气污染防治法》《中华人民共和国水污染防治法》等法律的实施，对环境违法行为的处罚力度都有了较大幅度的提高，对执法也提出了更高要求。正确适用法律，确保“罚当其过、过罚相当”，是推进生态文明法治的具体体现，是对让每一位百姓从个案中感受到公平正义的实践，是体现执法为民、改善生态环境为民的实践，也是树立环境执法形象的时机。

《环境行政处罚办法》第十一条规定，环境保护主管部门实施行政处罚时，应当及时作出责令当事人改正或者限期改正违法行为的行政命令。责令改正期限届满，当事人未按要求改正，违法行为仍处于继续或者连续状态的，可以认定为新的环境违法行为。

因此，在环境行政处罚中，应结合客观事实和法律事实，识别违法行为的“形态”与“个数”，对于持续性、连续性的环境违法行为，因具体区分其是否为不同的构成要件构成的行为。对于同一种违法行为，或有牵连的违法行为，若为不同构成要件所构成且触犯了不同的法律规定，应当进行多次处罚。反之，则不应进行多次处罚，否则即违反了“一事不再罚”原则。

158．违法行为两年内未被发现是否不再给予行政处罚?

根据《中华人民共和国行政处罚法》的规定，“违法行为在二年内未被发现的，不再给予行政处罚，法律另有规定的除外。前款规定的期限，从违法行为发生之日起计算；违法行为有连续或者继续状态的，从行为终了之日起计算”。这是行政处罚法关于时效的规定。

行政处罚法中规定的时效是指，对违法行为人的违反行政管理秩序的行为追究行政责任、给予行政处罚的有效期限。这一规定包括以下五层含义：

一是在该违法行为发生后的两年内，对该违法行为有处罚权的行政机关未发现这一违反行政管理秩序的事实，在规定的两年超过后，无论在何时发现了这一违法事实，对当时的违法行为人不再给予行政处罚。

二是如果违反行政管理秩序的行为在行为发生的两年内已被行政机关发现，但违法行为人在两年内未被查获或者违法行为人逃避处罚，在两年后行政机关将其查获，仍应当依法给予行政处罚。

三是时效的规定期限是从违法行为发生之日起就开始计算的。“违法行为发生之日”是指违法行为完成或者停止之日。例如，运输违禁品，在路途上用了5天时间，应当以最后一天将违禁品转交他人起开始计算追诉期限。

四是对于违法行为有连续或者继续状态的从行为终了之日起计算。这里的“连续”状态是指违法行为人连续实施同一种违法行为，基于同一个违法故意，连续实施了数个独立的行政违法行为，这些违法行为触犯的是同一个行政处罚法规定。

五是对于大多数行政处罚案件来说，行政处罚法规定了追诉时效为两年，同时也明确规定在行政处罚时效问题上法律另有规定的除外。这是考虑到违反行政管理秩序的违法行为十分复杂，行政违法案件又千差万别，作出这样灵活的规定有利于行政处罚的有效执行。

《中华人民共和国行政处罚法》关于时效的规定，具有积极的现实意义，一方面是对于未过追诉时效的违反行政管理秩序的行为必须依法追究其行政责任，给予行政处罚，体现了执法的严肃性；另一方面是对于违法行为已经过了追诉时效期限的，不应再追究其行政责任，不再给予行政处罚。如果在调查中，发现违法行为人的违法行为已超过了追诉时效，应采取相应的措施，终止调查，撤销案件或者作出不予行政处罚的决定，体现了行政处罚的教育与处罚相结合的原则。

159．如何界定直接负责的主管人员和其他直接责任人员？

在环境保护领域的法律法规中，对“直接负责的主管人员”的界定要把握两点：一是掌有实际管理权限的人员，必须是单位主要领导、领导机构成员、主管某方面工作或某些部门的领导人员；二是其管理权限、职责与违法排放行为具有直接关系，如果其领导职务与排污的生产经营活动没有直接关系，则对违法排污不应当负直接责任。根据《行政主管部门移送适用行政拘留环境违法案件暂行办法》第九条的规定，直接负责的主管人员是指违法行为主要获利者和在生产、经营中有决定权的管理、指挥、组织人员等两类。

第一，认定违法行为主要获利者，应当以其具有主管人员身份，与违法行为具有直接关系为前提，不能只看获利的事实而忽视其主管人员身份和在违法行为中的直接作用。之所以将这些主体纳入移送范围是因为他们本身就是排污单位的主管人员，在其管理职责与决策权内能对违法排污行为起到干预、防范的作用。他们要么是排污行为产生的生产经营成果的获得者，具有股东身份；要么是排污行为的直接受益人，如专门提供治污第三方服务的运营商、排污单位内收入福利与违法排放行为挂钩的人员。由于事业单位是公益法人，其排污行为成果难以确定获利人，所以本条主要规定的是企业或者其他生产经营者，对此可做两点理解：

一是在身份上，主要获利者一般是排污单位管理层的成员，他们享有利润分配权，并担任一定的领导职务，对产生、排放污染物的经营活动具有一定的决策权。考虑到组织形式存在差异，主要获利者的认定应当具体问题具体分析，有些情况下，行为人虽不是股东，但通过投资关系、协议或者其他安排能够实际支配公司企业行为的人，应当认定为主要获利者。但是，如果有确切的证据证明上述范围内的部分人员在决策、运营过程中，对《行政主管部门移送适用行政拘留环境违法案件暂行办法》规定的违法行为表达了反对意见的，对其不适用移送措施。

二是在主体功能与违法后果的因果联系上，主要获利者必须是因排污行为获得经济利益的人，这需要根据违法单位的利益分配方案和当事人的约定来判断。《行政主管部门移送适用行政拘留环境违法案件暂行办法》第九条规定的获利是指生产经营形成的红利，劳动者领取的工资、商业伙伴从排污者处购买的由违法排污形成的商品、服务，不属于《行政主管部门移送适用行政拘留环境违法案件暂行办法》第九条规定的获利行为。

第二，在生产、经营中有决定权的管理、指挥、组织人员要根据排污单位的内部治理规则来确定。管理人员是指在其岗位职责范围内有权决定建设项目开工、暂停、建设，排污设施设计监督与使用，排放源监控与监测系统操作与维修，污染物处理设施使用等事项的人员，是有权对相关事项发出行为指令的人员。如果在其职责范围内没有这些职权，但在实施违法行为中发挥了建议、劝告等意见且具有实质违法内容的人员，应当认定为教唆人员，按《行政主管部门移送适用行政拘留环境违法案件暂行办法》中关于其他直接责任人员处理。指挥人员是指根据管理人员作出的违法行为命令，而进行任务分解、人员分工，指导特定人员为达到违法效果而作出相应行为的指挥者。组织人员是指按照管理人员和指挥人员的命令、意图，进行人员组织、资源配置，并命令执行人员实施违法行为的人员。其他直接责任人员是指以其身体行动执行的操作人员，是排污单位中除管理者、指挥者、组织者之外的其他人员，他们可能是执行管理者、指挥者、组织者的指令，也可能在没有指令的情形下实际作出违法行为。应当对其实施的直接排放、倾倒、处置污染物行为，或者实际篡改、伪造监测数据行为负责，与直接责任人员的责任范围有所不同。

2019 年 2 月，最高人民法院、最高人民检察院、公安部、司法部和生态环境部联合印发了《关于办理环境污染刑事案件有关问题座谈会纪要》，其中明确规定，直接负责的主管人员是指对单位犯罪起决定、批准、组织、策划、指挥、授意、纵容等作用的主管人员，包括单位实际控制人、主要负责人或者授权的分管负责人、高级管理人员等；其他直接责任人员是指在直接负责的主管人员的指挥、授意下积极参与实施单位犯罪或者对具体实施单位犯罪起较大作用的人员。

160．当事人拒收执法文书或执法文书无法直接送达当事人的应该怎么办?

《环境行政处罚办法》明确要求，环境行政处罚决定书应当送达当事人，并根据需要抄送与案件有关的单位和个人；送达行政处罚文书可以采取直接送达、留置送达、委托送达、邮寄送达、转交送达、公告送达、公证送达或者其他方式。

直接送达又称交付送达是指生态环境主管部门派专人将环境执法文书直接交付给受送达人签收的送达方式。直接送达是送达方式中最基本的方式。

留置送达是指受送达人无理拒收环境执法文书时，送达人依法将环境执法文书放置在受送达人的住所并产生送达的法律效力的送达方式。根据《最高人民法院关于适用〈中华人民共和国民事诉讼法〉若干问题的意见》第八十二条、第八十三条、第八十四条的规定，有关基层组织或所在单位的代表及其他见证人不愿在送达回证上签字或盖章的，由送达人在送达回证上记明情况，把送达文书留在受送达人住所，即视为送达。

委托送达是指生态环境主管部门直接送达环境执法文书有困难时，依法委托其他生态环境主管部门代为送达。

邮寄送达是指生态环境主管部门将所送达的环境执法文书通过邮局并用挂号信寄给受送达人的方式。

转交送达是指生态环境主管部门将环境执法文书送交受送达人所在单位代收，然后转交给受送达人的送达方式。代为转交的机关和单位收到环境执法文书后，必须立即交受送达人签收，并以其在送达回证上签收的时间作为送达日期。

公告送达是指生态环境主管部门以张贴公告、登报、上网等办法将环境执法文书公之于众，法律上即视为送达的送达方式。

公证送达是指公证机关根据生态环境主管部门的申请证明环境执法文书送达

于被处罚当事人的一种送达方式。

因此，当事人拒绝接收环境执法文书或者无法直接送达当事人的，可以采取留置送达、委托送达、邮寄送达、转交送达、公告送达、公证送达等其中任何一种方式送达。

161．被处罚的企业分立、合并或者资产重组了怎么办?

企业实施环境违法行为，受到处以罚款、没收违法所得或者没收非法财物等处罚后，发生企业分立、合并或者其他资产重组等情形的，由承受该企业权利义务的法人、其他组织作为被执行人。

162．被处罚的企业可以延期或者分期缴纳罚款吗?

被处罚的企业确有经济困难的，可以延期或者分期缴纳罚款，但是需要在行政处罚决定书确定的缴纳期限届满前，向作出行政处罚决定的生态环境主管部门提出延期或者分期缴纳的书面申请。

作出行政处罚决定的生态环境主管部门批准企业延期或者分期缴纳罚款的，应当制作同意延期（分期）缴纳罚款通知书，并送达被处罚的企业和收缴罚款的机构。同时，延期或者分期缴纳的最后一期缴纳时间不得晚于申请人民法院强制执行的最后期限。

163．上级生态环境部门是否可以指定下级生态环境部门进行处罚?

根据《环境行政处罚办法》第十四条【处罚主体】的规定：县级以上环境保护主管部门在法定职权范围内实施环境行政处罚。经法律、行政法规、地方性法规授权的环境监察机构在授权范围内实施环境行政处罚，适用本办法关于环境保护主管部门的规定。

另根据《环境行政处罚办法》第二十条【指定管辖】的规定：下级环境保护主管部门认为其管辖的案件重大、疑难或者实施处罚有困难的，可以报请上一级环境保护主管部门指定管辖。上一级环境保护主管部门认为下级环境保护主管部门实施处罚确有困难或者不能独立行使处罚权的，经通知下级环境保护主管部门和当事人，可以对下级环境保护主管部门管辖的案件指定管辖。

因此，综上所述，上级生态环境部门可以指定其下级生态环境部门对违法行为进行行政处罚。

164．生态环境主管部门可以使用快递企业寄递环境执法文书吗?

根据《中华人民共和国邮政法》第五十五条的规定，快递企业不得经营由邮政企业专营的信件寄递业务，不得寄递国家机关公文。国家机关公文是国家机关基于公务活动而制作的具有特定文体和格式，并加盖了国家机关公章的书面材料，不仅指国家机关内部、上下级之间和国家机关相互之间传递的正式公文，还包含因处理行政处罚、行政诉讼、行政复议、政务公开申请、举报、申诉等活动制作的需要送达当事人的公文。因此，为切实保障国家机关公文的通信安全、保障公众及私人的信息安全，明确由中国邮政独家承担国家机关公文寄递。

另外，根据《中华人民共和国邮政法》的规定，带有邮政专用标志的邮政车船和邮政工作人员进出港口、通过渡口时，应当优先放行；带有邮政专用标志的邮政车辆需要通过禁行路线或者禁止停车段停车的，由有关主管部门核准通行、停车。邮政快递的这一“优先特权”有效地确保了国家机关公文的及时送达。

综上所述，不可以使用民营企业快递寄递环境执法文书，应由中国邮政承担环境执法文书的寄递工作。

165．什么情形下申请人民法院强制执行？

《中华人民共和国行政诉讼法》第九十七条规定，公民、法人或者其他组织对行政行为在法定期间不提起诉讼又不履行的，行政机关可以申请人民法院强制执行，或者依法强制执行。

《中华人民共和国行政复议法》第三十三条规定，申请人逾期不起诉又不履行行政复议决定的，或者不履行最终裁决的行政复议决定的，按照下列规定分别处理：

（1）维持具体行政行为的行政复议决定，由作出具体行政行为的行政机关依法强制执行，或者申请人民法院强制执行；

（2）变更具体行政行为的行政复议决定，由行政复议机关依法强制执行，或者申请人民法院强制执行。

166．申请人民法院强制执行的期限是多长时间？

《中华人民共和国行政强制法》第五十三条规定，当事人在法定期限内不申请行政复议或者提起行政诉讼，又不履行行政决定的，没有行政强制执行权的行政机关可以自期限届满之日起三个月内，依照本章规定申请人民法院强制执行。

其中第五十四条规定，行政机关申请人民法院强制执行前，应当催告当事人履行义务。催告书送达十日后当事人仍未履行义务的，行政机关可以向所在地有管辖权的人民法院申请强制执行；执行对象是不动产的，向不动产所在地有管辖权的人民法院申请强制执行。

167．申请人民法院强制执行前的催告期限应如何计算？

按照《中华人民共和国行政强制法》的规定，当事人在法定期限内不申请行政复议或者提起行政诉讼，又不履行行政决定的，没有行政强制执行权的行政机关可以自届满之日起 3 个月内，依法申请人民法院强制执行。申请强制执行前，应当催告当事人履行义务。催告书送达 10 日后当事人仍未履行的，行政机关可向所在地有管辖权的法院申请强制执行。

从上述规定中可以看出，行政机关申请法院强制执行前的催告，应注意两个时间节点：

一是催告的时间不宜过早，应当在行政机关可以申请法院强制执行前，或者在当事人法定申请行政复议或者提起行政诉讼的期限届满之后。因为此时行政机关才可申请法院强制执行。催告的目的，就是警示当事人，如果继续不履行行政决定，行政机关就可以申请法院强制执行了，再给当事人一次自动履行行政决定的机会。如果在当事人诉讼期未届满之前催告，当事人就感不到“兵临城下”的压力，也不符合申请强制执行前的要求。申请强制执行前，不宜只从字面理解为只要在申请强制执行前，就属于申请前，应理解为行政机关可以申请了（依法可以申请了），然后在申请前进行催告。

二是催告的时间也不宜过晚。否则可能会超过申请法院强制执行的 3 个月的期限。到那时再申请法院强制执行，法院会不再受理。因此，催告送达当事人的时间，最晚不能晚于申请法院期限届满之日的前 12 天。因送达当天不算，从第 2 日算起 10 天。之后只有 1 天申请期限，否则就会超期。为了防止不确定情况发生，催告时间应尽量早一些，否则会有超期风险。

168．生态环境主管部门能否申请法院裁定实施代履行?

根据《中华人民共和国行政强制法》第五十条的规定，所谓代履行，是指行政机关依法作出要求当事人履行排除妨碍、恢复原状等义务的行政决定，当事人逾期不履行，经催告仍不履行，其后果已经或者将危害交通安全、造成环境污染或者破坏自然资源的，行政机关可以代履行，或者委托没有利害关系的第三人代履行。

根据《中华人民共和国行政强制法》第五十一条的规定，代履行应当遵守以下四个规定：一是代履行前送达决定书，代履行决定书应当载明当事人的姓名或者名称和地址，代履行的理由和依据、方式和时间，标的、费用预算以及代履行人；二是在代履行 3 日前，催告当事人履行，当事人履行的，停止代履行；三是执行代履行时，作出决定的行政机关应当派员到场监督；四是代履行执行完毕，行政机关到场监督的工作人员、代履行人和当事人或者见证人应当在代履行执行文书上签名或者盖章。

除此之外，并没有法律规定可直接依据法院裁定实施代履行。代履行的本质是行政行为的一种延伸，是行政机关履行职能的另一种表现形式。如果允许直接依据法院裁定实施代履行，则不利于行政机关积极进行执法活动。

综上所述，生态环境主管部门的代履行职责，不能申请法院裁定实施。

169. 生态环境主管部门是否可以申请人民法院强制执行责令改正决定？

根据《关于环保部门可以申请人民法院强制执行责令改正决定的复函》，生态环境部门可以申请人民法院强制执行责令改正决定。根据《中华人民共和国行政诉讼法》第六十六条的规定，公民、法人或者其他组织对具体行政行为在法定期限内不提起诉讼又不履行的，行政机关可以申请人民法院强制执行。《最高人民法院关于执行〈中华人民共和国行政诉讼法〉若干问题的解释》第八十六条至第九十一条对行政机关申请执行其具体行政行为的条件、程序、期限、要求作了具体规定。责令改正决定属于具体行政行为的一种形式。因此，根据上述法律规定，当事人逾期不申请行政复议、不提起行政诉讼又不履行责令改正决定的，生态环境主管部门可以向人民法院申请强制执行，并遵守《最高人民法院关于执行〈中华人民共和国行政诉讼法〉若干问题的解释》规定的有关条件和要求。

需要注意的是，生态环境主管部门作出责令改正决定时，应当告知行政管理相对人依法享有申请行政复议或者提起行政诉讼的权利。根据《中华人民共和国行政复议法》第六条的规定，公民、法人或者其他组织认为行政机关的具体行政行为侵犯其合法权益的，可以申请行政复议。

《中华人民共和国行政诉讼法》第十一条规定，人民法院受理公民、法人或者其他组织对具体行政行为不服提起的诉讼。

《全面推进依法行政实施纲要》第七条规定，行政机关作出对行政管理相对人、利害关系人不利的行政决定后，应当告知行政管理相对人依法享有申请行政复议或者提起行政诉讼的权利。

责令改正决定属于具体行政行为的一种形式。因此，根据上述规定，生态环境主管部门作出责令改正决定时，应当告知行政管理相对人依法享有申请行政复议或者提起行政诉讼的权利。公民、法人或者其他组织认为生态环境主管部门作出的责令改正决定侵犯其合法权益的，可以申请行政复议和提起行政诉讼。

170．公安机关对环境违法案件予以立案的相关要求是什么？

根据《环境保护行政执法与刑事司法衔接工作办法》的规定：

公安机关认为有必要的可以依法开展初查，对符合立案条件的，应当及时依法立案侦查。在公安机关立案侦查前，环保部门应当继续对违法行为进行调查。

环保部门在查办涉嫌环境犯罪案件过程中，应当核实情况并向同级公安机关作出移送涉嫌环境犯罪案件的书面报告，并抄送同级人民检察院。

对于环保部门移送的涉嫌环境犯罪案件，公安机关应当依法接受，并立即出具接受案件回执或者在涉嫌环境犯罪案件移送书的回执上签字。

公安机关审查发现移送的涉嫌环境犯罪案件材料不全的，应当在接受案件的24小时内书面告知移送的环保部门在3日内补正。但不得以材料不全为由，不接受移送案件。

公安机关审查发现移送的涉嫌环境犯罪案件证据不充分的，可以就证明有犯罪事实的相关证据等提出补充调查意见，由移送案件的环保部门补充调查。环保部门应当按照要求补充调查，并及时将调查结果反馈公安机关。因客观条件所限，无法补正的，环保部门应当向公安机关作出书面说明。

公安机关对环保部门移送的涉嫌环境犯罪案件，应当自接受案件之日起3日内作出立案或者不予立案的决定；涉嫌环境犯罪线索需要查证的，应当自接受案件之日起7日内作出决定；重大疑难复杂案件，经县级以上公安机关负责人批准，可以自受案之日起30日内作出决定。接受案件后对属于公安机关管辖但不属于本公安机关管辖的案件，应当在24小时内移送有管辖权的公安机关，并书面通知移送案件的环保部门，抄送同级人民检察院。对不属于公安机关管辖的，应当在24小时内退回移送案件的环保部门。公安机关作出立案、不予立案、撤销案件决定的，应当自作出决定之日起3日内书面通知环保部门，并抄送同级人民检察院。公安机关作出不予立案或者撤销案件决定的，应当书面说明理由，并将案卷材料退回环保部门。

环保部门应当自接到公安机关立案通知书之日起3日内将涉案物品以及与案件有关的其他材料移交公安机关，并办理交接手续。涉及查封、扣押物品的，生态环境部门和公安机关应当密切配合，加强协作，防止涉案物品转移、隐匿、损毁、灭失等情况发生。对具有危险性或者环境危害性的涉案物品，环保部门应当组织临时处理处置，公安机关应当积极协助；对无明确责任人、责任人不具备履行责任能力或者超出部门处置能力的，应当呈报涉案物品所在地政府组织处置。上述处置费用清单随附处置合同、缴费凭证等作为犯罪获利的证据，及时补充移送公安机关。

171. 生态环境主管部门向公安机关移送涉嫌环境犯罪的案件，已作出行政处罚决定的，是否要停止执行？

根据《环境保护行政执法与刑事司法衔接工作办法》的规定，环保部门向公安机关移送涉嫌环境犯罪案件，已作出的警告、责令停产停业、暂扣或者吊销许可证的行政处罚决定，不停止执行。未作出行政处罚决定的，原则上应当在公安机关决定不予立案或者撤销案件、人民检察院作出不起诉决定、人民法院作出无罪判决或者免予刑事处罚后，再决定是否给予行政处罚。

涉嫌犯罪案件的移送办理期间，不计入行政处罚期限。对尚未作出生效裁判的案件，环保部门依法应当给予或者提请人民政府给予暂扣或者吊销许可证、责令停产停业等行政处罚，需要配合的，公安机关、人民检察院应当给予配合。

172．收到环境监测机构出具的监督性监测超标数据后，应当何时立案？

执法机构在收到监测机构出具的监督性超标数据后，应当在 7 个工作日内立案。《环境行政处罚办法》第二十二条第一款规定，环境保护主管部门对涉嫌违反环境保护法律法规和规章的违法行为，应当进行初步审查，并在 7 个工作日内决定是否立案。

173．利用租赁的厂房、设施从事生产活动，违法排放污染物的，由谁承担法律责任？

污染者担责原则是《中华人民共和国环境保护法》的基本原则之一，所以利用租赁的厂房、设施从事生产活动，违法排放污染物的，应当由实际的生产者来承担法律责任。

174．违法企业的分公司能否独立承担环境行政责任？

《中华人民共和国行政处罚法》第四条规定，公民、法人或者其他组织违反行政管理秩序的行为，应当给予行政处罚的，依照本法由法律、法规、规章规定，并由行政机关依照本法规定的程序实施。据此，行政处罚的对象可以是其他组织。

《中华人民共和国公司法》第十四条第一款规定："公司可以设立分公司。设立分公司，应当向公司登记机关申请登记，领取营业执照。分公司不具有法人资格的，其民事责任由公司承担。"分公司虽然不具有独立的法人资格，但依据《最高人民法院关于适用〈中华人民共和国民事诉讼法〉若干问题的意见》第四十条，将法人依法设立并领取营业执照的分支机构认定为原《民事诉讼法》第四十九条（新《民事诉讼法》第四十八条）中的其他组织。

但是，在执法中必须要调查清楚被处罚人对其违法行为是否具有承担行政处罚责任的资格。也就是说，执法人员在调查一家具有违法行为的单位是否具备行政责任能力时，主要是看这家单位有没有自己可以独立支配的财产并以其财产承担法律义务与责任的资格。如果该单位有自己可以独立支配的财产，即使这家单位没有法人资格，它也具有行政责任能力，当其从事违法行为时，生态环境主管部门依旧可以对其实施行政处罚。反之，如果被处罚人（分公司）没有自己独立的财产，它的人员和财产要受所属的总公司支配，那它就不具备行政责任能力，那么生态环境主管部门就不能把它作为行政处罚的对象，其违法行为的责任应由其所属的总公司承担。

175. 哪些环境违法行为需要报经有批准权的政府作出责令停业、关闭？

以下环境违法行为需要报经有批准权的政府作出责令停业、关闭：

（1）违反《建设项目环境保护管理条例》的规定，需要配套建设的环境保护设施未建成、未经验收或者验收不合格，建设项目即投入生产或者使用，或者在环境保护设施验收中弄虚作假，造成重大环境污染或者生态破坏的。

（2）违反《畜禽规模养殖污染防治条例》的规定，在禁止养殖区域内建设畜禽养殖场、养殖小区的，由县级以上地方人民政府环境保护主管部门责令停止违法行为，拒不停止违法行为的；在饮用水水源保护区建设畜禽养殖场、养殖小区的。

（3）违反《中华人民共和国固体废物污染环境防治法》的规定，情节严重的。

（4）违反《中华人民共和国固体废物污染环境防治法》的规定，未依法取得排污许可证产生工业固体废物；从事畜禽规模养殖未及时收集、贮存、利用或者处置养殖过程中产生的畜禽粪污等固体废物；生产、销售、进口或者使用淘汰的设备；未按照规定设置危险废物识别标志的；未按照国家有关规订制定危险废物管理计划或者申报危险废物有关资料的；擅自倾倒、堆放危险废物的；将危险废物提供或者委托给无许可证的单位或者其他生产经营者从事经营活动的；未按照国家有关规定填写、运行危险废物转移联单或者未经批准擅自转移危险废物的；未按照国家环境保护标准贮存、利用、处置危险废物或者将危险废物混入非危险废物中贮存的；未经安全性处置，混合收集、贮存、运输、处置具有不相容性质的危险废物的；将危险废物与旅客在同一运输工具上载运的；未经消除污染处理，将收集、贮存、运输、处置危险废物的场所、设施、设备和容器、包装物及其他物品转作他用的；未采取相应防范措施，造成危险废物扬散、流失、渗漏或者其他环境污染的；在运输过程中沿途丢弃、遗撒危险废物的；未制定危险废物意外事故防范措施和应急预案的；未按照国家有关规定建立危险废物管理台账并如实记录的；未按照许可证规定从事收集、贮存、利用、处置危险废物经营活动；上述情节严重的，报经有批准权的人民政府批准，责令停业或者关闭。无许可证从事收集、贮存、利用、处置危险废物经营活动的，报经有批准权的人民政府批准，责令停业或者关闭。造成重大或者特大固体废物污染环境事故的，还可以报经有批准权的人民政府批准，责令关闭。

（5）违反《中华人民共和国大气污染防治法》的规定，未依法取得排污许可证排放大气污染物的；超过大气污染物排放标准或者超过重点大气污染物排放总量控制指标排放大气污染物的；通过逃避监管的方式排放大气污染物的，情节严重的。生产、进口、销售或者使用国家综合性产业政策目录中禁止的设备和产品，采用国家综合性产业政策目录中禁止的工艺，或者将淘汰的设备和产品转让给他人使用的，煤矿未按照规定建设配套煤炭洗选设施的，被责令改正，拒不改正的。开采含放射性和砷等有毒有害物质超过规定标准的煤炭的。

（6）违反《中华人民共和国噪声污染防治法》的规定，对经限期治理逾期未完成治理任务的企业事业单位，可以根据所造成的危害后果处以罚款，或者责令停业、搬迁、关闭。

（7）违反《中华人民共和国水污染防治法》的规定，未依法取得排污许可证排放水污染物的；超过水污染物排放标准或者超过重点水污染物排放总量控制指标排放水污染物的；利用渗井、渗坑、裂隙、溶洞，私设暗管，篡改、伪造监测数据，或者不正常运行水污染防治设施等逃避监管的方式排放水污染物的；未按照规定进行预处理，向污水集中处理设施排放不符合处理工艺要求的工业废水的；向水体排放油类、酸液、碱液的；向水体排放剧毒废液，或者将含有汞、镉、砷、铬、铅、氰化物、黄磷等的可溶性剧毒废渣向水体排放、倾倒或者直接埋入地下的；向水体排放、倾倒放射性固体废物或者含有高放射性、中放射性物质的废水的；未按照规定采取防护性措施，或者利用无防渗漏措施的沟渠、坑塘等输送或者存贮含有毒污染物的废水、含病原体的污水或者其他废弃物的；生产、销售、进口或者使用列入禁止生产、销售、进口、使用的严重污染水环境的设备名录中的设备，或者采用列入禁止采用的严重污染水环境的工艺名录中的工艺的，情节严重的。

（8）违反《中华人民共和国水污染防治法》的规定，在饮用水水源一级保护区内新建、改建、扩建与供水设施和保护水源无关的建设项目的；在饮用水水源二级保护区内新建、改建、扩建排放污染物的建设项目的；在饮用水水源准保护区内新建、扩建对水体污染严重的建设项目，或者改建建设项目增加排污量的。报经有批准权的人民政府批准，责令拆除或者关闭。

（9）违反《中华人民共和国水污染防治法》的规定，造成重大或者特大水污染事故的，可以报经有批准权的人民政府批准，责令关闭。

（10）违反《中华人民共和国土壤污染防治法》的规定，在永久基本农田集中区域，已经建成可能造成土壤污染的建设项目的，应当限期关闭拆除。

（11）《环境保护主管部门实施限制生产、停产整治办法》第八条规定，排污者有下列情形之一的，由环境保护主管部门报经有批准权的人民政府责令停业、关闭：（一）两年内因排放含重金属、持久性有机污染物等有毒物质超过污染物排放标准受过两次以上行政处罚，又实施前列行为的；（二）被责令停产整治后拒不停产或者擅自恢复生产的；（三）停产整治决定解除后，跟踪检查发现又实施同一违法行为的；（四）法律法规规定的其他严重环境违法情节的。

176. 作出责令停业关闭环境行政处罚的主体是谁?

根据《中华人民共和国环境保护法》第六十条的规定，企业事业单位和其他生产经营者超过污染物排放标准或者超过重点污染物排放总量控制指标排放污染物的，县级以上人民政府环境保护主管部门可以责令其采取限制生产、停产整治等措施；情节严重的，报经有批准权的人民政府批准，责令停业、关闭。

另外，根据《中华人民共和国大气污染防治法》第九十九条的规定，违反本法规定，有下列行为之一的，由县级以上人民政府生态环境主管部门责令改正或者限制生产、停产整治，并处十万元以上一百万元以下的罚款；情节严重的，报经有批准权的人民政府批准，责令停业、关闭：（一）未依法取得排污许可证排放大气污染物的；（二）超过大气污染物排放标准或者超过亘点大气污染物排放总量控制指标排放大气污染物的；（三）通过逃避监管的方式排放大气污染物的。

因此，并非任何政府或者部门都可以责令停业、关闭。从当前立法和执法实践来看，环保领域的执法重心已经下移为市、县生态环境主管部门，以属地执法为主。因此，一般情况下，“有批准权的人民政府”可以解释为作出限制生产、停产整治决定的生态环境主管部门所属的同级人民政府；涉及国有企业、外资企业等需要经政府或其授权的部门批准设立的企业，责令停业、关闭的决定，应由对上述企业的设立、解散等有决定权的政府，或者有决定权的政府部门所属的同级政府作出。同时，“有批准权的人民政府”，不应与审批建设项目环境影响评价文件的生态环境主管部门、建设项目投资审批、核准部门以及企业工商注册登记部门挂钩。

177．如何理解“联合惩戒”？

《国务院关于建立完善守信联合激励和失信联合惩戒制度加快推进社会诚信建设的指导意见》（国发〔2016〕33号）中指出：（九）对重点领域和严重失信行为实施联合惩戒。在有关部门和社会组织依法依规对本领域失信行为作出处理和评价基础上，通过信息共享，推动其他部门和社会组织依法依规对严重失信行为采取联合惩戒措施。重点包括：一是严重危害人民群众身体健康和生命安全的行为，包括食品药品、生态环境、工程质量、安全生产、消防安全、强制性产品认证等领域的严重失信行为。

中共中央办公厅、国务院办公厅印发的《关于构建现代环境治理体系的指导意见》中指出：（二十三）健全企业信用建设。完善企业环保信用评价制度，依据评价结果实施分级分类监管。建立排污企业黑名单制度，将环境违法企业依法依规纳入失信联合惩戒对象名单，将其违法信息记入信用记录，并按照国家有关规定纳入全国信用信息共享平台，依法向社会公开。建立完善上市公司和发债企业强制性环境治理信息披露制度。

178．对同一违法行为是否可以既对企业进行罚款，又对企业的主要负责人进行处罚？

在执法过程中，罚款和拘留可以同时进行，一般来说这叫做治安拘留并处罚金，依据相关法律规定，可以同时进行合并处罚，也称为“双罚制”。“双罚制”对于预防单位违法，具有十分重要的作用。因为单位违法行为，必然直接或间接地由单位成员造成，尤其是直接负责的主管人员和相关责任人员。

“双罚制”原本是一个刑法学上的概念，一般针对单位犯罪，既要处罚单位，又要处罚单位中的直接责任人员，这是一种较为合理且有效的预防和减少犯罪的制度。后来这个法律精神被行政法所吸收，在对单位实施的行政违法行为依法进行行政处罚的同时，分别对单位和单位中的直接责任人员进行处罚。

是否进行“双罚”关键是看法律规定，如果对一项环境违法行为，既有环境保护专项法律法规规定对企业要罚款，又有《中华人民共和国治安处罚法》《中华人民共和国刑法》等法律规定对企业负责人要拘留甚至判刑，都需要依法执法。或者环境保护专项法律法规条文中本来就有既对企业进行罚款，又对企业的主要负责人进行处罚的“双罚”的规定，也需要依法执法。

例如，2017 年新修改的《建设项目环境保护管理条例》，其中一个非常大的亮点就是对“未验先投”的违法行为，不仅大大增加了处罚金额，而且引入了“双罚制”。

做出这一修改目的，就是针对旧版条例中对于“未验先投”违法行为的处罚太轻，违法成本太低，造成实践中“未验先投”的违法行为屡见不鲜。引入“双罚制”，就是为了提高“未验先投”违法行为的违法成本，增强环境执法的威慑力，从而预防和减少“未验先投”的违法行为。

179．生态环境行政处罚案件自由裁量权需要考虑哪些要素？

（1）生态环境违法行为所造成的环境污染、生态破坏程度及社会影响；

（2）当事人的过错程度；

（3）生态环境违法行为的具体方式或者手段；

（4）生态环境违法行为危害的具体对象；

（5）当事人是初犯还是再犯；

（6）当事人改正生态环境违法行为的态度和所采取的改正措施及效果。

180．免予处罚与不予处罚有何区别？

（1）二者适用的对象不同。

免予处罚是针对违法行为人的刑事责任；不予处罚是针对违法行为人的行政责任。

（2）二者适用的情形不同。

免予刑事处罚适用情形：①情节显著轻微、危害不大，不认为是犯罪的。②犯罪已过追诉时效期限的。③经特赦令免除刑罚的。④依照刑法告诉才处理的犯罪，没有告诉或者撤回告诉的。⑤犯罪嫌疑人、被告人死亡的。⑥其他法律规定免予追究刑事责任的。

不予处罚适用情形：①不满十四周岁的人有违法行为的，不予行政处罚，责令监护人加以管教；已满十四周岁不满十八周岁的人有违法行为的，从轻或者减轻行政处罚。②精神病人在不能辨认或者不能控制自己行为时有违法行为的，不予行政处罚，但应当责令其监护人严加看管和治疗。间歇性精神病人在精神正常时有违法行为的，应当给予行政处罚。③违法行为轻微并及时纠正，没有造成危害后果的，不予行政处罚。

（3）作出不予处罚和免予处罚的主体不同。

作出不予处罚的主体是行政机关。免予处罚是由司法机关作出的。

181．如何区分法律规范中的“应当”与“可以”？

一般而言，在法律规范中有“可以”的条文，属于授权性的规范，这种规范的特点是可以为也可以不为某种行为。“可以”处罚就是行政机关针对行政相对人的某种违法行为可以实施行政处罚，也可以不实施行政处罚。

在法律规范中有“应当”的条文，属于义务性的规范，这种规范的特点是必须为某种行为。“应当”处罚就是行政机关针对行政相对人的某种违法行为必须实施行政处罚。

182．受到行政处罚后，行为人是否可以免除民事责任？

不可以。《中华人民共和国行政处罚法》第八条规定，公民、法人或者其他组织因违法行为受到行政处罚，其违法行为对他人造成损害的，应当依法承担民事责任。所以，作出行政处罚后，行为人依然要承担民事责任。

183．处罚决定书是否一定要直接送达？

一般而言，处罚决定书应当直接送交受送达人，但是直接送达有困难的就要采取其他的送达方式。除直接送达外，其他的送达方式还有留置送达、邮寄送达、转交送达、委托送达、公告送达。如果直接送达诉讼文书有困难的，可以委托其他人民法院代为送达，或者邮寄送达；如受送达人被监禁的，通过其所在监所转交；如受送达人下落不明，或者用其他方式无法送达的，公告送达。

184．是否可以对非法填埋工业固体废物，造成环境污染，时间超过两年的行为作出行政处罚？

可以作出行政处罚。

《中华人民共和国行政处罚法》第三十六条：违法行为在二年内未被发现的，不再给予行政处罚；涉及公民生命健康安全、金融安全且有危害后果的，上述期限延长至五年。法律另有规定的除外。前款规定的期限，从违法行为发生之日起计算；违法行为有连续或者继续状态的，从行为终了之日起计算。

非法填埋工业固体废物的行为已经终了且超过两年，作为行政机关不得对行为人非法填埋工业固废的行为进行追溯，但是该行为还属于《中华人民共和国固体废物污染环境防治法》中“未采取相应防范措施，造成工业固体废物扬散、流失、渗漏或者其他环境污染的”行为，该行为中未采取相应防范措施的行为一直处于持续状态，可以对行为人的行为作出行政处罚。

185．对管网废气泄漏是否可以适用废气无组织排放的相关规定作出行政处罚?

管网废气泄漏可以从以下几个方向考虑作出行政处罚：

（1）石油、化工以及其他生产和使用有机溶剂的企业，未采取措施对管道、设备进行日常维护、维修，减少物料泄漏或者对泄漏的物料未及时收集处理的；

（2）如果管网泄漏造成大气污染事故的，按照《中华人民共和国大气污染防治法》第一百二十二条造成大气污染事故的违法行为处罚；

（3）如果未造成大气污染事故，确实存在无组织排放含挥发性有机物废气的行为，可以按照《中华人民共和国大气污染防治法》第一百零八条第一项无组织排放的行为进行处罚；

（4）如果企业明知该废气需要经过处理达标排放，在检查中发现管网泄漏放任或希望这种情况的发生，则可以考虑企业是否构成通过不正常运行大气污染防治设施逃避监管的方式排放大气污染物。

186．如何认定“违法所得”？

《环境行政处罚办法》第七十七条规定，当事人违法所获得的全部收入扣除当事人直接用于经营活动的合理支出，为违法所得。

法律法规或者规章对“违法所得”的认定另有规定的，从其规定。

（三）四项配套措施适用方面

187．什么是四项配套措施?

四项配套措施即按日连续处罚、查封扣押、限产停产、信息公开。

为了增强新《环境保护法》确立的按日连续处罚、查封扣押、限产停产、信息公开等规定的操作性，作为落实新《环境保护法》54 项配套措施的一部分，4 个配套办法与新《环境保护法》一起自 2015 年 1 月 1 日起实施。

这 4 个配套办法分别为《环境保护主管部门实施按日连续处罚办法》《环境保护主管部门实施查封、扣押办法》《环境保护主管部门实施限制生产、停产整治办法》《企业事业单位环境信息公开办法》。

4 个配套办法的出台，是贯彻执行新《环境保护法》、促进生态环境主管部门依法行政、重拳打击环境违法行为和强化排污者环境保护主体责任的迫切需要，有助于各级环保部门将新法赋予的监管权力和手段落到实处。

188．如何认定按日计罚中的“拒不改正”?

《环境保护主管部门实施按日连续处罚办法》第十三条规定，排污者具有下列情形之一的，认定为拒不改正：

（1）责令改正违法行为决定书送达后，环境保护主管部门复查发现仍在继续违法排放污染物的；

（2）拒绝、阻挠环境保护主管部门实施复查的。

《关于环境行政处罚过程中有关问题的复函》，关于按日连续处罚中“拒不改正”的认定：

《中华人民共和国环境保护法》第五十九条第一款规定，企业事业单位和其他生产经营者违法排放污染物，受到罚款处罚，被责令改正，拒不改正的，依法作出处罚决定的行政机关可以自责令改正之日的次日起，按照原处罚数额按日连续处罚。

《中华人民共和国水污染防治法》第九十五条规定，企业事业单位和其他生产经营者违法排放水污染物，受到罚款处罚，被责令改正的，依法作出处罚决定的行政机关应当组织复查，发现其继续违法排放水污染物或者拒绝、阻挠复查的，依照《中华人民共和国环境保护法》的规定按日连续处罚。

另外，根据上述规定，企业因废水化学需氧量排放超标被环保部门责令改正违法行为并依法处罚，环保部门复查时，发现该企业仍继续违法排放水污染物，即使废水化学需氧量排放达标但氨氮等其他水污染物排放超标的，属于拒不改正违法排放污染物行为，可以依据《中华人民共和国水污染防治法》《环境保护主管部门实施按日连续处罚办法》相关条款对该企业实施按日连续处罚。

189. 在复查时发现超标排污企业监测数据再次超标，之前企业自行监测数据达标，是否可以对其按日连续处罚?

可以。《关于按日连续处罚计罚日数问题的复函》中明确，实施按日连续处罚的计罚日数是一个连续的起止期间，排污者在其间排污状态和生产状况如何，均不影响计罚日数的计算，即排污者在计罚周期内存在停产停业或者达标排放的日数，均不能从计罚日数中扣除。所以尽管企业有自行监测显示达标，只要执法人员在复查时发现企业再次超标的，仍然要对其按日计罚。

190．在复查时发现超标排污企业责令改正的车间排污口废气达标，但是又发现另一个车间排污口废气超标，是否可以对其进行按日连续处罚？

可以。因为超标排放大气污染物的行为是针对企业这个主体而言，而非针对某一个车间排放口，所以，如果复查发现企业仍然存在超标排放行为，也可以启动按日连续处罚。

191．如何区别“查封”和“扣押”？

查封是对财产所有人的动产或不动产就地封存、贴上封条，不允许任何机关和个人使用和处分，以防止转移隐匿或毁损丢失，以待进一步查处的措施；扣押是行政机关强制扣押当事人财产，限制其占有和处分的措施。其区别是：查封一般是对不可移动的财物就地封存；而扣押是将可移动的财产转移他处，置于行政机关的控制下。扣押，可由执行机关保存也可委托有关单位和个人保存。

192．如何区别“查封扣押”与“证据保全”？

（1）二者的适用情形不同。

《环境保护主管部门实施查封、扣押办法》第二条规定，对企业事业单位和其他生产经营者（以下统称排污者）违反法律法规规定排放污染物，造成或者可能造成严重污染，县级以上环境保护主管部门对造成污染物排放的设施、设备实施查封、扣押的，适用本办法。

《中华人民共和国行政处罚法》第七十二条规定，当事人逾期不履行行政处罚决定的，作出行政处罚决定的行政机关可以采取下列措施：（一）到期不缴纳罚款的，每日按罚款数额的百分之三加处罚款，加处罚款的数额不得超出罚款的数额；

（二）根据法律规定，将查封、扣押的财物拍卖、依法处理或者将冻结的存款、汇款划拨抵缴罚款；（三）根据法律规定，采取其他行政强制执行方式；（四）依照《中华人民共和国行政强制法》的规定申请人民法院强制执行。行政机关批准延期、分期缴纳罚款的，申请人民法院强制执行的期限，自暂缓或者分期缴纳罚款期限结束之日起计算。

《中华人民共和国行政处罚法》第五十六条规定：行政机关在收集证据时，可以采取抽样取证的方法；在证据可能灭失或者以后难以取得的情况下，经行政机关负责人批准，可以先行登记保存，并应当在七日内及时作出处理决定，在此期间，当事人或者有关人员不得销毁或者转移证据。

（2）二者的性质不同。

查封、扣押是行政强制措施；证据先行登记保存是一种证据保全措施，不属于行政强制措施。

（3）二者的实施程序不同。

证据先行登记保存是经行政机关负责人批准，可以先行登记保存，并应当在七日内及时作出处理决定。

查封、扣押的实施程序包括调查取证、审批、决定、执行、送达、解除。

（4）二者对行政相对人的影响不同。

查封、扣押的场所、设施或者财物应当在行政机关的占有之下或由行政机关委托第三人保管，行政相对人在查封、扣押决定作出之后便失去了对场所、设施或者财物的占有，其强制性、限制性的特征明显。

证据先行登记保存不影响行政相对人对证据的占有，证据始终在行政相对人的控制之下。

（5）二者的行政救济方式不同。

查封、扣押对行政相对人产生终局性的影响具有可复议与可诉性。

先行登记保存依附于行政处罚行为而产生，其本身并不具有可复议性与可诉性。

193．对违法排污的排污设施应如何采取查封措施？

《环境保护主管部门实施查封、扣押办法》第五条规定，环境保护主管部门查封、扣押排污者造成污染物排放的设施、设备，应当符合有关法律的规定。不得重复查封、扣押排污者已被依法查封的设施、设备。

对不易移动的或者有特殊存放要求的设施、设备，应当就地查封。查封时，可以在该设施、设备的控制装置等关键部件或者造成污染物排放所需供水、供电、供气等开关阀门上张贴封条。

194．扣押的污染设施由谁保管？

《环境保护主管部门实施查封、扣押办法》第十六条第二款规定，对扣押的设施、设备，环境保护主管部门应当妥善保管，也可以委托第三人保管。扣押期间设施、设备的保管费用由环境保护主管部门承担。

195．当事人擅自撕毁查封物品的封条怎么办？

《环境保护主管部门实施查封、扣押办法》第十六条第一款规定，对就地查封的设施、设备，排污者应当妥善保管，不得擅自损毁封条、变更查封状态或者启用已查封的设施、设备。

《环境保护主管部门实施查封、扣押办法》第二十三条第二款规定，排污者阻碍执法、擅自损毁封条、变更查封状态或者隐藏、转移、变卖、启用已查封的设施、设备的，环境保护主管部门应当依据《中华人民共和国治安管理处罚法》等法律法规及时提请公安机关依法处理。

196．怎样确保限制生产、停产整顿落实到位？

要确保限制生产、停产整治落实到位需要遵循以下几个步骤：

（1）生态环境主管部门应当在责令限制生产决定书和责令停产整治决定书中载明责令限制生产、停产整治的改正方式、期限。

（2）排污者应当在收到责令限制生产决定书或者责令停产整治决定书后立即整改，并在十五个工作日内将整改方案报作出决定的生态环境主管部门备案并向社会公开。整改方案应当确定改正措施、工程进度、资金保障和责任人员等事项。

（3）排污者完成整改任务的，应当在十五个工作日内将整改任务完成情况和整改信息社会公开情况，报作出限制生产、停产整治决定的生态环境部门备案，并提交监测报告以及整改期间生产用电量、用水量、主要产品产量与整改前的对比情况等材料。限制生产、停产整治决定自排污者报生态环境主管部门备案之日起解除。

（4）排污者被责令限制生产、停产整治后，生态环境主管部门应当按照相关规定对排污者履行限制生产、停产整治措施的情况实施后督察，确认其是否按照整改方案中的要求完成整改。

197．限制生产期限是多长时间？

《环境保护主管部门实施限制生产、停产整治办法》第十五条第一款规定，限制生产一般不超过三个月；情况复杂的，经本级环境保护主管部门负责人批准，可以延长，但延长期限不得超过三个月。

198．停产整顿有没有期限？

没有具体的明确的期限。《环境保护主管部门实施限制生产、停产整治办法》

第十五条第二款规定，停产整治的期限，自责令停产整治决定书送达排污者之日起，至停产整治决定解除之日止。

199．整改完成的要求有哪些？

（1）排污者应当在收到责令限制生产决定书或者责令停产整治决定书后严格按照整改方案要求进行整改，及时开展自我监测，并保存监测记录，将生产用电量、用水量、主要产品产量与整改前进行对比情况，并将这些材料保存。

（2）被限制生产的排污者在整改期间，按照环境监测技术规范进行监测或者委托有条件的环境监测机构开展监测，保存监测记录，无超过污染物排放标准或者重点污染物日最高允许排放总量控制指标排放污染物。

（3）被停产整治者针对违法行为进行及时改正，并有监测报告显示无超过排放标准或者重点污染物排放总量控制指标等的情况。

（4）生态环境主管部门针对排污者整改的情况进行后督察，确认其已经完全按照整改方案整改并且符合法律要求，即视为整改完成。

200．企业在责令限制生产期限内超标排污的是否适用责令停产整治？

适用。《环境保护主管部门实施限制生产、停产整治办法》第六条第四项规定，排污者有下列情形之一的，环境保护主管部门可以责令其采取停产整治措施：……（四）被责令限制生产后仍然超过污染物排放标准排放污染物的。

201．如何下达限制生产、停产整顿决定书？

生态环境主管部门向当事人下达限制生产、停产整治决定书，根据《环境保护主管部门实施限制生产、停产整治办法》，应遵循以下步骤：

（1）在作出限制生产、停产整治决定前，应当做好调查取证工作。

（2）作出限制生产、停产整治决定前，应当书面报经生态环境主管部门负责人批准；案情重大或者社会影响较大的，应当经环境保护主管部门案件审查委员会集体审议决定。

（3）作出限制生产、停产整治决定前，应当告知排污者有关事实、依据及其依法享有的陈述、申辩或者要求举行听证的权利；就同一违法行为进行行政处罚的，可以在行政处罚事先告知书或者行政处罚听证告知书中一并告知。

（4）自作出限制生产、停产整治决定之日起七个工作日内将决定书送达排污者。

202．移送行政拘留，是提供线索还是案件?

可以是线索也可以是案件。如果行政机关适用《行政主管部门移送适用行政拘留环境违法案件暂行办法》进行移送，那么移送的是案件；除此之外，行政机关也可以依法移送涉嫌行政拘留的案件线索。

203．公安机关认为移送的（案件）事实不清、证据不足怎么办?

分两种情况：

（1）公安机关经审查，认为案件违法事实不清、证据不足的，可以在受案后3日内书面告知案件移送部门补充移送相关证据材料，也可以按照《公安机关办理行政案件程序规定》调查取证。

（2）公安机关对移送的案件，认为事实不清、证据不足，不符合行政拘留条件的，应当在受案后5日内书面告知案件移送部门并说明理由，同时退回案卷材料。案件移送部门收到书面告知及退回的案卷材料后应当依法予以结案。

204．通过雨水管排放污水，是否属于以逃避监管的方式违法排放污染物？

不一定。通过雨水管排放污水，如果行为人主观上是故意状态，那么属于以逃避监管的方式排放污染物，否则不属于。

205．移交公安机关行政拘留是否必须作出行政处罚决定书？

不一定。行政机关如果按照《行政主管部门移送适用行政拘留环境违法案件暂行办法》进行案件移送则需要作出行政处罚决定书；如果行政机关仅仅移送的是案件线索，不适用《行政主管部门移送适用行政拘留环境违法案件暂行办法》，则不需要作出行政处罚决定书。

（四）强制执行

206．行政强制执行的条件是什么？

当事人在法定期限内不申请行政复议，或者提起行政诉讼又不履行行政决定的，没有行政强制执行权的行政机关可以自期限届满之日起三个月内，依法申请人民法院强制执行。

207．行政强制执行与行政强制措施有何不同？

行政强制措施与行政强制执行均属于行政强制，两者都通过一定的强制性措施表现出来，但二者仍有着明显的区别。

（1）目的不同。

行政强制执行的目的在于强制相对人履行义务或达到与履行义务相同的状态；行政强制措施的目的则是使相对人的人身与财产保持一定的状态，从而预防、制止或者控制正在发生或可能发生的违法行为或危险状态。

（2）适用前提不同。

行政强制执行的前提是法定义务人不履行法定义务；行政强制措施不以行政相对人不履行法定义务为适用条件，而是以危害社会的行为或事件的发生为前提。

（3）实施主体不同。

行政强制执行的实施主体包括行政机关和人民法院；行政强制措施的实施主体只有行政机关。

（4）终结原因不同。

行政强制执行以义务人履行义务或达到与履行义务相同状态而结束；经认定不需要继续实施行政强制措施的，应该解除强制、恢复原状，经认定需要继续实施行政强制措施的，应依法采取相应的处理决定。

（5）救济途径不同。

行政强制措施属于具体行政行为，因而对它实行复议、诉讼救济，并根据复议和诉讼结果决定是否赔偿或补偿，在理论上是成立的，在实践中也有利于保护相对人的合法权益。行政强制执行中由行政机关申请法院执行的部分，由于执行主体是司法机关，所以此种执行行为不适用行政复议和行政诉讼，但可以适用申诉或赔偿程序以作救济。

对于行政机关自行强制执行的行为，它符合具体行政行为的特征。根据行政复议法和行政诉讼法规定，相对人如果认为该具体行政行为侵犯了其合法权益，是可以申请行政复议或以提起行政诉讼作为救济途径的。

208．当事人逾期不履行环境行政处罚决定怎么办?

（1）行政机关依法作出金钱给付义务的行政决定，当事人逾期不履行的，行政机关可以依法加处罚款或者滞纳金。加处罚款或者滞纳金的标准应当告知当事人。

（2）行政机关依法实施加处罚款或者滞纳金超过三十日，经催告当事人仍不履行的，具有行政强制执行权的行政机关可以强制执行。

（3）没有行政强制执行权的行政机关应当申请人民法院强制执行。但是，当事人在法定期限内不申请行政复议或者提起行政诉讼，经催告仍不履行的，在实施行政管理过程中已经采取查封、扣押措施的行政机关，可以将查封、扣押的财物依法拍卖抵缴罚款。

209．加处罚款的决定是否必须单独作出?

加处罚款决定是独立于原行政处罚的另一具体行政行为。加处罚款不同于原行政处罚中的罚款，其与原行政处罚决定是相互独立的，虽然它们都是要求当事人缴纳金钱，但是两者的目的、功能和法律后果不同。行政罚款是对过去已经发生的行政违法行为的制裁和惩罚，执行罚是国家行政机关以增加义务人一定的财产义务为手段，而达到敦促拒绝履行义务的人自动履行义务的目的。所以，加处罚款决定必须单独作出，明确告知当事人加处罚款的数额及其权利、义务等。

210．法院对行为罚如何执行?

《中华人民共和国行政处罚法》中由行政机关申请法院强制执行的行为罚只有责令停产停业。法院针对停产停业的执行通过裁执分离的模式进行。

裁执分离主要是指那些行政机关向人民法院申请对行政决定强制执行的案

件，关于审查裁定以及组织实施在法律的主体方面实现分离的效果，也就是人民法院对行政的决定符合强制性执行的条件情况实施审查，进而对满足强制执行标准的行政决定进行裁定并准予执行，且通过有关的行政机关进行相关制度的组织和实施。

但是，现阶段裁执分离模式中还存在诸多法律缺陷，为了确保裁执分离模式能够有效地实施和落实，就需要对其模式的法律规制进行不断的完善和改革，这也是我国法制社会发展中需要探索的重点。

（五）环境影响评价

211. 是否只有生态环境主管部门对“未批先建”项目负有环保监管职责?

不是。城镇排水与污水处理设施覆盖范围内的排水单位和个人，未按照国家有关规定将污水排入城镇排水设施，或者在雨水、污水分流地区将污水排入雨水管网的，由城镇排水主管部门监管；建设单位未对暂时不能开工的建设用地的裸露地面进行覆盖，或者未对超过三个月不能开工的建设用地的裸露地面进行绿化、铺装或者遮盖的，由县级以上人民政府住房城乡建设等主管部门依照前款规定予以处罚。

212. 对产生污染，但未列入“环评名录”的建设项目是否要求申报环评?

《建设项目环境影响评价分类管理名录》第五条规定，本名录未作规定的建设项目，其环境影响评价类别由省级生态环境主管部门根据建设项目的污染因子、生态影响因子特征及其所处环境的敏感性质和敏感程度提出建议，报生态环境部认定。

213．拆迁项目是否纳入建设项目环境影响评价管理？

《关于拆迁活动是否纳入建设项目环境影响评价管理问题的复函》中明确拆迁活动不应纳入建设项目环境影响评价管理。按照《中华人民共和国环境影响评价法》第十六条和《建设项目环境保护管理条例》第七条的规定，国家根据建设项目对环境的影响程度，对建设项目的环境影响评价实行分类管理；建设项目的环境影响评价分类管理名录，由国务院环境保护行政主管部门制定并公布。《建设项目环境影响评价分类管理名录》并未将拆迁项目列入。

在实践中，对于拆迁过程中可能发生的粉尘、噪声等环境问题，有管辖权的生态环境主管部门应依据《中华人民共和国固体废物污染环境防治法》《中华人民共和国环境噪声污染防治法》等法律法规的规定，加强日常监管，依法进行处理。对于拆迁活动完成后实施的建设项目列入《建设项目环境影响评价分类管理名录》项目类别的，应当依法进行环境影响评价。

214．如何界定建设项目发生重大变动？

要界定建设项目是否发生重大变动，具体参照原环境保护部办公厅文件《关于印发污染影响类建设项目重大变动清单（试行）的通知》中的规定，主要从性质、规模、地点、生产工艺、环境保护措施方面进行认定。具体如下：

（一）性质：（1）建设项目开发、使用功能发生变化的。

（二）规模：（2）生产、处置或储存能力增大30%及以上的。（3）生产、处置或储存能力增大，导致废水第一类污染物排放量增加的。（4）位于环境质量不达标区的建设项目生产、处置或储存能力增大，导致相应污染物排放量增加的（细颗粒物不达标区，相应污染物为二氧化硫、氮氧化物、可吸入颗粒物、挥发性有机物；臭氧不达标区，相应污染物为氮氧化物、挥发性有机物；其他大气、水污染物因子不达标区，相应污染物为超标污染因子）；位于达标区的建设项目生产、处置或储存能力增大，导致污染物排放量增加10%及以上的。

（三）地点：（5）重新选址；在原厂址附近调整（包括总平面布置变化）导致环境防护距离范围变化且新增敏感点的。

（四）生产工艺：（6）新增产品品种或生产工艺（含主要生产装置、设备及配套设施）、主要原辅材料、燃料变化，导致以下情形之一：①新增排放污染物种类的（毒性、挥发性降低的除外）；②位于环境质量不达标区的建设项目相应污染物排放量增加的；③废水第一类污染物排放量增加的；④其他污染物排放量增加10%及以上的。（7）物料运输、装卸、贮存方式变化，导致大气污染物无组织排放量增加10%及以上的。

（五）环境保护措施：（8）废气、废水污染防治措施变化，导致第6条中所列情形之一（废气无组织排放改为有组织排放、污染防治措施强化或改进的除外）或大气污染物无组织排放量增加10%及以上的。（9）新增废水直接排放口；废水由间接排放改为直接排放；废水直接排放口位置变化，导致不利环境影响加重的。（10）新增废气主要排放口（废气无组织排放改为有组织排放的除外）；主要排放口排气筒高度降低10%及以上的。（11）噪声、土壤或地下水污染防治措施变化，导致不利环境影响加重的。（12）固体废物利用处置方式由委托外单位利用处置改为自行利用处置的（自行利用处置设施单独开展环境影响评价的除外）；固体废物自行处置方式变化，导致不利环境影响加重的。（13）事故废水暂存能力或拦截设施变化，导致环境风险防范能力弱化或降低的。

215．拒不执行停止建设包括哪些情形?

根据《环境保护主管部门实施按日连续处罚办法》第十三条，排污者具有下列情形之一的，认定为拒不改正：

（1）责令改正违法行为决定书送达后，环境保护主管部门复查发现仍在继续实施建设行为的；已经建成的项目继续违法生产的。

（2）拒绝、阻挠环境保护主管部门实施复查的。

216．对于未批先建项目是否适用限期补办手续?

不适用。《中华人民共和国环境影响评价法》第三十一条第一款规定，建设单位未依法报批建设项目环境影响报告书、报告表，或者未依照本法第二十四条的规定重新报批或者报请重新审核环境影响报告书、报告表，擅自开工建设的，由县级以上生态环境主管部门责令停止建设，根据违法情节和危害后果，处建设项目总投资额百分之一以上百分之五以下的罚款，并可以责令恢复原状；对建设单位直接负责的主管人员和其他直接责任人员，依法给予行政处分。该法律并未要求建设单位限期补办环评，但是在实践中，如果建设单位停止建设后，依据现实的政策和条件有能力并且想要做到合法化建设或生产，可以通过编制环评文件并提交生态环境主管部门审批的方式实现。

《关于〈环境保护法〉（2014 修订）第六十一条适用有关问题的复函》中，关于“未批先建项目”是否适用“限期补办手续”的问题：

《中华人民共和国环境影响评价法》第三十一条规定，建设单位未依法报批建设项目环境影响评价文件，擅自开工建设的，由环保部门责令停止建设，限期补办手续；逾期不补办手续的，可以处以罚款。

新《环境保护法》第六十一条规定，建设单位未依法提交建设项目环境影响评价文件或者环境影响评价文件未经批准，擅自开工建设的，由负有环境保护监督管理职责的部门责令停止建设，处以罚款，并可以责令恢复原状。

根据新法优于旧法的规则，对“未批先建项目”，应当适用新《中华人民共和国环境保护法》规定的处罚措施，不再适用《中华人民共和国环境影响评价法》第三十一条有关“限期补办手续”的规定。

217.“未批先建”违法行为超过两年了，还需要处罚吗?

《中华人民共和国行政处罚法》第三十六条规定，违法行为在两年内未被发现的，不再给予行政处罚。法律另有规定的除外。前款规定的期限，从违法行为发生之日起计算；违法行为有连续或者继续状态的，从行为终了之日起计算。

环境保护部于2018年2月发布了《关于建设项目“未批先建”违法行为法律适用问题的意见》，其中明确指出：“（二）追溯期限的起算时间。根据上述法律规定，‘未批先建’违法行为的行政处罚追溯期限应当自建设行为终了之日起计算。因此，‘未批先建’违法行为自建设行为终了之日起二年内未被发现的，环保部门应当遵守行政处罚法第二十九条的规定，不予行政处罚。”

从法理上讲，时效制度是指依照法律规定，一定的事实状态因一定的时间经过而引起一定的法律后果的法律制度。时效包括取得时效与消灭时效，行政处罚中的时效是一种消灭时效，是指享有追诉权的主体对特定的违法行为没有适时行使追诉权的事实状态经过法定的期限，则对于该行为的追诉权消灭的法律制度。对于行政违法行为超过两年未被发现则不再给予行政处罚，主要有四个原因：

一是督促行政机关及时履行法定的行政处罚职责。法彦有云：“法律不保护躺在权利上睡大觉的人。”行政处罚规定的时效制度的目的，与民法中及时督促债权人尽快行使权利一样，主要是督促行政机关及时履行法定的行政处罚职责。行政机关只有依法及时地运用国家赋予的行政职权对违法行为进行处罚，才能维护国家行政管理秩序，震慑违法者和潜在的违法者。如果行政机关“想何时处罚就何时处罚”“想不处罚就一拖了之”，未及时对违法者进行惩处，不但不能实现国家的行政管理职能，还会损害公共利益，损害政府和法律的威信，助长官僚主义。

二是有利于避免时过境迁而增加案件的查处难度。行政处罚必须“以事实为依据”，收集能够证明行为人违法的证据。如果行政机关不及时收集证据实施处罚，必将增加案件的查处难度，甚至无法取得违法证据。行政处罚时效制度的存在，可以提升行政处罚的质量，降低出现冤假错案的概率。

三是任何法律制度都应充分考虑社会危害性，此为法律的预见性。生态环境主管部门应重点检查辖区内污染较大、投诉较多的重点排污企业，否则往往会被追责。

四是体现了处罚与教育相结合原则。处罚不是目的，而是一种手段，通过处罚教育违法者，可以预防和制止违法行为。教育是处罚的基础和目的，处罚是教育的手段和保证，两者相辅相成，缺一不可。教育引导作为法律的基本作用，如果违法行为在一定时期内得不到纠正，直到违法行为在时间上的“自我纠正”，再给予处罚达不到法律层面对其教育引导的目的。所以，对于大多数行政处罚案件来说，适用两年时效的规定。

“未批先建”已经投产超过两年，仅仅是对“未批先建”的违法行为不再予以行政处罚，对于该企业的其他违法行为依然要予以处罚，这些处罚对于违法企业来说成本非常高。

218．哪些情况建设单位需要重新报批环评报告书或者报告表？

根据《中华人民共和国环境影响评价法》第二十四条的规定，建设项目的环境影响评价文件经批准后，建设项目的性质、规模、地点、采用的生产工艺或者防治污染、防止生态破坏的措施发生重大变动的，建设单位应当重新报批建设项目的环境影响评价文件。建设项目的环境影响评价文件自批准之日起超过五年，方决定该项目开工建设的，其环境影响评价文件应当报原审批部门重新审核；原审批部门应当自收到建设项目环境影响评价文件之日起十日内，将审核意见书面通知建设单位。

另外，根据《建设项目环境保护管理条例》第十二条的规定，建设项目环境影响报告书、环境影响报告表经批准后，建设项目的性质、规模、地点、采用的生产工艺或者防治污染、防止生态破坏的措施发生重大变动的，建设单位应当重新报批建设项目环境影响报告书、环境影响报告表。建设项目环境影响报告书、环境影响报告表自批准之日起满5年，建设项目方开工建设的，其环境影响报告书、环境影响报告表应当报原审批部门重新审核。原审批部门应当自收到建设项目环境影响报告书、环境影响报告表之日起10日内，将审核意见书面通知建设单位；逾期未通知的，视为审核同意。

219．对于“未批先建”的违法行为应如何处罚?

针对未批先建行为，根据《中华人民共和国环境保护法》第六十一条的规定，建设单位未依法提交建设项目环境影响评价文件或者环境影响评价文件未经批准，擅自开工建设的，由负有环境保护监督管理职责的部门责令停止建设，处以罚款，并可以责令恢复原状。根据《中华人民共和国环境影响评价法》第三十一条的规定，建设单位未依法报批建设项目环境影响报告书、报告表，或者未按照规定重新报批或者报请重新审核环境影响报告书、报告表，擅自开工建设的，由县级以上环境保护主管部门责令停止建设，根据违法情节和危害后果，处建设项目总投资额百分之一以上百分之五以下的罚款，并可以责令恢复原状；对建设单位直接负责的主管人员和其他直接责任人员，依法给予行政处分。

如果建设项目未依法进行环境影响评价，被责令停止建设，仍然拒不执行，尚不构成犯罪的，则可以根据《中华人民共和国环境保护法》第六十三条的规定，由县级以上环境保护主管部门或者其他有关部门将案件移送公安机关，对其直接负责的主管人员和其他直接责任人员，处十日以上十五日以下拘留；情节较轻的，处五日以上十日以下拘留。

220．什么是“拒不执行”未批先建的情形？

《行政主管部门移送适用行政拘留环境违法案件暂行办法》明确规定，《中华人民共和国环境保护法》第六十三条第一项规定的建设项目未依法进行环境影响评价，被责令停止建设，拒不执行的行为，包括以下三种情形：一是送达责令停止建设决定书后，再次检查发现仍在建设的；二是现场检查时虽未建设，但有证据证明在责令停止建设期间仍在建设的；三是被责令停止建设后，拒绝、阻挠环境保护主管部门或者其他负有环境保护监督管理职责的部门核查的。

221．对于“未验先投”的违法行为应如何处罚？

根据《建设项目环境保护管理条例》第十九条的规定，编制环境影响报告书、环境影响报告表的建设项目，其配套建设的环境保护设施经验收合格，方可投入生产或者使用；未经验收或者验收不合格的，不得投入生产或者使用。前款规定的建设项目投入生产或者使用后，应当按照国务院环境保护行政主管部门的规定开展环境影响后评价。

另外，根据《建设项目环境保护管理条例》第二十三条的规定，需要配套建设的环境保护设施未建成、未经验收或者验收不合格，建设项目即投入生产或者使用，或者在环境保护设施验收中弄虚作假的，由县级以上环境保护主管部门责令限期改正，处20万元以上100万元以下的罚款；逾期不改正的，处100万元以上200万元以下的罚款；对直接负责的主管人员和其他责任人员，处5万元以上20万元以下的罚款；造成重大环境污染或者生态破坏的，责令停止生产或者使用，或者报经有批准权的人民政府批准，责令关闭。

222. 既有"未批先建"，又有"未验先投"违法行为，该如何处罚？

对建设项目"未批先建"并已建成投入生产或者使用，同时违反环保设施竣工验收制度的违法行为，应当如何处罚，全国人大常委会法制工作委员会于2007年3月21日专门作出《关于建设项目环境管理有关法律适用问题的答复意见》，其中明确规定，关于建设单位未依法报批建设项目环境影响评价文件却已建成建设项目，同时该建设项目需要配套建设的环境保护设施未建成、未经验收或者经验收不合格，主体工程正式投入生产或者使用的，应当分别依照《中华人民共和国环境影响评价法》和《建设项目环境保护管理条例》的相关规定作出相应处罚。据此，建设单位同时构成"未批先建"和"未验先投"两个违法行为的，应当分别依法作出相应处罚。

对"未批先建"的违法行为，依照《中华人民共和国环境影响评价法》第三十一条的规定作出处罚，由县级以上环境保护行政主管部门责令停止建设，根据违法情节和危害后果，处建设项目总投资额1%～5%的罚款，并可以责令恢复原状；对建设单位直接负责的主管人员和其他直接责任人员，依法给予行政处分。

对"未验先投"的违法行为，依照《建设项目环境保护管理条例》第二十三条的规定作出处罚，由县级以上生态环境部门责令限期改正，处20万元以上100万元以下的罚款；逾期不改正的，处100万元以上200万元以下的罚款；对直接负责的主管人员和其他责任人员，处5万元以上20万元以下的罚款；造成重大环境污染或者生态破坏的，责令停止生产或者使用，或者报经有批准权的人民政府批准，责令关闭。

223. 对"未批先建"违法行为，建设单位主动补交环境影响报告书、报告表报送审批，生态环境主管部门应该受理吗？

新《环境保护法》与新《环境影响评价法》都取消了"限期补办手续"的法

律规定。对于实践中遇到的“未批先建”违法行为，建设单位主动补交环境影响报告书、报告表报送审批的，生态环境主管部门应该结合具体情况判断是否受理。

根据《关于建设项目“未批先建”违法行为法律适用问题的意见》的规定，建设单位主动补交环境影响报告书、报告表并报送环保部门审查的，有权审批的环保部门应当受理。因“未批先建”违法行为受到环保部门依据新《环境保护法》和新《环境影响评价法》作出的处罚，或者“未批先建”违法行为自建设行为终了之日起两年内未被发现而未予行政处罚的，建设单位主动补交环境影响报告书、报告表并报送生态环境主管部门审查的，有权审批的生态环境主管部门应当受理，并根据不同情形分别作出相应处理：（1）对符合环境影响评价审批要求的，依法作出批准决定。（2）对不符合环境影响评价审批要求的，依法不予批准，并可以依法责令恢复原状。建设单位同时存在违反“三同时”验收制度、超过污染物排放标准排污等违法行为的，应当依法予以处罚。

此外，生态环境部在《关于环境保护法第六十一条适用有关问题的复函》以及《关于建设项目“未批先建”违法行为法律适用问题的意见》中明确指出，建设项目于2015年1月1日后开工建设，或者2015年1月1日之前已经开工建设且之后仍然进行建设的，立案查处的环保部门应当适用新《环境保护法》第六十一条的规定进行处罚，不再依据修正前的《中华人民共和国环境影响评价法》作出“限期补办手续”的行政命令。建设项目于2016年9月1日后开工建设，或者2016年9月1日之前已经开工建设且之后仍然进行建设的，立案查处的环保部门应当适用新《环境影响评价法》第三十一条的规定进行处罚，不再依据修正前的《环境影响评价法》作出“限期补办手续”的行政命令。

224. 如何认定建设项目总投资额？

根据《中华人民共和国环境影响评价法》第三十一条、《中华人民共和国海洋环境保护法》第八十二条，以及《企业投资项目核准和备案管理条例》等有关规定，生态环境部联合国家发展改革委于 2018 年 8 月 30 日印发了《关于生态环境执法中建设项目“总投资额”认定问题的指导意见（试行）》，就生态环境执法中作为处罚基准的建设项目总投资额认定问题作出了统一的答复。

一是对实行审批制管理的政府投资项目，已经取得建设项目审批文件的，可以根据与该建设项目所处进度对应的有关审批文件中的投资匡算、投资估算或者投资概算认定总投资额。

二是对实行核准制管理的企业投资项目，已经取得建设项目核准文件的，可以根据该建设项目核准文件确定的投资规模认定总投资额。

三是对实行备案制管理的企业投资项目，可以根据备案的项目总投资额认定。

四是对备案的项目总投资额与实际情况存在明显差异的，未经审批、核准、备案的以及产业政策禁止投资建设的建设项目，有关行使行政处罚权的主管部门可以委托工程咨询单位、资产评估机构、会计师事务所等专业机构进行评估确定其总投资额。地方有关行使行政处罚权的主管部门可以根据实际情况，探索采取要求建设单位有关责任人出具证明文件、第三方询价等方式对建设项目总投资额进行认定。

五是对正在建设过程中的建设项目，不能根据建设项目在建设过程中实际发生的投资额认定该建设项目总投资额。

六是对已经全部建成并投入生产或者使用的建设项目，项目单位能够证明项目实际投资额与审批、核准文件或者备案信息不一致的，根据该建设项目实际全部投资额认定总投资额。

225. 正在建设过程中的建设项目，能否根据建设项目在建设过程中实际发生的投资额认定该建设项目总投资额？

根据《中华人民共和国环境影响评价法》第三十一条、《中华人民共和国海洋环境保护法》第八十二条，以及《企业投资项目核准和备案管理条例》等有关规定，生态环境部联合国家发展改革委于 2018 年 8 月 30 日印发的《关于生态环境执法中建设项目“总投资额”认定问题的指导意见（试行）》，就生态环境执法中作为处罚基准的建设项目总投资额认定问题作出了统一的答复。该指导意见中明确指出，对正在建设过程中的建设项目，不能根据建设项目在建设过程中实际发生的投资额认定该建设项目总投资额。对已经全部建成并投入生产或者使用的建设项目，项目单位能够证明项目实际投资额与审批、核准文件或者备案信息不一致的，根据该建设项目实际全部投资额认定总投资额。

226．烂尾工程转让的，如何认定建设项目总投资额？

根据生态环境部和国家发展改革委发布的《关于生态环境执法中建设项目“总投资额”认定问题的指导意见（试行）》的规定，对备案的项目总投资额与实际情况存在明显差异的，未经审批、核准、备案的以及产业政策禁止投资建设的建设项目，有关行使行政处罚权的主管部门可以委托工程咨询单位、资产评估机构、会计师事务所等专业机构进行评估确定其总投资额。此外，地方有关行使行政处罚权的主管部门可以根据实际情况，探索采取要求建设单位有关责任人出具证明文件、第三方询价等方式对建设项目总投资额进行认定。

因此，对于烂尾工程转让的，其建设项目总投资额应根据转让后的实际情况进行认定。

227．改建、扩建的建设项目，如何认定建设项目总投资额？

根据生态环境部和国家发展改革委发布的《关于生态环境执法中建设项目“总投资额”认定问题的指导意见（试行）》的规定，对备案的项目总投资额与实际情况存在明显差异的，未经审批、核准、备案的以及产业政策禁止投资建设的建设项目，有关行使行政处罚权的主管部门可以委托工程咨询单位、资产评估机构、会计师事务所等专业机构进行评估确定其总投资额。此外，地方有关行使行政处罚权的主管部门可以根据实际情况，探索采取要求建设单位有关责任人出具证明文件、第三方询价等方式对建设项目总投资额进行认定。

因此，对于改建、扩建的项目，其建设项目总投资额应根据改建、扩建后的实际情况进行认定。

228. 哪些情形可委托专业机构评估建设项目的总投资额?

根据生态环境部和国家发展改革委于 2018 年 8 月 30 日联合发布的《关于生态环境执法中建设项目“总投资额”认定问题的指导意见（试行)》的规定，有下列三种情形之一的建设项目，有关行使行政处罚权的主管部门可以委托工程咨询单位、资产评估机构、会计师事务所等专业机构进行评估确定其总投资额：一是备案的项目总投资额与实际情况存在明显差异的；二是未经审批、核准、备案的；三是产业政策禁止投资建设的。地方有关行使行政处罚权的主管部门可以根据实际情况，探索采取要求建设单位有关责任人出具证明文件、第三方询价等方式对建设项目总投资额进行认定。

因此，当备案的项目总投资额与实际情况存在明显差异的，项目未经审批、核准、备案的，项目为产业政策禁止投资建设的项目的，可以委托专业机构进行评估确定其总投资额。

229. 项目实际投资额与审批、核准文件或者备案信息不一致的，能否根据该建设项目实际全部投资额认定总投资额?

根据《关于生态环境执法中建设项目“总投资额”认定问题的指导意见（试行)》的规定，对备案的项目总投资额与实际情况存在明显差异的，未经审批、核准、备案的以及产业政策禁止投资建设的建设项目，有关行使行政处罚权的主管部门可以委托工程咨询单位、资产评估机构、会计师事务所等专业机构进行评估确定其总投资额。此外，地方有关行使行政处罚权的主管部门可以根据实际情况，探索采取要求建设单位有关责任人出具证明文件、第三方询价等方式对建设项目总投资额进行认定。

因此，项目实际投资与审批、核准文件或者备案信息不一致的，不能根据该建设项目实际全部投资额认定总投资额，而需重新进行评估。

230．对于哪种“未批先建”的建设项目需要“责令恢复原状”？

根据新《中华人民共和国环境保护法》第六十一条的规定，建设单位未依法提交建设项目环境影响评价文件或者环境影响评价文件未经批准，擅自开工建设的，由负有环境保护监督管理职责的部门责令停止建设，处以罚款，并可以责令恢复原状。

另根据《中华人民共和国环境影响评价法》第三十一条的规定，建设单位未依法报批建设项目环境影响报告书、报告表，或者未依照本法第二十四条的规定重新报批或者报请重新审核环境影响报告书、报告表，擅自开工建设的，由县级以上生态环境主管部门责令停止建设，根据违法情节和危害后果，处建设项目总投资额百分之一以上百分之五以下的罚款，并可以责令恢复原状；对建设单位直接负责的主管人员和其他直接责任人员，依法给予行政处分。

因此，对于未批先建的行为，修订后的《中华人民共和国环境影响评价法》里设定了高额的处罚数额，即总投资额的百分之一以上百分之五，还要追究相关人员的责任。处罚到位、相关人员责任追究到位以后，依法可以再办理环评手续的，如果在环评的过程中，该项目仍没有被通过，则须责令其恢复原状。

231．被“责令恢复原状”后拒不恢复原状的应当如何处理？

责令恢复原状属于行政强制的一种类型。根据《中华人民共和国行政强制法》第三十四条的规定，行政机关依法作出行政决定后，当事人在行政机关决定的期限内不履行义务的，具有行政强制执行权的行政机关依照本章规定强制执行。

另根据《中华人民共和国行政强制法》第五十条的规定，行政机关依法作出要求当事人履行排除妨碍、恢复原状等义务的行政决定，当事人逾期不履行，经催告仍不履行，其后果已经或者将危害交通安全、造成环境污染或者破坏自然资源的，行政机关可以代履行，或者委托没有利害关系的第三人代履行。

因此，若某单位被“责令恢复原状”后拒不恢复原状的，作出行政强制的机关应当先行催告，催告后仍不履行的可选择强制执行或代履行。虽未经催告，但该单位的行为已造成环境污染或者破坏自然资源的，行政机关可以代履行，或者委托无利害关系的第三人代履行。

232．已经投入生产或者使用的建设项目还能责令其停止生产或使用吗？

根据《建设项目环境保护管理条例》第二十三条的规定，违反本条例规定，需要配套建设的环境保护设施未建成、未经验收或者验收不合格，建设项目即投入生产或者使用，或者在环境保护设施验收中弄虚作假的，由县级以上环境保护行政主管部门责令限期改正，处 20 万元以上 100 万元以下的罚款；逾期不改正的，处 100 万元以上 200 万元以下的罚款；对直接负责的主管人员和其他责任人员，处 5 万元以上 20 万元以下的罚款；造成重大环境污染或者生态破坏的，责令停止生产或者使用，或者报经有批准权的人民政府批准，责令关闭。违反本条例规定，建设单位未依法向社会公开环境保护设施验收报告的，由县级以上环境保护行政主管部门责令公开，处 5 万元以上 20 万元以下的罚款，并予以公告。

因此，对于已经投入生产或者使用的建设项目，若其造成重大环境污染或者生态破坏的，县级以上环境保护行政主管部门可以责令其停止生产或使用。

233．环境影响评价审批决定在什么情况下可以被撤销?

根据《建设项目环境影响评价文件分级审批规定》第十条的规定，下级环境保护部门超越法定职权、违反法定程序或者条件作出环境影响评价文件审批决定的，上级环境保护部门可以按照下列规定处理：

一是依法撤销或者责令其撤销超越法定职权、违反法定程序或者条件作出的环境影响评价文件审批决定。

二是对超越法定职权、违反法定程序或者条件作出环境影响评价文件审批决定的直接责任人员，建议由任免机关或者监察机关依照《环境保护违法违纪行为处分暂行规定》的规定，对直接责任人员，给予警告、记过或者记大过处分；情节较重的，给予降级处分；情节严重的，给予撤职处分。

综上所述，当具有环评审批权限的部门超越法定职权、违反法定程序作出环境影响评价文件审批决定时，上级环境保护行政主管部门有权予以撤销。被审批人的合法权益由此受到损害的，由原审批部门依法给予赔偿。

234．违反“同时施工”规定，被责令停止建设，拒不执行的，是否适用行政拘留?

根据《建设项目环境保护管理条例》第二十二条第二款的规定，违反本条例规定，建设单位在项目建设过程中未同时组织实施环境影响报告书、环境影响报告表及其审批部门审批决定中提出的环境保护对策措施的，由建设项目所在地县级以上环境保护行政主管部门责令限期改正，处20万元以上100万元以下的罚款；逾期不改正的，责令停止建设。

需要特别注意的是，《建设项目环境保护管理条例》第二十二条第二款规定的“责令停止建设”不适用《中华人民共和国环境保护法》第六十三条第一项规定的行政拘留，因为《中华人民共和国环境保护法》第六十三条第一项规定的情形为，企业事业单位和其他生产经营者的建设项目未依法进行环境影响评价，被责令停止建设，拒不执行，尚不构成犯罪的，除依照有关法律法规规定予以处罚外，由县级以上人民政府环境保护主管部门或者其他有关部门将案件移送公安机关，对其直接负责的主管人员和其他直接责任人员，处十日以上十五日以下拘留；情节较轻的处五日以上十日以下拘留。而《建设项目环境保护管理条例》第二十二条第二款规定的情形是已经取得环境影响评价文件审批决定的建设项目。

综上所述，违反“同时施工”规定，被责令停止建设，拒不执行的，不适用行政拘留。

235. 如何界定建设项目正式投入生产或者使用？

界定建设项目是否正式投入生产或者使用，可以从以下三个方面进行判断：

一是建设单位还能否以试生产掩饰投产。2017 年 10 月 1 日生效实施的新修改的《建设项目环境保护管理条例》，其中一条重要的修改就是删除了“试生产”相关条款，由此可见，建设单位不能以试生产、试运行等理由来掩饰投产行为。

二是验收前能否进行调试。2017 年 11 月 20 日，环境保护部出台了《建设项目竣工环境保护验收暂行办法》，该办法第六条明确规定，建设单位可以对建设项目配套建设的环境保护设施进行调试。但调试期间建设单位须遵循如下规制：第一，环境保护设施未与主体工程同时建成的，或者应当取得排污许可证但未取得的，建设单位不得对该建设项目环境保护设施进行调试；第二，公开调试的起止时间并向有管辖权的环保局报送相关信息，接受其监督检查；第三，对环境保护设施运行情况和建设项目对环境的影响进行监测；第四，调试期间污染物排放符合国家和地方有关污染物排放标准和排污许可等相关管理规定。

在此种情形下，生态环境主管部门在认定建设单位是否投入生产或使用时，最为简便的一种方法是关注该单位是否报送了调试信息。换言之，如果该项目既未通过验收又未报送调试，但却有生产或使用行为，即可认定为未验先投。须注意的是，调试并不是验收前的必经程序。

三是为了编制验收监测报告而进行的“投入生产或使用”行为是否为有效的“护身符”。一般情况下，建设单位自身并不具备编制验收监测报告的能力，多数企业会委托第三方技术机构进行，建设单位若以此为由进行抗辩，生态环境主管部门可从如下方面进行裁量判断：第一，建设单位和第三方技术机构之间是否存在有效的委托协议；第二，为完成验收监测所需的工况期间是否合乎相关要求，若大幅超期的可认定为“未验先投”；第三，验收报告的公示期内，投入生产或使用的也应认定为“未验先投”。

236. 租赁环评手续齐全的企业，是否可以沿用原企业的环评手续?

根据《中华人民共和国环境影响评价法》第二十四条的规定，建设项目的环境影响评价文件经批准后，建设项目的性质、规模、地点、采用的生产工艺或者防治污染、防止生态破坏的措施发生重大变动的，建设单位应当重新报批建设项目的环境影响评价文件。建设项目的环境影响评价文件自批准之日起超过五年才决定该项目开工建设的，其环境影响评价文件应当报原审批部门重新审核；原审批部门应当自收到建设项目环境影响评价文件之日起十日内，将审核意见书面通知建设单位。

由此可知，即使企业环评手续齐全，在租赁该企业时，若该企业的项目性质、规模、地点、采用的生产工艺或者防止污染的措施发生变化的，也不得沿用原企业的环境影响评价手续，仍需进行新的环境影响评价。另外，若在原企业进行环境影响评价五年后才租赁该企业的，即使原企业环境影响评价手续齐全，仍需进行新的环境影响评价。

因此，并非租赁环境影响评价手续齐全的企业就可以直接沿用原企业的环境影响评价手续，仍然需要结合具体的项目性质、规模等以及上一次环境影响评价的时间等要素综合考虑。

237．建设项目的工艺改变，需要重新报批环评文件还是后评价？

根据《建设项目环境影响后评价管理办法（试行）》第二条的规定，环境影响后评价是指编制环境影响报告书的建设项目在通过环境保护设施竣工验收且稳定运行一定时期后，对其实际产生的环境影响以污染防治、生态保护和风险防范措施的有效性进行跟踪监测和验证评价，并提出补救方案或者改进措施，提高环境影响评价有效性的方法与制度。

该办法提出了建设项目运行过程中产生不符合经审批的环境影响报告书情形而应当开展环境影响后评价的三种情况：一是水利、水电、采掘、港口、铁路行业中实际环境影响程度和范围较大，且主要环境影响在项目建成运行一定时期后逐步显现的建设项目，以及其他行业中穿越重要生态环境敏感区的建设项目；二是冶金、石化和化工行业中有重大环境风险，建设地点敏感，且持续排放重金属或者持久性有机污染物的建设项目；三是审批环境影响报告书的环境保护主管部门认为应当开展环境影响后评价的其他建设项目。生产项目环保验收后进行改、扩建的，应当依法开展改、扩建项目的环境影响评价，报有审批权的生态环境主管部门审批（报告书、报告表）或备案（登记表）。

以上这些应当开展环境影响后评价的情况并不包括建设项目工艺改变的情况，因此，对于建设项目的工艺改变的，应当重新报批环境影响评价文件。

238．企业投资建设产业政策禁止投资建设项目的，是否由生态环境主管部门管辖？

根据《企业投资项目核准和备案管理办法》第五十八条的规定，企业投资建设产业政策禁止投资建设项目的，由县级以上人民政府投资主管部门责令停止建设或者责令停产并恢复原状，对企业处项目总投资额5‰以上10‰以下的罚款；对直接负责的主管人员和其他直接责任人员处5万元以上10万元以下的罚款，属于国家工作人员的，依法给予处分。法律、行政法规另有规定的，依照其规定。另根据《企业投资项目核准和备案管理条例》第二十条的规定，企业投资建设产业政策禁止投资建设项目的，由县级以上人民政府投资主管部门责令停止建设或者责令停产并恢复原状，对企业处项目总投资额5‰以上10‰以下的罚款；对直接负责的主管人员和其他直接责任人员处5万元以上10万元以下的罚款，属于国家工作人员的，依法给予处分。法律、行政法规另有规定的，依照其规定。

由此可知，当出现企业投资建设产业政策禁止投资建设项目的情况时，应由县级以上人民政府投资主管部门进行管辖，而并非由生态环境主管部门进行管辖。

239.对没有列入建设项目环评分类管理名录的项目是否要做环评?

根据《中华人民共和国环境影响评价法》第十六条的规定，建设项目的环境影响评价分类管理名录，由国务院生态环境主管部门制定并公布。另根据《建设项目环境影响评价分类管理名录》第五条的规定，本名录未作规定的建设项目，不纳入建设项目环境影响评价管理；省级生态环境主管部门对本名录未作规定的建设项目，认为确有必要纳入建设项目环境影响评价管理的，可以根据建设项目的污染因子、生态影响因子特征及其所处环境的敏感性质和敏感程度等，提出环境影响评价分类管理的建议，报生态环境部认定后实施。

由此可知，即使该项目没有被列入《建设项目环境影响评价分类管理名录》，仍需结合具体的污染因子、敏感性质等的认定进行环境影响评价。环境影响评价是一项法律制度，因此各级生态环境主管部门应秉持依法环评，公正执法，不断完善规章制度，促使政府部门、建设单位、社会公众、环评机构等各类法律主体认真落实制度要求，既体现实体公正，又体现程序公正，维护了环评制度的权威性。

(六)排污许可制

240．为什么要实施排污许可制度?

在环境监管制度方面，我国先后建立了环境影响评价、“三同时”竣工验收、排污收费、排污申报、排污许可、总量控制、环境统计等一系列重要制度，对防治污染、保护环境发挥了积极有效的作用。

但在环境监管具体实践中，因为出台时间、管理部门、具体要求不同等，造成以上这些制度之间的衔接性不够，协同性不高，有必要通过排污许可制度对这些制度进行有机整合，实现系统化、科学化、法治化、精细化、信息化的“一证式”管理。

实行排污许可制度，给每个排污单位核发“身份证”——排污许可证，将生态环境主管部门对排污单位提出的有关污染物排放、总量控制、环评、竣工验收、排放标准、污染源监测、环境风险防范等环境管理要求落实到排污许可证的内容之中，有利于生态环境主管部门实现以环评为环境准入关口、以排污许可为企业运行守法依据、以执法督察为环境监管兜底的全过程环境管理，对于持续改善生态环境质量，推动高质量发展和经济社会发展全面绿色转型至关重要。

241．排污许可制度的法律依据有哪些?

排污许可制度改革是党中央、国务院生态文明体制改革的重要内容。《中华人民共和国水污染防治法》第二十条规定，国家实行排污许可制度。直接或者间接向水体排放工业废水和医疗污水以及其他按照规定应当取得排污许可证方可排放的废水、污水的企业事业单位，应当取得排污许可证；城镇污水集中处理设施的运营单位，也应当取得排污许可证。禁止企业事业单位无排污许可证或者违反排污许可证的规定向水体排放前款规定的废水、污水。

《中华人民共和国大气污染防治法》第十九条规定，排放工业废气或者本法第七十八条规定名录中所列有毒有害大气污染物的企业事业单位、集中供热设施的燃煤热源生产运营单位以及其他依法实行排污许可管理的单位，应当取得排污许可证。

《中华人民共和国环境保护法》第四十五条规定，国家依照法律规定实行排污许可管理制度。实行排污许可管理的企业事业单位和其他生产经营者应当按照排污许可证的要求排放污染物；未取得排污许可证的，不得排放污染物。

《中华人民共和国水污染防治法》和《中华人民共和国大气污染防治法》均规定排污许可的具体办法和实施步骤由国务院规定。

242．排污许可制度的历史沿革包括哪些内容?

从 20 世纪 80 年代后期开始，一些地方陆续试点实施排污许可制度，先后共有 28 个省（自治区、直辖市）出台了排污许可管理相关地方法规、规章或规范性文件，总计向约 24 万家排污单位发放了排污许可证，积累了一些良好的实践和管理经验。

党的十八大以来，党中央、国务院将全面推动实施排污许可制度作为深化生态环境领域改革的一项重要部署。中共中央《关于全面深化改革若干重大问题的决定》要求，完善污染物排放许可制，实行企事业单位污染物排放总量控制制度。中共中央、国务院《关于加快推进生态文明建设的意见》要求，完善污染物排放许可证制度，禁止无证排污和超标准、超总量排污。中共中央、国务院《生态文明体制改革总体方案》要求，完善污染物排放许可制，尽快在全国范围建立统一公平、覆盖所有固定污染源的企事业排放许可制。

党的十九届五中全会审议通过的《中共中央关于制定国民经济和社会发展第十四个五年规划和二〇三五年远景目标的建议》中要求，“全面实行排污许可制”。

2016 年 11 月，国务院办公厅印发《控制污染物排放许可制实施方案》，标志着我国排污许可制改革进入实施阶段。为落实该实施方案，环境保护部于 2016 年 12 月发布《排污许可证管理暂行规定》，2017 年 7 月 28 日出台《固定污染源排污许可分类管理名录》，2018 年 1 月出台部门规章《排污许可管理办法（试行）》，推动排污许可制度改革和排污许可证的核发。

为解决在排污许可制度改革工作实践中面临的问题，及时完善排污许可制度，生态环境部对排污许可的管理办法和分类管理名录，分别都做了进一步修改完善，于 2019 年 8 月 22 日发布实施《排污许可管理办法（试行）》，2019 年 12 月 20 日修订发布《固定污染源排污许可分类管理名录》。

近几年来，在生态环境部党组领导下，控制污染物排放许可制度实施工作领导小组各成员单位协同推进、全力配合，指导全国各级生态环境部门积极探索推动排污许可制，建成了全国统一的排污许可管理信息平台，实现了“同一平台申请核发、同一平台监管执法、同一平台执行公开”，推动了生态环境保护粗放式管控转向精细化管控。

2020 年 10 月 22 日，生态环境部部长黄润秋在控制污染物排放许可制实施工作领导小组会议上指出，排污许可制改革重点工作总体顺利，基本完成排污许可制度体系建设，基本实现固定污染源排污许可全覆盖，探索形成一套顶层设计完善、技术支持有力、工作机制高效的经验做法。

截至 2020 年 12 月，排污许可全覆盖圆满收官。全国各省（自治区、直辖市）已对 384.08 万家排污单位开展摸排核实并完成分类处置；将其中 273.44 万家纳入排污许可管理范围，对其他 110.64 万家永久关闭、长期停产而基本不排污，或者暂时不排污的排污单位开展核实确认，排污许可制度对改善生态环境质量的作用不断显现。

243．为什么要制定《排污许可管理条例》?

2021年1月29日，李克强总理签署国务院第736号令，公布了《排污许可管理条例》(以下简称《许可条例》)，自2021年3月1日起施行。

1995年8月8日施行的《淮河流域水污染防治暂行条例》，首次将排污许可制度上升为法律制度。2000年3月20日发布实施的《水污染防治法实施细则》，对排污许可制度作出了更为详细的规定，并且对不按照排污许可规定排放污染物的违法行为，明确了处罚措施。2008年修订的《中华人民共和国水污染防治法》首次在国家法律层面提出排污许可制度，并授权由国务院规定排污许可的具体办法和实施步骤。2015年修订的《中华人民共和国环境保护法》第四十五条、2016年修订的《中华人民共和国大气污染防治法》第十九条、2017年修订的《中华人民共和国水污染防治法》第二十条等都进一步明确提出了实行排污许可管理制度，并且对无证排污和不按照排污许可规定排污的违法行为，明确了严厉的处罚措施。例如，新《中华人民共和国环境保护法》中明确规定，对于未取得排污许可证排放污染物，被责令停止排污，拒不执行的，甚至可以对排污单位的直接负责的主管人员和其他直接责任人员，处以十日以上十五日以下拘留。

但总体来看，现行法律对排污许可制度的有关规定都比较原则和笼统，对于排污许可证的申领、审批、时效、具体内容、实施步骤和监管要求等，均没有详细规定，排污许可制度的定位，尚未在法律层面理顺，按证监管执法体系尚未建立。

国务院专门制定《许可条例》，明确排污许可的具体办法和实施步骤，进一步对排污许可制度的实施，制定出详细的路线图和施二图，同时将近几年在排污许可制度改革中积累的一些好经验上升为法律制度，可为进一步全面落实排污者主体责任，有效控制污染物排放，切实改善生态环境质量，提供更为坚实的法律保障。

244.《许可条例》的出台背景是什么？

党中央、国务院高度重视排污许可管理工作。党的十九届四中全会审议通过的《中共中央关于坚持和完善中国特色社会主义制度、推进国家治理体系和治理能力现代化若干重大问题的决定》要求，构建以排污许可制为核心的固定污染源监管制度体系。党的十九届五中全会审议通过的《中共中央关于制定国民经济和社会发展第十四个五年规划和二〇三五年远景目标的建议》提出，全面实行排污许可制。新《环境保护法》规定，国家依照法律规定实行排污许可管理制度；实行排污许可管理的企业事业单位和其他生产经营者应当按照排污许可证的要求排放污染物；未取得排污许可证的，不得排放污染物。大气污染防治法和水污染防治法授权国务院制定排污许可的具体办法。2016 年 11 月，国务院办公厅印发的《控制污染物排放许可制实施方案》明确了目标任务、发放程序等问题，排污许可制度开始实施。

生态环境部在总结实践经验的基础上，起草了《排污许可管理条例（草案送审稿）》。司法部征求了中央有关部门和单位、部分地方人民政府以及有关企业的意见，召开专家论证会和部门座谈会，进行实地调研，会同生态环境部等有关部门对《排污许可管理条例（草案送审稿）》反复研究修改，形成了《排污许可管理条例（草案）》。2020 年 12 月 9 日，国务院常务会议审议通过了草案。2021 年 1 月 24 日，李克强总理签署国务院令，正式公布《排污许可管理条例》。

245.《许可条例》有哪些主要内容?

《许可条例》明确将排污许可制度作为固定污染源环境监督管理的核心制度，详细规定了排污许可证的申请材料、申请方式和申请条件，并对颁发排污许可证的范围、条件、内容、有效期限、实施步骤、管理要求等作出了明确的规定；推动了排污许可制度与环评、“三同时”竣工验收、总量控制和环境统计等制度的全联动，实现了排污许可管理的全覆盖，理顺了关系，精简了程序，提高了效率。

《许可条例》明确将排污许可制度作为企业守法、部门执法、社会监督的重要依据，要求排污单位做好自行监测、环境管理台账记录以及排污许可证执行报告；还要求排污单位如实在全国排污许可证管理信息平台上公开其污染物排放信息，如污染物排放项目、排放浓度和排放量，以及污染防治设施的建设运行情况、排污许可证执行报告、自行监测数据等，接受社会监督。同时，要求生态环境主管部门以企业实际排放数据为纽带，衔接污染源监测、环保税、环境统计等制度，从根本上解决多套数据的问题，减轻企业负担，提高监管效能。

《许可条例》明确对排污单位实行分类管理，根据排污单位污染物的产生量、排放量，以及对环境的影响程度等因素，进行分类管理。对于污染物产生量、排放量或者对环境的影响程度较大的排污单位，实行排污许可重点管理；对于污染物产生量、排放量和对环境的影响程度都较小的排污单位，实行排污许可简化管理。具体按照生态环境部于 2019 年 12 月 20 日修订发布的《固定污染源排污许可分类管理名录》进行管理。

《许可条例》明确规定了排污单位的法律责任，对无证排污、不按许可证排污、排放方式或者排放去向不符合排污许可证规定、排放口位置和数量不符合排污许可证规定、不按照排污许可证规定制定自行监测方案并开展自行监测、不按照排污许可证规定保存自行监测记录、不按照排污许可证规定公开或者不如实公开污染物排放信息等违法行为的法律责任都作出了明确规定。

《许可条例》要求生态环境主管部门加强事中事后监管，规范排污许可证申请、审批、核发、监管等各个步骤的程序和要求，加强全国排污许可证管理信息平台建设和管理，提高排污许可在线办理水平；将排污许可执法检查纳入生态环境执法年度计划，对于有多次违法记录的排污单位，增加执法检查的频次；加大对违法行为的处罚力度，提高违法成本，对违法企业采取按日连续处罚、停产整治或者停业、关闭，甚至可以撤销、注销或者吊销其排污许可证。

246.《许可条例》在规范排污许可证申请与审批方面作了哪些规定？

规范排污许可证申请与审批对于提高审批效率、营造公平竞争环境、激发市场主体活力具有重要意义。《许可条例》在规范排污许可证申请与审批方面主要作了如下规定：一是要求依照法律规定实行排污许可管理的企业事业单位和其他生产经营者申请取得排污许可证后，方可排放污染物，并根据污染物产生量、排放量以及对环境的影响程度等因素，对排污单位实行分类管理，具体名录由国务院生态环境主管部门拟订并报国务院批准后公布实施。二是明确审批部门、申请方式和材料要求，规定排污单位可以通过网络平台等方式，向其生产经营场所所在地设区的市级以上生态环境主管部门提出申请。三是明确审批期限，实行排污许可简化管理和重点管理的审批期限分别为 20 日和 30 日。四是明确颁发排污许可证的条件和排污许可证应当记载的具体内容。

247.《许可条例》在强化排污单位的主体责任方面作了哪些规定？

强化排污单位的主体责任是落实排污许可制度的关键环节。《许可条例》在强化排污单位的主体责任方面主要作了如下规定：一是规定排污单位污染物排放口位置和数量、排放方式和排放去向应当与排污许可证相符。二是要求排污单位按照排污许可证规定和有关标准规范开展自行监测，保存原始监测记录，对自行监测数据的真实性、准确性负责，实行排污许可重点管理的排污单位还应当安装、使用、维护污染物排放自动监测设备，并与生态环境主管部门的监控设备联网。三是要求排污单位建立环境管理台账记录制度，如实记录主要生产设施及污染防治设施运行情况。四是要求排污单位向核发排污许可证的生态环境主管部门报告污染物排放行为、排放浓度、排放量，并按照排污许可证规定，如实在全国排污许可证管理信息平台上公开相关污染物排放信息。

248.《许可条例》在加强排污许可的事中事后监管方面作了哪些规定?

加强事中事后监管是将排污许可管理制度落到实处的重要保障。《许可条例》在加强排污许可的事中事后监管方面主要作了如下规定：一是要求生态环境主管部门将排污许可执法检查纳入生态环境执法年度计划，根据排污许可管理类别、排污单位信用记录等因素，合理确定检查频次和检查方式。二是规定生态环境主管部门可以通过全国排污许可证管理信息平台监控、现场监测等方式，对排污单位的污染物排放量、排放浓度等进行核查。三是要求生态环境主管部门对排污单位污染防治设施运行和维护是否符合排污许可证规定进行监督检查，同时鼓励排污单位采用污染防治可行技术。

249.《许可条例》要求哪些企业办证?

《许可条例》第二条规定，“实行排污许可管理的排污单位范围、实施步骤和管理类别名录，由国务院生态环境主管部门拟订并报国务院批准后公布实施”。

现行有效的有关排污单位范围、实施步骤和管理类别名录，是生态环境部于2019 年 12 月 20 日发布的《固定污染源排污许可分类管理名录（2019 年版）》（以下简称《名录（2019年版）》）。

《名录（2019年版）》是根据最新修订的《国民经济行业分类》（GB/T 4754—2017）中的行业名称和代码，对需要申领排污许可证的排污单位的行业分类进行调整，实现排污许可与环境统计、“二污普”等工作的衔接。

《名录（2019年版）》共包含108个行业类别（涉及国民经济行业分类中49个大类、212个中类、706个小类）和4道通用工序。其中，108个行业类别中的49个大类包括畜牧业、煤炭开采和洗选业、石油和天然气开采业、黑色金属矿采选业、有色金属矿采选业、非金属矿采选业、农副食品加工业、食品制造业、烟草制品业和纺织业等，其中每一类又包括若干类。例如，畜牧业包括牲畜饲、家禽饲养和其他畜牧业等3类；黑色金属矿采选业包括铁矿采选、锰矿铬矿采选和其他黑色金属矿采选等3类；造纸和纸制品业包括纸浆制造、造纸和纸制品制造等3类；等等。4道通用工序为锅炉、工业炉窑、表面处理和水处理。

《许可条例》第二条还规定，“污染物产生量、排放量或者对环境的影响程度较大的排污单位，实行排污许可重点管理；污染物产生量、排放量和对环境的影响程度都较小的排污单位，实行排污许可简化管理”。《许可条例》第二十四条规定，“污染物产生量、排放量和对环境的影响程度都很小的排污单位，应当填报排污登记表，不需要申请取得排污许可证”。

《名录（2019年版）》对其包含的108个行业类别和4道通用工序实行分类管理，根据污染物产生量、排放量以及对环境的影响程度等因素，分为重点管理、简化管理和登记管理3类。例如，对纸浆制造行业，全部进行重点管理。对造纸行业，机制纸及纸板制造、手工纸制造的，实行重点管理；有工业废水和废气排放的加工纸制造，实行简化管理；除简化管理外的加工纸制造，实行登记管理。对纸制品制造，没有需要重点管理的，有工业废水或者废气排放的，实行简化管理，其他都进行登记管理。

250．排污许可如何与环评制度衔接?

环评是建设项目的环境准入门槛，是申请排污许可证的前提和重要依据。排污许可是企事业单位生产运营期排污的法律依据，是确保环评提出的污染防治设施和措施落实落地的重要保障。

《许可条例》第十一条规定，建设项目获得环境影响报告书或者报告表的批准文件，或者已经办理环境影响登记表备案手续，重点污染物排放符合环境影响报告书（表）批准文件的要求，是申请颁发排污许可证的重要条件。排污许可有机衔接环评制度，将进一步加强对建设项目全周期的环境监管，实现对固定污染源的全过程管理和多污染物协同控制。

环境保护部于 2017 年 11 月 15 日发布了《关于做好环境影响评价制度与排污许可制衔接相关工作的通知》，其中明确指出，对于可能造成重大环境影响，应当编制环境影响报告书的建设项目，原则上实行排污许可重点管理；对于可能造成轻度环境影响、应当编制环境影响报告表的建设项目，原则上实行排污许可简化管理。生态环境主管部门要做好建设项目环境影响报告书（表）的审查，结合排污许可证申请与核发技术规范，严格核定建设项目的产污和排污环节、污染防治设施和措施等基本信息；依据国家或地方污染物排放标准、环境质量标准和总量控制要求等管理规定，按照污染源源强核算技术指南、环境影响评价要素导则等技术文件，严格核定排放口数量、位置以及每个排放口的污染物种类、允许排放浓度、允许排放量、排放方式、排放去向、自行监测计划等与污染物排放相关的主要内容。

该通知还要求，环境影响报告书（表）2015 年 1 月 1 日（含）后获得批准的建设项目，其环境影响报告书（表）以及审批文件中与污染物排放相关的主要内容应当纳入排污许可证。

生态环境主管部门要根据《许可条例》的要求，高度重视排污许可制度与环评制度的衔接，推动健全以环评制度为主体的源头预防体系、构建以排污许可制为核心的固定污染源监管制度体系这两个体系，即环评管准入，许可管运营。

在环境影响评价管理中，不断完善管理内容，推动环境影响评价更加科学，严格污染物排放要求；在排污许可管理中，严格按照环境影响报告书（表）以及审批文件要求核发排污许可证，维护环境影响评价的有效性。

总之，排污许可与环评制度衔接，在时间节点上，新建污染源必须在产生实际排污行为之前申领排污许可证；在内容要求上，环境影响评价审批文件中与污染物排放相关内容要纳入排污许可证；在环境监管上，对需要开展环境影响后评价的，排污单位排污许可证执行情况应作为环境影响后评价的主要依据。

251.环评文件提出的要求与“排污许可证”许可内容不一致怎么办?

企业新发放的排污许可证一般是按照最新的法律法规、标准和要求填写的，当“环评”与“排污许可证”的环境管理要求不一致时，应当按照排污许可证要求执行；如果环评中的内容和排污许可证的内容相比，建设项目发生了重大变更，那么建设单位就需要重新编制环评文件；如果发放排污许可证后，环评出现变化，那么应对排污许可证进行变更。

252.“无证排污”“不按证排污”分别包括哪些情形?

应当申领而未依法申领排污许可证排放污染物的；排污许可证有效期届满，未及时申请续期的；排污许可证被撤销或者注销后，排放污染物的，属于无证排污等。

未按照排污许可证要求的排放方式、排放去向、排放污染物种类、许可排放浓度、许可排放量等排放污染物的，属于不按证排污。

253．对未纳入排污许可证许可范围的违法行为，是否可以处罚？

可以。排污许可证中许可的范围未包含所有法律规定的排污单位必须履行的义务，客观上存在一些违法行为并未纳入排污许可证许可的范围，如果该行为违反相应的法律规定，也应依法追究相关主体的违法责任。

254．生产经营场所和排放口分别位于不同行政区域时，如何申请排污许可证？

根据《排污许可管理办法（试行）》，对于同一法人单位或者其他组织所属、位于不同生产经营场所的排污单位，应当以其所属的法人单位或者其他组织的名义，分别向生产经营场所所在地有核发权的生态环境主管部门（以下简称核发生态环境部门）申请排污许可证。对于生产经营场所和排放口分别位于不同行政区域时，生产经营场所所在地核发生态环境部门负责核发排污许可证，并应当在核发前，征求其排放口所在地同级生态环境主管部门意见。

255．污染防治措施发生变化时，是否需要重新申请排污许可证？

污染防治措施是确保企业按证排污的前提和保障，但排污许可证制度设计中并未将其纳入许可事项，主要是从鼓励企业不断提高污染治理水平的角度考虑。在不属于环境影响评价制度有关规范性文件确定的重大变更的情形下，企业污染治理措施发生变化时，如果有利于减少污染物的排放或者不增加污染物排放，这是允许的，不需要向生态环境主管部门申请变更排污许可证，但须在按规定上报的执行报告中予以详细说明；如果污染治理措施发生的变化导致污染物排放量增加，企业则需要申请变更排污许可证。为较好地判断污染治理措施发生变化后环境影响变化情况，生态环境主管部门将依据排污许可证推进时间的进度安排，按行业逐步出台各行业污染治理最佳可行技术指南，如果企业治理措施的变化均在可行技术范围内，且不新增污染物种类，则认为其污染物排放量在允许范围内，无须申请变更排污许可证；如不在此范围内，企业需要提供证明材料和监测数据，并向生态环境主管部门申请变更排污许可证。

根据我国法律法规规定，排污许可证发生遗失、损毁的，排污单位应当在三十个工作日内向核发生态环境主管部门申请补领排污许可证；遗失排污许可证的，在申请补领前应当在全国排污许可证管理信息平台上发布遗失声明；损毁排污许可证的，应当同时交回被损毁的排污许可证。

256．生态环境主管部门应如何开展对排污许可证的监督管理?

排污许可制是固定污染源环境管理的基础制度，待制度完善后，对企业环境管理的基本要求均应在排污许可证中载明，因此对固定污染源的环境监管执法应以排污许可证为主要依据。对固定污染源的监管就是对企业排污许可证执行情况的监管，具体包括对是否持证排污的检查、对台账记录的核查、对自行监测结果的核实、对信息公开情况的检查以及必要的执法监测等，通过对企业自身提供的监测数据和台账记录的核对来判定企业是否依证排污；同时也可采取随机抽查的方式对企业进行实测，不符合排污许可证要求的，企业应作出说明，未能说明并无法提供自行监测原始记录的，生态环境主管部门应依法予以处罚。并将抽查结果在排污许可管理平台中进行记录，对有违规记录的，将提高检查频次。根据2021年3月1日施行的《排污许可管理条例》第四章“监督检查”中的规定，生态环境主管部门应当加强对排污许可的事中事后监管，将排污许可执法检查纳入生态环境执法年度计划，根据排污许可管理类别、排污单位信用记录和生态环境管理需要等因素，合理确定检查频次和检查方式。

257. 排污企业未取得排污许可证，同时非法排放大气污染物和水污染物的，属于几个违法行为？

排污许可证，是指排污单位向生态环境主管部门提出申请后，生态环境主管部门经审查发放的允许排污单位排放一定数量污染物的凭证。排污许可证属于环境保护许可证中的重要组成部分，而且被广泛使用。排污许可证制度，是指有关排污许可证的申请、审核、颁发、中止、吊销、监督管理和罚则等方面规定的总称。

就排污企业未取得排污许可证，同时非法排放大气污染物和水污染物的，违法行为的数量的定量问题而言，根据国务院办公厅印发的《控制污染物排放许可制实施方案》，排污许可制是覆盖所有固定污染源和多污染物协同控制的“一证制”管理制度。排污企业未取得排污许可证，同时非法排放大气污染物和水污染物的，属于同一违法行为。现行的《中华人民共和国大气污染防治法》和《中华人民共和国水污染防治法》对未依法取得排污许可证排放污染物的违法行为，规定了相同的处罚措施。因此，可以根据《中华人民共和国大气污染防治法》或者《中华人民共和国水污染防治法》予以处罚。

258. 哪些违反排污许可证管理的行为可以处以按日计罚？

《中华人民共和国环境保护法》第五十九条规定，企业事业单位和其他生产经营者违法排放污染物，受到罚款处罚，被责令改正，拒不改正的，依法作出处罚决定的行政机关可以自责令改正之日的次日起，按照原处罚数额按日连续处罚。前款规定的罚款处罚，依照有关法律法规按照防治污染设施的运行成本、违法行为造成的直接损失或者违法所得等因素确定的规定执行。地方性法规可以根据环境保护的实际需要，增加第一款规定的按日连续处罚的违法行为的种类。根据该规定，按日计罚适用于持续性的环境违法行为，是一种对企业持续性违法排污拒不改正的行为按日累计计算罚款数额的处罚方式。根据《环境保护主管部门实施按日连续处罚办法》第五条的规定，排污者有下列行为之一，受到罚款处罚，被责令改正，拒不改正的，依法作出罚款处罚决定的环境保护主管部门可以实施按日连续处罚。因此按日计罚的适用条件为：①环境污染者具有非法排放污染物的行为；②该污染行为已受到了罚款处罚；③对污染行为责令改正，但是环境污染者拒不改正。具体情形有：①超过国家或者地方规定的污染物排放标准，或者超过重点污染物排放总量控制指标排放污染物的；②通过暗管、渗井、渗坑、灌注或者篡改、伪造监测数据，或者不正常运行防治污染设施等逃避监管的方式排放污染物的；③排放法律法规规定禁止排放的污染物的；④违法倾倒危险废物的；⑤其他违法排放污染物行为。

259．无证排污或不按证排污将会受到哪些处罚?

《中华人民共和国环境保护法》规定，违反法律规定未取得排污许可证排放污染物，被责令停止排污，拒不执行的，除依照有关法律法规规定予以处罚外，由县级以上环境保护主管部门或者其他有关部门将案件移送公安机关，对其直接负责的主管人员和其他直接责任人员，处十日以上十五日以下拘留；情节较轻的，处五日以上十日以下拘留。

《中华人民共和国大气污染防治法》明确规定，未依法取得排污许可证排放大气污染物的，由县级以上环境保护主管部门责令改正或者限制生产、停产整治，并处十万元以上一百万元以下的罚款；情节严重的，报经有批准权的人民政府批准，责令停业、关闭。

《中华人民共和国水污染防治法》明确规定，未依法取得排污许可证排放水污染物的，由县级以上环境保护主管部门责令改正或者责令限制生产、停产整治，并处十万元以上一百万元以下的罚款；情节严重的，报经有批准权的人民政府批准，责令停业、关闭。

《关于环境行政处罚过程中有关问题的复函》“关于未取得排污许可证非法排污的处罚”：根据国务院办公厅印发的《控制污染物排放许可制实施方案》，排污许可制是覆盖所有固定污染源和多污染物协同控制的“一证制”管理制度。排污企业未取得排污许可证，同时非法排放大气污染物和水污染物的，属于一个违法行为。现行的《中华人民共和国大气污染防治法》和《中华人民共和国水污染防治法》对未依法取得排污许可证排放污染物的违法行为，规定了相同的处罚措施。因此，可以根据《中华人民共和国大气污染防治法》或者《中华人民共和国水污染防治法》予以处罚。

（七）环保竣工验收

260．验收建设单位环境保护设施依照哪些标准和程序？

环境保护设施是指防治环境污染和生态破坏以及开展环境监测所需的装置、设备和工程设施等。

建设项目需要配套建设的环境保护设施，必须与主体工程同时设计、同时施工、同时投产使用。建设单位应当将环境保护设施建设纳入施工合同，保证环境保护设施建设进度和资金，并在项目建设过程中同时组织实施环境影响报告书、环境影响报告表及其审批部门审批决定中提出的环境保护对策措施。编制环境影响报告书、环境影响报告表的建设项目竣工后，由建设单位按照国务院环境保护主管部门规定的标准和程序，对配套建设的环境保护设施进行验收，编制验收报告。

建设单位在环境保护设施验收过程中，应当如实查验、监测、记载建设项目环境保护设施的建设和调试情况，不得弄虚作假。除按照国家规定需要保密的情形外，建设单位应当依法向社会公开验收报告。

2017年10月1日起施行的《建设项目环境保护管理条例》第十七条规定，编制环境影响报告书、环境影响报告表的建设项目竣工后，建设单位应当按照国务院环境保护行政主管部门规定的标准和程序，对配套建设的环境保护设施进行验收，编制验收报告。

原环境保护部发布了一系列关于建设项目竣工环境保护验收的分行业、分领域的相关标准和程序，例如《建设项目竣工环境保护验收技术规范　制药》（HJ 792—2016）、《建设项目竣工环境保护验收技术规范　医疗机构》（HJ 794—2016）、《建设项目竣工环境保护验收技术规范　输变电工程》（HJ 705—2014）、《建设项目竣工环境保护验收技术规范　纺织染整》（HJ 709—2014）、《建设项目竣工环境保护验收技术规范　煤炭采选》（HJ 672—2013）、《建设项目竣工环境保护验收技术规范　公路》（HJ 552—2010）、《建设项目竣工环境保护验收技术规范　石油天然气开采》（HJ 612—2011）、《建设项目竣工环境保护验收技术规范　水利水电》（HJ 464—2009）、《建设项目竣工环境保护验收技术规范　造纸工业》（HJ/T 408—2007）、《建设项目竣工环境保护验收技术规范　汽车制造》（HJ/T 407—2007）、《建设项目竣工环境保护验收技术规范　水泥制造》（HJ/T 256—2006）、《建设项目竣工环境保护验收技术规范　火力发电厂》（HJ/T 255—2006）等20多项标准和程序，明确规定了相关行业建设项目竣工环境保护验收技术的工作程序、总体要求，验收技术方案和验收技术报告的编制要求。

261.《建设项目环境影响评价分类管理名录》修正后，报告书或者报告表项目变更为登记表项目的，还需要验收吗？

修订后的《建设项目环境保护管理条例》（以下简称《条例》）于2017年10月1日起施行，修订后的《建设项目环境影响评价分类管理名录》（以下简称《名录》）于2018年4月28日起施行。

根据新《环境影响评价法》，登记表项目只需在生态环境主管部门备案，不再由生态环境主管部门进行审批。因此，2017年新修订的《条例》第十七条明确规定，“编制环境影响报告书、环境影响报告表的建设项目竣工后，建设单位应当按照国务院环境保护行政主管部门规定的标准和程序，对配套建设的环境保护设施进行验收，编制验收报告”。

也就是说，新《条例》只要求编制报告书、报告表的建设项目开展竣工验收，而1998年的《条例》是对编制报告书、报告表和登记表的建设项目都要求开展竣工验收。

《名录》修正后，报告书或者报告表项目变更为登记表项目的，还需要验收吗？这个问题又分为四种情况：

第一种情况是在新《名录》实施前，即在2018年4月28日之前已编制报告书、报告表的建设项目，其配套建设的环境保护设施就已经建好，但没有验收，在2018年4月28日新《名录》实施后，也没有投产的。

第二种情况是在新《条例》实施前，即在2017年10月1日前已编制报告书、报告表的建设项目，其配套建设的环境保护设施就已经建好，但没有验收；在2018年4月28日新《名录》实施前已经投产，但是其“未验先投”的违法行为是在2018年4月28日之后被发现的。

第三种情况是在新《名录》实施前，即在2018年4月28日之前已编制报告书、报告表的建设项目，其配套建设的环境保护设施就已经建好，但没有验收，在新《名录》实施后投产的。

第四种情况是在新《条例》实施后，新《名录》实施前，即2017年10月1日至2018年4月28日，其配套建设的环境保护设施处于建设期，在新《名录》实施后才建好投产的。

对于以上第一种、第三种和第四种情况，因其在尚未投产前即变更为登记表项目，因此都不再需要进行验收，去生态环境主管部门办理备案手续即可。只要是在新《名录》实施后投产的由报告书或者报告表变更为登记表的项目，都不再需要进行验收。

而对于第二种情况，尽管其违法行为是在新名录施行之后被发现的，但是在此之前，已经构成了“未验先投”的违法情节，因此应当按照新《条例》第二十三条的规定进行处罚，建设单位也应组织验收。

总之，判断这类问题的关键在于，是否在新《名录》施行之前已经投产，即其“未验先投”的违法行为是否发生在新《名录》施行以前。“未验先投”违法行为发生在新《名录》施行以前的，适用旧《名录》的规定，仍作为报告书或报告表项目进行管理。

根据新《条例》第十九条的规定，“编制环境影响报告书、环境影响报告表的建设项目，其配套建设的环境保护设施经验收合格，方可投入生产或者使用；未经验收或者验收不合格的，不得投入生产或者使用”。

由第十九条的规定可以看出，“验收”并不是法律处罚的对象，而未经验收就投产即“未验先投”才是法律禁止的行为，因为只有投产了才会有污染物的排放，才会对环境造成污染或者影响。

262. 违反环保竣工验收相关规定的法律后果是什么？

根据《建设项目环境保护管理条例》第二十二条的规定，建设单位编制建设项目初步设计未落实防治环境污染和生态破坏的措施以及环境保护设施投资概算，未将环境保护设施建设纳入施工合同，或者未依法开展环境影响后评价的，由建设项目所在地县级以上环境保护行政主管部门责令限期改正，处5万元以上20万元以下的罚款；逾期不改正的，处20万元以上100万元以下的罚款。建设单位在项目建设过程中未同时组织实施环境影响报告书、环境影响报告表及其审批部门审批决定中提出的环境保护对策措施的，由建设项目所在地县级以上环境保护行政主管部门责令限期改正，处20万元以上100万元以下的罚款；逾期不改正的，责令停止建设。

对于需要配套建设的环境保护设施未建成、未经验收或者验收不合格，建设项目即投入生产或者使用，或者在环境保护设施验收中弄虚作假的，由县级以上环境保护行政主管部门责令限期改正，处20万元以上100万元以下的罚款；逾期不改正的，处100万元以上200万元以下的罚款；对直接负责的主管人员和其他责任人员，处5万元以上20万元以下的罚款；造成重大环境污染或者生态破坏的，责令停止生产或者使用，或者报经有批准权的人民政府批准，责令关闭。环境保护行政主管部门还应将建设项目有关环境违法信息记入社会诚信档案，及时向社会公开违法者名单。

对于建设单位未依法向社会公开环境保护设施验收报告的，由县级以上环境保护行政主管部门责令公开，处5万元以上20万元以下的罚款，并予以公告。

此外，对于环境保护行政主管部门的工作人员徇私舞弊、滥用职权、玩忽职守，构成犯罪的，依法追究刑事责任；尚不构成犯罪的，依法给予行政处分。

263. 依据《建设项目环境保护管理条例》第二十三条对直接负责的主管人员和其他责任人员处以罚款是否以“逾期不改正”为前提?

根据国家标准对于“分号”的描述，《建设项目环境保护管理条例》第二十三条中的“分号”间隔出来的几句话，都是并列关系，而不是递进关系。因此，“逾期不改正”是仅针对第23条中“责令限期改正”的跟进处罚，并且只是表现在处罚金额的变化上，从处20万元以上100万元以下的罚款，到如果逾期不改正的，处100万元以上200万元以下的罚款。

鉴于此，2018年2月24日，环境保护部发布了《关于〈建设项目环境保护管理条例〉第二十三条适用问题的复函》，明确指出“其中‘对直接负责的主管人员和其他责任人员，处5万元以上20万元以下的罚款’规定的适用，不以环保部门责令建设单位限期改正而其逾期不改正为前提，环保部门在发现建设单位存在

第二十三条规定的违法行为时，即可根据违法情节、危害后果等因素，在责令建设单位限期改正的同时一并适用”。复函中还指出，“对‘造成重大环境污染或者生态破坏的，责令停止生产或者使用，或者报经有批准权的人民政府批准，责令关闭’规定的适用，也不以环保部门责令建设单位限期改正而其逾期不改正为前提”。

264. 处罚“未验先投”，必须进行“双罚”吗？

《建设项目环境保护管理条例》第二十三条规定，违反本条例规定，需要配套建设的环境保护设施未建成、未经验收或者验收不合格，建设项目即投入生产或者使用，或者在环境保护设施验收中弄虚作假的，由县级以上环境保护行政主管部门责令限期改正，处20万元以上100万元以下的罚款；逾期不改正的，处100万元以上200万元以下的罚款；对直接负责的主管人员和其他责任人员，处5万元以上20万元以下的罚款；造成重大环境污染或者生态破坏的，责令停止生产或者使用，或者报经有批准权的人民政府批准，责令关闭。由此可见，处罚“未验先投”，原则上应进行“双罚”。

265. 对“未验先投”违法行为进行“双罚”有无例外？

根据《最高人民法院关于适用〈中华人民共和国民事诉讼法〉的解释》第五十九条的规定，在诉讼中，个体工商户以营业执照上登记的经营者为当事人。有字号的，以营业执照上登记的字号为当事人，但应同时注明该字号经营者的基本信息。营业执照上登记的经营者与实际经营者不一致的，以登记的经营者和实际经营者为共同诉讼人。

《中华人民共和国个人独资企业法》第二条规定，本法所称个人独资企业，是指依照本法在中国境内设立，由一个自然人投资，财产为投资人个人所有投资人以其个人财产对企业债务承担无限责任的经营实体。

《中华人民共和国行政处罚法》第二十九条规定，对当事人的同一个违法行为，不得给予两次以上罚款的行政处罚。同一个违法行为违反多个法律规范应当给予罚款处罚的，按照罚款数额高的规定处罚。

根据上述规定，个体工商户在法律主体上属于个人，个人独资企业“财产为投资人个人所有，投资人以其个人财产对企业债务承担无限责任的经营实体”，而根据《中华人民共和国行政处罚法》第二十九条的规定，对当事人的同一个违法行为，不得给予两次以上的罚款处罚，若对个体工商户或个人独资企业实施“双罚”，相当于对经营者或投资人个人的同一违法行为，进行了两次罚款，有违“一事不二罚”的行政处罚原则。

综上所述，对“未验先投”违法行为进行“双罚”，个体工商户以及个人独资企业是例外情形，即个体工商户、个人独资企业存在“未验先投”违法行为时，不应进行“双罚”。

但是，2017 年新修订的《建设项目环境保护管理条例》，仅限于对编制环境影响报告书、报告表的建设项目要求开展竣工验收，而 1998 年的《建设项目环境保护管理条例》是对编制报告书、报告表和登记表的建设项目都要求开展竣工验收。在实践中，随着“放管服”改革推进后，实际上个体工商户或者个人独资企业投资的建设项目，绝大多数是列入登记表管理的项目。对于列入登记表管理的项目，不适用《建设项目环境保护管理条例》第二十三条的规定。因此，实践中也鲜有不应进行“双罚”的例外情况。

266. 对“未验先投”违法行为进行处罚后，建设单位逾期不改正的，还可以再次进行“双罚”吗？

根据《建设项目环境保护管理条例》第二十三条的规定，对于未验先投的违法行为，首先是责令限期改正，处 20 万元以上 100 万元以下的罚款，同时对直接负责的主管人员和其他责任人员，处 5 万元以上 20 万元以下的罚款。

但是，对“未验先投”违法行为进行处罚后，出现逾期不改正的情形时，对于是否再次进行“双罚”，有两种观点。

支持再次进行“双罚”的认为，《条例》第二十三条关于“对直接负责的主管人员和其他责任人员，处 5 万元以上 20 万元以下的罚款”的规定，是与针对建设单位作出处罚的并行规定，只要作出了针对建设单位的处罚，就应当同时对直接负责的主管人员和其他责任人员进行处罚，即第一次处罚建设单位时，应同时处罚直接负责的主管人员和其他责任人员；因逾期不改正再次处罚建设单位时，也应该同时处罚直接负责的主管人员和其他责任人员。

不支持再次进行“双罚”的认为，《条例》第二十三条关于“对直接负责的主管人员和其他责任人员，处 5 万元以上 20 万元以下的罚款”的规定，并非与针对建设单位的处罚并行的规定，无须在处罚建设单位时必然适用。并且，《条例》第二十三条对于“逾期不改正的”，只明确规定了“处 100 万元以上 200 万元以下的罚款”。对相关责任人进行罚款，是针对单位违法的辅助性惩罚措施，是行政法律体系中少数的例外规定。因此，对直接负责的主管人员和其他责任人员的处罚，仅应适用一次。

对于这个问题，编者支持再次进行“双罚”，有以下两个理由：

一是“双罚制”对于预防单位违法具有十分重要的作用。因为单位违法行为，必然直接或间接地由单位成员造成，尤其是直接负责的主管人员和相关责任人员。

“双罚制”原本是一个刑法学上的概念，一般针对单位犯罪，既要处罚单位，又要处罚单位中的直接责任人员，这是一种较为合理且有效的预防和减少犯罪的制度。后来这个法律精神被行政法所吸收，在对单位实施的行政违法行为依法进行行政处罚的同时，分别对单位和单位中的直接责任人员进行处罚。

2017 年新修订的《建设项目环境保护管理条例》，其中一个非常大的亮点就是对“未验先投”的违法行为，不仅大大增加了处罚金额，而且引入了“双罚制”。

作出这一修改目的，就是针对 1998 年《建设项目环境保护管理条例》中对于

"未验先投"违法行为的处罚轻（责令停止生产或者使用，可以处10万元以下的罚款），违法成本低，造成实践中"未验先投"的违法行为屡见不鲜。引入"双罚制"，就是为了提高"未验先投"违法行为的违法成本，增强环境执法的威慑力，从而预防和减少"未验先投"的违法行为。

二是在生态环境主管部门已经对建设单位、建设单位直接负责的主管人员和相关责任人员，进行了一次严厉的"双罚"之后，逾期仍旧不改正，说明建设单位直接负责的主管人员和相关责任人员的主观态度存在问题。因此，对"未验先投"违法行为进行处罚后，建设单位逾期仍旧不改正的，应当再次进行"双罚"，从而督促其尽快改正。

267. 对"未验先投"责令限期改正的"限期"是多久?

根据《条例》第二十三条的规定，对于"未验先投"的违法行为，首先是责令限期改正，处20万元以上100万元以下的罚款，同时对直接负责的主管人员和其他责任人员，处5万元以上20万元以下的罚款。

可是现实中，建设单位逾期仍不改正的情况还不少，虽然《条例》第二十三条规定"逾期不改正的，处100万元以上200万元以下的罚款"，但是多久算"逾期"，即责令限期改正的"限期"到底是多久?

所谓责令限期改正或者责令改正，是指行政主体责令违法行为人停止和纠正违法行为，以恢复原状，维持法定的秩序或者状态，具有事后救济性。

《行政处罚法》第二十八条规定，"行政机关实施行政处罚时，应当责令当事人改正或者限期改正违法行为"。因为行政处罚是保证法律实施的一种手段，不是目的。对违法行为给予处罚，目的在于改正违法，防止违法行为造成不利后果。因此，在对违法行为人给予行政处罚的时候，要同时责令其改正违法行为，不能以罚款了事，而让违法行为继续下去。否则行政处罚就会成为违法行为的"通行证"。

行政处罚是对违法行为人进行的一种制裁和惩戒，而责令限期改正或者责令改正，仅仅是要求违法行为人停止违法行为、消除不良后果、恢复原状，其本身不具有惩罚的性质。因此，在生态环境法律法规中，针对违法行为的处罚，基本上都有责令限期改正的要求。

新《条例》并没有对责令限期改正的“限期”的时限作出明确规定，在其他生态环境法律法规中，也基本上没有关于“限期”的期限的明确规定，所以难以找到参照的依据。

之所以在法律法规中，对“限期”的期限没有明确规定，主要原因就是环境违法行为种类繁多，改正各类违法行为的条件、能力、技术、所需时间相差也比较大，甚至与气候、季节、行业、产业类别也都密切相关。

例如，《条例》第二十三条中责令限期改正的违法行为，包括环境保护设施未建成、环境保护设施未经验收、环境保护设施验收不合格，以及在环境保护设施验收过程中弄虚作假等 4 种情形，而改正这 4 种违法行为所需的时间是不一样的，其中环境保护设施未建成的，改正所需要的时间比后面几种都要长得多，环境保护设施未验收的也比环境保护设施验收不合格的改正时间更长。

法律法规没有对责令限期改正的期限作出明确规定，行政机关可以行使自由裁量权来确定“限期”的期限。所以，环境执法应坚持科学、合理、公正的原则，充分考虑环境违法行为的特点，建设项目的行业和产业类别，建设单位改正违法行为的条件、能力和技术，当地所处的气候和季节等因素，实事求是、合情合理地确定一个限期改正的期限。

具体到限期改正“未验先投”违法行为的合理期限，还要考虑建设项目环境保护竣工验收有关技术规范的要求，开展验收监测工作的时间、编制验收报告的时间以及专家论证的时间等。根据执法实践经验，建议对于环境保护设施未建成就投产的，给予至少 6 个月的时间限期改正；对于环境保护设施未经验收就投产的，给予至少 3 个月的时间限期改正；对于环境保护设施验收不合格就投产的或者在验收过程中弄虚作假的，给予至少 2 个月的时间限期改正。

需要特别强调的是，不管给予多长的时间，在限期改正期间，建设项目不得投入生产或者使用。因为《条例》第十九条明确规定，编制环境影响报告书、环境影响报告表的建设项目，其配套建设的环境保护设施经验收合格，方可投入生产或者使用；未经验收或者验收不合格的，不得投入生产或者使用。只要严格依法执行第十九条的规定，建设项目处于停产状态，那么建设单位自然会争分夺秒积极整改，因为每停产一天，不仅要损失一天的收益，还要付银行的利息、人工费等各类成本。

268．环保设施竣工验收的“验收期限”是多久？

环保设施竣工验收的“验收期限”，是指自建设项目环境保护设施竣工之日起至建设单位向社会公开验收报告之日止的时间。

为贯彻落实《条例》，规范建设项目竣工后建设单位自主开展环境保护验收的程序和标准，环境保护部于2017年11月20日发布了《建设项目竣工环境保护验收暂行办法》，其中第十二条对环保设施竣工验收的“验收期限”作出了明确规定，即“除需要取得排污许可证的水和大气污染防治设施外，其他环境保护设施的验收期限一般不超过3个月；需要对该类环境保护设施进行调试或者整改的，验收期限可以适当延期，但最长不超过12个月”。

269．“未验先投”违法行为发生在新《建设项目环境保护管理条例》实施之前，按照新条例还是旧条例进行处罚？

《条例》第二十三条规定：“违反本条例规定，需要配套建设的环境保护设施未建成、未经验收或者验收不合格，建设项目即投入生产或者使用，或者在环境保护设施验收中弄虚作假的，由县级以上环境保护行政主管部门责令限期改正，处20万元以上100万元以下的罚款；逾期不改正的，处100万元以上200万元以下的罚款；对直接负责的主管人员和其他责任人员，处 5 万元以上 20 万元以下的罚款；造成重大环境污染或者生态破坏的，责令停止生产或者使用，或者报经有批准权的人民政府批准，责令关闭。”

修订前的《条例》(自 1998 年 11 月 29 日起施行，2017 年 10 月 1 日废止，以下简称旧《条例》) 第二十八条规定：“违反本条例规定，建设项目需要配套建设的环境保护设施未建成、未经验收或者经验收不合格，主体工程正式投入生产或者使用的，由审批该建设项目环境影响报告书、环境影响报告表或者环境影响登记表的环境保护行政主管部门责令停止生产或者使用，可以处 10 万元以下的罚款。”

新旧法律执行的衔接问题，不仅是环境执法界的难题，在整个法律界也是一个普遍的难题。因此，最高人民法院于 2004 年 5 月 18 日印发《关于审理行政案件适用法律规范问题的座谈会纪要》(以下简称《纪要》)，专门就新旧法律规范衔接适用明确了一个基本规则：

“根据行政审判中的普遍认识和做法，行政相对人的行为发生在新法施行以前，具体行政行为作出在新法施行以后，人民法院审查具体行政行为的合法性时，实体问题适用旧法规定，程序问题适用新法规定。”

以上这个规则，“行政相对人”就是违法企业，“具体行政行为”就是执法行为，“实体问题”就是对“未验先投”的违法事实认定其应按新《条例》还是旧《条例》进行处罚，“程序问题”就是执法的程序是否合法，如处罚之前是否有事先告知程序，是否告知被处罚企业可以陈述申辩、诉讼、复议等救济途径和程序等。

因此，如果“未验先投”违法行为发生在新《条例》实施之前，并且在新《条例》实施之前已经停止生产，符合《纪要》明确的“行政相对人的行为发生在新法施行以前”的条件，依据“实体问题适用旧法规定”的规则，应当按照旧《条例》第二十八条进行处罚。

但是，“未验先投”不同于一般违法行为的特点，就是具有连续性。尽管“未验先投”违法行为发生在新《条例》实施之前，但只要是其生产一直连续或继续、持续到新《条例》实施之后的，不属于《纪要》中规定的“行政相对人的行为发生在新法施行以前”的情形，所以应当按照新《条例》第二十八条进行处罚。

生态环境部于2019年10月17日发布的《关于“未验先投”违法行为行政处罚新旧法律规范衔接适用问题的意见》，也明确指出，“经征求最高人民法院意见，《纪要》中提到的‘行政相对人的行为发生在新法施行之前’，是指行政相对人的行为终了之日发生在新法施行之前。如果行政相对人的违法行为一直持续到新法施行之后，则不属于‘行政相对人的行为发生在新法施行之前’”。

综上，“未验先投”违法行为发生在新《条例》实施之前，如果在2017年10月1日之前就已经停止生产，则适用旧《条例》进行处罚；但如果从2017年10月1日之前一直连续生产到2017年10月1日之后的，适用新《条例》进行处罚。

第四部分

环境司法方面问题

（一）“行刑对接”方面

270. 生态环境主管部门向公安机关移送涉嫌环境犯罪案件，应当符合哪些条件？

生态环境主管部门在查办环境违法案件过程中，发现涉嫌环境犯罪案件，应当核实情况并作出移送涉嫌环境犯罪案件的书面报告。本机关负责人应当自接到报告之日起 3 日内作出批准移送或者不批准移送的决定。向公安机关移送的涉嫌环境犯罪案件，应当符合下列条件：①实施行政执法的主体与程序合法；②有合法证据证明有涉嫌环境犯罪的事实发生。

271. 生态环境主管部门向公安机关移送涉嫌环境犯罪案件，应当附哪些材料？

生态环境主管部门向公安机关移送涉嫌环境犯罪案件时，应当附下列材料：

（1）案件移送书，载明移送机关名称、涉嫌犯罪罪名及主要依据、案件主办人及联系方式等。案件移送书应当附移送材料清单，并加盖移送机关公章。

（2）案件调查报告，载明案件来源、查获情况、犯罪嫌疑人基本情况、涉嫌犯罪的事实、证据和法律依据、处理建议和法律依据等。

（3）现场检查（勘察）笔录、调查询问笔录、现场勘验图、采样记录单等。

（4）涉案物品清单，载明已查封、扣押等采取行政强制措施的涉案物品名称、数量、特征、存放地等事项，并附采取行政强制措施、现场笔录等表明涉案物品来源的相关材料。

（5）现场照片或者录音、录像资料及清单，载明需证明的事实对象、拍摄人、拍摄时间、拍摄地点等。

（6）监测、检验报告、突发环境事件调查报告、认定意见。

（7）其他有关涉嫌犯罪的材料。

此外，对环境违法行为已经作出行政处罚决定的，还应当附行政处罚决定书。

272．生态环境主管部门在执法检查时，发现明显涉嫌犯罪的，应当怎么办?

生态环境主管部门在执法检查时，发现违法行为明显涉嫌犯罪的，应当及时向公安机关通报。公安机关认为有必要的可以依法开展初查，对符合立案条件的，应当及时依法立案侦查。在公安机关立案侦查前，生态环境主管部门应当继续对违法行为进行调查。

273．生态环境主管部门与公安部门联合调查时，职责有何不同?

生态环境主管部门与公安部门在联合调查中，生态环境主管部门应当重点查明排污者严重污染环境的事实和污染物的排放方式，及时收集、提取、监测、固定污染物的种类、浓度、数量、排放去向等。公安机关应当注意控制现场，重点查明相关责任人身份、岗位信息，视情节轻重对直接负责的主管人员和其他责任人员依法采取相应强制措施。两部门均应规范制作笔录，并留存现场摄像或照片。

（二）环境污染犯罪

274. 哪些情形可以被认定为污染环境罪?

根据《中华人民共和国刑法》第三百三十八条的规定，违反国家规定，排放、倾倒或者处置有放射性的废物、含传染病病原体的废物、有毒物质或者其他有害物质，严重污染环境的，处三年以下有期徒刑或者拘役，并处或者单处罚金；情节严重的，处三年以上七年以下有期徒刑，并处罚金。

因此，所谓污染环境罪，是指违反防治环境污染的法律规定，造成环境污染，后果严重，依照法律应受到刑事处罚的行为。污染环境罪是最高人民法院、最高人民检察院对《中华人民共和国刑法修正案（八）》（以下简称《刑法修正案八》）罪名作出的补充规定，取消原“重大环境污染事故罪”罪名，改为“污染环境罪”。

该罪所保护的客体为环境行政保护制度以及生态法益，本罪在客观方面表现为违反国家规定，向土地、水体和大气排放危险废物，造成环境污染致使公私财产遭受重大损失或者人身伤亡的严重后果的行为。本罪的主体为一般主体，即凡是达到刑事责任年龄具有刑事责任能力的人，均可构成本罪。单位可以成为本罪主体。本罪在主观方面表现为故意。《刑法修正案八》中对原有规定作出修改，本罪从结果犯演变至行为犯，从过错责任原则到带有严格责任性质的过错推定原则，从过失犯到承认存在间接故意的主观方面。

为依法惩治有关环境污染犯罪，根据《中华人民共和国刑法》《中华人民共和国刑事诉讼法》的有关规定，最高人民法院、最高人民检察院发布了《关于办理环境污染刑事案件适用法律若干问题的解释》，自 2017 年 1 月 1 日起施行，其中第一条就明确规定了认定为“严重污染环境”的 18 种情形，只要具有以下 18 种情形之一的，即追究刑事责任。

（1）在饮用水水源一级保护区、自然保护区核心区排放、倾倒、处置有放射性的废物、含传染病病原体的废物、有毒物质的。

（2）非法排放、倾倒、处置危险废物三吨以上的。

（3）排放、倾倒、处置含铅、汞、镉、铬、砷、铊、锑的污染物，超过国家或者地方污染物排放标准三倍以上的。

（4）排放、倾倒、处置含镍、铜、锌、银、钒、锰、钴的污染物，超过国家或者地方污染物排放标准十倍以上的。

（5）通过暗管、渗井、渗坑、裂隙、溶洞、灌注等逃避监管的方式排放、倾倒、处置有放射性的废物、含传染病病原体的废物、有毒物质的。

（6）两年内曾因违反国家规定，排放、倾倒、处置有放射性的废物、含传染病病原体的废物、有毒物质受过两次以上行政处罚，又实施前列行为的。

（7）重点排污单位篡改、伪造自动监测数据或者干扰自动监测设施，排放化学需氧量、氨氮、二氧化硫、氮氧化物等污染物的。

（8）违法减少防治污染设施运行支出一百万元以上的。

（9）违法所得或者致使公私财产损失三十万元以上的。

（10）造成生态环境严重损害的。

（11）致使乡镇以上集中式饮用水水源取水中断十二小时以上的。

（12）致使基本农田、防护林地、特种用途林地五亩以上，其他农用地十亩以上，其他土地二十亩以上基本功能丧失或者遭受永久性破坏的。

（13）致使森林或者其他林木死亡五十立方米以上，或者幼树死亡二千五百株以上的。

（14）致使疏散、转移群众五千人以上的。

（15）致使三十人以上中毒的。

（16）致使三人以上轻伤、轻度残疾或者器官组织损伤导致一般功能障碍的。

（17）致使一人以上重伤、中度残疾或者器官组织损伤导致严重功能障碍的。

（18）其他严重污染环境的情形。

275．污染环境罪中的从重情节有哪些？

根据《最高人民法院、最高人民检察院关于办理环境污染刑事案件适用法律若干问题的解释》第四条的规定，实施刑法第三百三十八条、第三百三十九条规定的犯罪行为，具有下列四种情形之一的，应当从重处罚：

（1）阻挠环境监督检查或者突发环境事件调查，尚不构成妨害公务等犯罪的。

（2）在医院、学校、居民区等人口集中地区及其附近，违反国家规定排放、倾倒、处置有放射性的废物、含传染病病原体的废物、有毒物质或者其他有害物质的。

（3）在重污染天气预警期间、突发环境事件处置期间或者被责令限期整改期间，违反国家规定排放、倾倒、处置有放射性的废物、含传染病病原体的废物、有毒物质或者其他有害物质的。

（4）具有危险废物经营许可证的企业违反国家规定排放、倾倒、处置有放射性的废物、含传染病病原体的废物、有毒物质或者其他有害物质的。

276．哪些情况应当认定为单位犯罪？

2019年2月20日，最高人民法院、最高人民检察院、公安部、司法部、生态环境部印发《关于办理环境污染刑事案件有关问题座谈会纪要》，针对当前办理环境污染刑事案件遇到的突出困难和问题，研究了解决措施，对办理环境污染刑事案件中的有关问题形成了统一认识。其中，对于办理环境污染犯罪案件时认定单位犯罪，明确应当依法合理把握追究刑事责任的范围，贯彻宽严相济的刑事政策，重点打击出资者、经营者和主要获利者，既要防止不当缩小追究刑事责任的人员范围，又要防止打击面过大。

《关于办理环境污染刑事案件有关问题座谈会纪要》中还明确，为了单位利益，实施环境污染行为，并具有下列四种情形之一的，应当认定为单位犯罪：

（1）经单位决策机构按照决策程序决定的。

（2）经单位实际控制人、主要负责人或者授权的分管负责人决定、同意的。

（3）单位实际控制人、主要负责人或者授权的分管负责人得知单位成员个人实施环境污染犯罪行为，并未加以制止或者及时采取措施，而是予以追认、纵容或者默许的。

（4）使用单位营业执照、合同书、公章、印鉴等对外开展活动，并调用单位车辆、船舶、生产设备、原辅材料等实施环境污染犯罪行为的。

277．哪些情况应当认定为犯罪未遂？

2019 年 2 月 20 日，最高人民法院、最高人民检察院、公安部、司法部、生态环境部印发《关于办理环境污染刑事案件有关问题座谈会纪要》，其中针对当前办理环境污染犯罪案件中，认定污染环境罪未遂的问题，明确指出，当前环境执法工作形势比较严峻，一些行为人拒不配合执法检查、接受检查时弄虚作假、故意逃避法律追究的情形时有发生，因此对于行为人已经着手实施非法排放、倾倒、处置有毒有害污染物的行为，由于有关部门查处或者其他意志以外的原因未得逞的情形，可以污染环境罪未遂追究刑事责任。

278．哪些情况应当认定为主观过错？

《关于办理环境污染刑事案件有关问题座谈会纪要》中指出，对于在办理环境污染犯罪案件中，如何准确认定犯罪嫌疑人、被告人主观过错的问题，即判断犯罪嫌疑人、被告人是否具有环境污染犯罪的故意，应当依据犯罪嫌疑人、被告人的任职情况、职业经历、专业背景、培训经历、本人因同类行为受到行政处罚或者刑事追究情况以及污染物种类、污染方式、资金流向等证据，结合其供述，进行综合分析判断。

《关于办理环境污染刑事案件有关问题座谈会纪要》中明确规定，在实践中，具有下列八种情形之一，犯罪嫌疑人、被告人不能作出合理解释的，可以认定其故意实施环境污染犯罪，但有证据证明确系不知情的除外：

（1）企业没有依法通过环境影响评价，或者未依法取得排污许可证，排放污染物，或者已经通过环境影响评价并且防治污染设施验收合格后，擅自更改工艺流程、原辅材料，导致产生新的污染物质的。

（2）不使用验收合格的防治污染设施或者不按规范要求使用的。

（3）防治污染设施发生故障，发现后不及时排除，继续生产放任污染物排放的。

（4）生态环境部门责令限制生产、停产整治或者予以行政处罚后，继续生产放任污染物排放的。

（5）将危险废物委托第三方处置，没有尽到查验经营许可的义务，或者委托处置费用明显低于市场价格或者处置成本的。

（6）通过暗管、渗井、渗坑、裂隙、溶洞、灌注等逃避监管的方式排放污染物的。

（7）通过篡改、伪造监测数据的方式排放污染物的。

（8）其他足以认定的情形。

279. 企业委托无危险废物处置资质的个人和单位处置危险废物是否构成共同犯罪?

根据《中华人民共和国刑法》第二十五条的规定，共同犯罪是指二人以上共同故意犯罪。二人以上共同过失犯罪，不以共同犯罪论处；应当负刑事责任的，按照他们所犯的罪分别处罚。

要成立共同犯罪，需满足一定的条件：一是各共同犯罪人所实施的行为都必须是犯罪行为，必须具有共同的犯罪行为，即各共同犯罪人的行为都是指向同一目标，彼此联系、互相配合，构成一个有机的犯罪行为整体。二是各个共同犯罪人的行为由一个共同的犯罪目标将他们的单个行为联系在一起，形成一个有机联系的犯罪活动整体。三是各共同犯罪人的行为都与发生的犯罪结果有因果关系。共同犯罪行为和单独犯罪行为相比，具有显著的特点。单独犯罪行为，都是由我国《刑法》分则加以明文规定的。因此，对于单独犯罪，只要直接依照刑法分则的有关规定对犯罪分子定罪就可以了。而共同犯罪行为，除实行犯的行为是由刑法明文规定的以外，其他共同犯罪人的行为，如组织行为、教唆行为和帮助行为都是由刑法总则规定的。

针对“企业委托无危险废物处置资质的个人和单位处置危险废物是否构成共同犯罪”这一问题，根据《最高人民法院、最高人民检察院关于办理环境污染刑事案件适用法律若干问题的解释》第七条的规定，明知他人无危险废物经营许可证，向其提供或者委托其收集、贮存、利用、处置危险废物，严重污染环境的，以共同犯罪论处。

280.《国家危险废物名录》中没有列明的就不属于危险废物吗?

危险废物是指列入《国家危险废物名录》或者根据国家规定的危险废物鉴别标准和鉴别方法认定的具有危险特性的废物，具有腐蚀性、急性毒性、浸出毒性、反应性、传染性等其中的一种或者一种以上危害特性的固体废物和液态废物，或者是不排除具有危险特性，可能对环境或者人体健康造成有害影响，需要按照危险废物进行管理的固体废物和液态废物。

《危险废物豁免管理清单》中的危险废物，在所列豁免环节，且满足豁免条件时，可按豁免内容的规定实行豁免管理。对于不明确是否具有危险特性的固体废物，应当按照国家规定的危险废物鉴别标准和鉴别方法予以认定。所以，对于《国家危险废物名录》中没有列明的危险废物也不能想当然地就将其当作一般废物进行处理、处置，而是应当根据国家有关识别危险废物的标准对其进行识别后，再做相关合理的处置。

281. 生活垃圾中哪些属于危险废物?

《国家危险废物名录》中明确规定了“家庭日常生活中产生的废药品及其包装物、废杀虫剂和消毒剂及其包装物、废油漆和溶剂及其包装物、废矿物油及其包装物、废胶片及废相纸、废荧光灯管、废温度计、废血压计、废镍镉电池和氧化汞电池以及电子类危险废物等，可以不按照危险废物进行管理”。但是，以上废弃物从生活垃圾中分类收集后，其运输、贮存、利用或者处置按照危险废物进行管理。这就意味着，生活垃圾中的有害废物分类收集之后的所有过程，都应当按照危险废物来认定。

282. 农业固体废物中哪些属于危险废物?

农业生产过程中会产生大量的固体废物，其中有一部分属于危险废物：

（1）废弃的农药瓶与包装物。

属于危险废物HW04农药废物，废物代码为900-003-04，但根据《国家危险废物名录（2021年版）》，农药使用后被废弃的与农药直接接触或含有农药残余物的包装物其收集、运输、利用、处置过程纳入豁免管理范围，即收集、运输、利用、处置环节不按照危险废物管理。

（2）农作物秸秆与废弃农机。

属于农业类固体废物，不属于危险废物。但是，如果废弃农机中有大量残余废油，且不再用作其他农机的燃油时，那么单独收集的废燃油与废机油都属于危险废物HW08，废物代码为900-249-08。

283．生活垃圾渗滤液是否可以运至污水处理厂处理？是否构成“采取其他规避监管的方式排放水污染物”？

《生活垃圾焚烧污染控制标准》（GB 18485—2014）规定，生活垃圾渗滤液和车辆清洗废水应收集并在生活垃圾焚烧厂内处理或送至生活垃圾填埋场渗滤液处理设施处理。若通过污水管网或采用密闭输送方式送至采用二级处理方式的城市污水处理厂处理，应满足以下条件：①在生活垃圾焚烧厂内处理后，总汞、总镉、总铬、六价铬、总砷、总铅等污染物浓度达到《生活垃圾填埋场污染控制标准》（GB 16889）中表2 规定的浓度限值要求；②城市二级污水处理厂每日处理生活垃圾渗滤液和车辆清洗废水总量不超过污水处理量的 0.5%；③城市二级污水处理厂应设置生活垃圾渗滤液和车辆清洗废水专用调节池，将其均匀注入生化处理单元；④不影响城市二级污水处理厂的污水处理效果。

生活垃圾焚烧发电项目渗滤液、车辆清洗废水通过密闭输送方式送至采用二级处理方式的城市污水处理厂处理，在满足 GB 18485 标准限定条件的前提下，不属于采取其他规避监管的方式排放水污染物的行为。

284．固体废物进口后非法处置的法律责任有哪些？

违反《固体废物污染环境防治法》的规定，将中华人民共和国境外的固体废物进境倾倒、堆放、处置的，进口属于禁止进口的固体废物或者未经许可擅自进口属于限制进口的固体废物用作原料的，由海关责令退运该固体废物，可以并处十万元以上一百万元以下的罚款。

根据以上规定，并依违法行为的性质、情节轻重和造成后果的大小等实际情况，依法对本条规定的违法行为人作出下列行政处罚：

一是责令退运，即海关在行政执法中，发现并确认违法行为人有将我国境外的固体废物进境倾倒、堆放、处置的行为，或者进口属于禁止进口的固体废物的行为，或者未经许可擅自进口属于限制进口的固体废物用作原料的行为后，责令违法行为人将违法运至关口的固体废物运回原处，不允许其出关进境。

二是罚款，即由海关强制将我国境外的固体废物进境倾倒、堆放、处置的违法行为人，或者进口禁止进口的固体废物的违法行为人，或者未经许可擅自进口限制进口的固体废物用作原料的违法行为人交纳一定数量的钱款，对其处以经济上的制裁。

另外，以上行为构成犯罪的，依法追究刑事责任，即根据《中华人民共和国刑法》第三百三十九条第一款的规定，非法处置进口的固体废物罪要承担的刑事法律责任。

285. 如何认定利用渗井、渗坑、裂隙和溶洞排放的违法行为？

《中华人民共和国水污染防治法》第三十九条规定，“禁止利用渗井、渗坑、裂隙、溶洞，私设暗管，篡改、伪造监测数据，或者不正常运行水污染防治设施等逃避监管的方式排放水污染物”。通过渗井、渗坑等方式违法排放污染物一直是环境行政执法和刑事司法中严厉打击的重点违法行为。根据《行政主管部门移送适用行政拘留环境违法案件暂行办法》第五条的规定，新《环境保护法》第六十三条第三项规定的通过暗管、渗井、渗坑、灌注等逃避监管的方式违法排放污染物，是指通过暗管、渗井、渗坑、灌注等不经法定排放口排放污染物等逃避监管的方式违法排放污染物。所谓暗管，是指通过隐蔽的方式达到规避监管目的而设置的排污管道，包括埋入地下的水泥管、瓷管、塑料管等，以及地上的临时排污管道；渗井、渗坑是指无防渗漏措施或起不到防渗作用的、封闭或半封闭的坑、池、塘、井和沟、渠等灌注则是指通过高压深井向地下排放污染物。在执法和司法实务中，渗坑可以表现为坑、池、塘、井、沟、渠等各种形式，封闭或半封闭，一般具有凹形特点；渗坑与大小无关，与是否隐蔽无关，与自然形成或人工构筑无关，本质属性是逃避监管违法排污；无防渗漏措施或起不到防渗作用；利用渗坑的最终目的是利用自然渗透的特性，向土壤层或者地下水排放刑法所规制物质。认定的主体多为所在地生态环境主管部门，认定意见、鉴定意见、监测报告至关重要，只要实施该行为即推定具有主观故意，当超标排放行为与通过渗井、渗坑行为出现竞合，应优先适用后者。

286．构成污染环境罪是否必须造成环境污染?

是。《中华人民共和国刑法》第三百三十八条：违反国家规定，排放、倾倒或者处置有放射性的废物、含传染病病原体的废物、有毒物质或者其他有害物质，严重污染环境的，处三年以下有期徒刑或者拘役，并处或者单处罚金；情节严重的，处三年以上七年以下有期徒刑，并处罚金；有下列情形之一的，处七年以上有期徒刑，并处罚金：

（1）在饮用水水源保护区、自然保护地核心保护区等依法确定的重点保护区域排放、倾倒、处置有放射性的废物、含传染病病原体的废物、有毒物质，情节特别严重的；

（2）向国家确定的重要江河、湖泊水域排放、倾倒、处置有放射性的废物、含传染病病原体的废物、有毒物质，情节特别严重的；

（3）致使大量永久基本农田基本功能丧失或者遭受永久性破坏的；

（4）致使多人重伤、严重疾病，或者致人严重残疾、死亡的。

有前款行为，同时构成其他犯罪的，依照处罚较重的规定定罪处罚。

287．如何确定污染环境罪的追溯期限?

污染环境罪的追溯时效按照《中华人民共和国刑法》第八十七条、第八十八条的规定认定。

《中华人民共和国刑法》第八十七条【追诉时效期限】规定，犯罪经过下列期限不再追诉：

（1）法定最高刑为不满五年有期徒刑的，经过五年；

（2）法定最高刑为五年以上不满十年有期徒刑的，经过十年；

（3）法定最高刑为十年以上有期徒刑的，经过十五年；

（4）法定最高刑为无期徒刑、死刑的，经过二十年。如果二十年以后认为必须追诉的，须报请最高人民检察院核准。

《中华人民共和国刑法》第八十八条【追诉期限的延长】：在人民检察院、公安机关、国家安全机关立案侦查或者在人民法院受理案件以后，逃避侦查或者审判的，不受追诉期限的限制。被害人在追诉期限内提出控告，人民法院、人民检察院、公安机关应当立案而不予立案的，不受追诉期限的限制。

288．如何认定污染环境罪的共同犯罪人？

第一，共同犯罪是指两人以上事先共谋，共同实施犯罪行为。第二，具体到污染环境犯罪，为两人以上经过事先共谋实施污染行为，故意或者放任污染结果的发生。同时，需要指出的是，共同犯罪各行为人的主观必须是基于故意，所以，具体到污染环境犯罪各行为人也应是故意，包括了直接故意和间接故意。第三，污染环境犯罪的司法解释单独设置了一种共同犯罪的情形，即法律拟制。具体条款为《最高人民法院、最高人民检察院关于办理环境污染刑事案件适用法律若干问题的解释》第七条：明知他人无危险废物经营许可证，向其提供或者委托其收集、贮存、利用、处置危险废物，严重污染环境的，以共同犯罪论处。

289．如何处理污染环境罪的犯罪竞合？

具体参照《关于办理环境污染刑事案件有关问题座谈会纪要》进行处理。

（1）《环境污染犯罪司法解释》第六条规定污染环境罪同时构成非法经营罪的，依照处罚较重的规定处罚，有力打击严重环境污染犯罪。

准确理解和适用《环境污染犯罪司法解释》第六条的规定应当注意把握两个原则：一要坚持实质判断原则，对行为人非法经营危险废物行为的社会危害性作实质性判断。例如，一些单位或者个人虽未依法取得危险废物经营许可证，但其收集、贮存、利用、处置危险废物经营活动，没有超标排放污染物、非法倾倒污染物或者其他违法造成环境污染情形的，则不宜以非法经营罪论处。二要坚持综合判断原则，对行为人非法经营危险废物行为根据其在犯罪链条中的地位、作用综合判断其社会危害性。例如，有证据证明单位或者个人的无证经营危险废物行为属于危险废物非法经营产业链的一部分，并且已经形成了分工负责、利益均沾、相对固定的犯罪链条，如果行为人或者与其联系紧密的上游或者下游环节具有排放、倾倒、处置危险废物违法造成环境污染的情形，且交易价格明显异常的，对行为人可以根据案件具体情况在污染环境罪和非法经营罪中，择一重罪处断。

（2）投放危险物质罪是对特别严重的污染环境罪的处罚，纪要明确了条件。

司法实践中对环境污染行为适用投放危险物质罪追究刑事责任时，应当重点审查判断行为人的主观恶性，污染行为恶劣程度，污染物的毒害性、危险性、污染持续时间，污染结果是否可逆，是否对公共安全造成现实、具体、明确的危险或者危害等各方面因素。对于行为人明知其排放、倾倒、处置的污染物含有毒害性、放射性、传染病病原体等危险物质，仍实施环境污染行为放任其危害公共安全，造成重大人员伤亡、重大公私财产损失等严重后果，以污染环境罪论处明显不足以罚当其罪的，可以按投放危险物质罪定罪量刑。实践中，此类情形主要是向饮用水水源保护区，饮用水供水单位取水口和出水口，南水北调水库、干渠、涵洞等配套工程，重要渔业水体以及自然保护区核心区等特殊保护区域，排放、倾倒、处置毒害性极强的污染物，危害公共安全并造成严重后果的情形。

290. 被人当场发现被迫停止向河道倾倒废硫酸的行为，是否应追究刑事责任?

是否应当追究行为人的刑事责任，应当从以下三种情况进行分析：（1）如果行为人已经倾倒废硫酸3 t以上，那么应追究其污染环境罪的刑事责任。（2）如果行为人客观上准备倾倒3 t以上，但是实际因被迫停止而没有倾倒3 t以上，可以按照污染环境罪未遂来追究其刑事责任。（3）如果行为人向河道倾倒废硫酸符合《最高人民法院、最高人民检察院关于办理环境污染刑事案件适用法律若干问题的解释》第一条规定的其他情形，也应当追究其污染环境罪的刑事责任。

291. 刑事判决生效后，对原已经生效的行政处罚应如何处理?

一般而言，在行政处罚作出决定前发现该行为涉嫌犯罪，应当停止行政处罚案件的处理，及时移送具有刑事案件管辖权的司法机关，等刑事案件处理终结后，再根据情况进行处理，处理时应当尊重刑事处罚的结果，即尊重司法的最终裁判结果。如果在刑事判决生效后，同时该案件也已经作出行政处罚，应按照《公安机关办理行政案件程序规定》第一百四十七条第一款第六项“（六）违法行为涉嫌构成犯罪的，转为刑事案件办理或者移送有权处理的主管机关、部门办理，无须撤销行政案件。公安机关已经作出行政处理决定的，应当附卷”的规定处理。

同时参照《行政处罚法》第三十五条的规定，违法行为构成犯罪，人民法院判处拘役或者有期徒刑时，行政机关已经给予当事人行政拘留的，应当依法折抵相应刑期。违法行为构成犯罪，人民法院判处罚金时，行政机关已经给予当事人罚款的，应当折抵相应罚金；行政机关尚未给予当事人罚款的，不再给予罚款。

292．污染环境刑事案件处以罚金后能否再由生态环境主管部门处以罚款？

对于行政机关移送司法机关追究刑事责任的案件，对行为人还应当追究行政责任的，行政机关也必须追究其行政责任。但因“先刑后罚”的竞合情境具有自身的特性，在适用双重处罚时应当灵活把握“刑事优先”原则。根据刑事优先原则、司法权与行政权的效力位阶以及现有法律法规，可以推导出以下适用原则：

（1）刑事判决优先。根据《食品药品行政执法与刑事司法衔接工作办法》的规定，对于法院已经作出的生效裁判的案件，依法还应当由食品药品监管部门作出吊销许可证等行政处罚的，食品药品监管部门可以依据法院生效裁判认定的事实和证据依法予以行政处罚。由此可见，在刑事判决之后需要继续追究行为人行政责任的，行政机关应当以刑事裁判所认定的事实和证据为依据作出行政处罚。

（2）同质罚不再罚。对于行政处罚和刑罚处罚所具有的性质相近的处罚种类，即罚金与罚款，限制人身自由的刑罚与行政拘留，司法机关已经给予行为人刑罚处罚的，行政机关不能再给予其同质行政处罚。

（3）特有罚可再处罚。基于行政犯自身的特殊性和行政领域法律法规所规定的特殊处罚方式，刑事处罚并不能当然地吸收或替代行政处罚。在已经判处刑罚后，行政机关认为需要依法追究行为人特定行政责任的，可以再给予其相应的行政处罚。

基于以上原则考虑，污染环境刑事案件处以罚金后不可以再由生态环境主管部门处以罚款。

293．污染环境罪与投放危险物质罪有何区别？

污染环境罪是指违反国家规定，排放、倾倒或者处置有放射性的废物、含传染病病原体的废物、有毒物质或者其他有害物质，严重污染环境，依照法律应受到刑事处罚的行为。投放危险物质罪是指放火、决水、爆炸以及投放毒害性、放射性、传染病病原体等物质或者以其他危险方法危害公共安全，或者致人重伤、死亡或者使公私财产遭受重大损失的行为。

三者的区别为：

（1）客观方面不同。污染环境罪表现为违反国家规定，向土地、水体、大气排放、倾倒或者处置有放射性的废物、含传染病病原体的废物、有毒物质或者其他有害物质，严重污染环境的行为；投放危险物质罪则是以放火、决水、爆炸等方式危害公共安全或者将毒害性、放射性、传染病病原体等物质投放到足以危害公共安全的食用物或者饮用物中等，从而造成致人重伤、死亡或者使公私财产遭受重大损失的行为。

（2）犯罪主体不同。污染环境罪的主体既包括自然人，也包括单位；投放危险物质罪的主体只能是自然人。

（3）主观方面不同。污染环境罪的主观方面是故意或者过失；投放危险物质罪的主观方面是故意。

（4）客体不同。投放危险物质罪所侵犯的直接客体是国家对放火、决水、爆炸以及投放毒害性、放射性、传染病病原体等物质的禁止性管理秩序及社会公众的人身安全及公私财产安全；污染环境罪侵犯的客体是国家防治环境污染的管理制度。

294. 污染环境罪与非法经营罪有何区别?

非法经营罪，是指未经许可经营法律、行政法规规定的专营、专卖物品或者其他限制买卖的物品；买卖进出口许可证、进出口原产地证明以及其他法律、行政法规规定的经营许可证或者批准文件；未经国家有关主管部门批准非法经营证券、期货、保险业务的，或者非法从事资金支付结算业务，以及其他严重扰乱市场秩序的非法经营行为。

二者的区别为：

（1）客体不同。污染环境罪侵犯的客体是国家防治环境污染的管理制度；非法经营罪侵犯的客体是国家限制买卖物品和经营许可证的市场管理制度。

（2）二者的客观方面不同。污染环境罪在客观方面表现为违反国家规定，向土地、水体、大气排放、倾倒或者处置有放射性的废物、含传染病病原体的废物、有毒物质或其他危险废物，造成环境污染，致使公私财产遭受重大损失或者人身伤亡的严重后果的行为。①实施本罪必须违反国家规定。②实施排放、倾倒和处置行为。③必须造成了环境污染，致使公私财产遭受重大损失或者人身伤亡的严重后果。非法经营罪在客观方面表现为未经许可经营专营、专卖物品或者其他限制买卖的物品、买卖进出口许可证、进出口原产地证明以及其他法律、行政法规规定的经营许可证或者批准文件，以及从事其他非法经营活动，扰乱市场秩序，情节严重的行为。主要行为方式有：①未经许可经营法律、行政法规规定的专营、专卖物品或者其他限制买卖的物品。②买卖进出口许可证、进出口原产地证明以及其他法律法规规定的经营许可证或者批准证件。③未经国家有关主管部门批准，非法经营证券、期货或者保险业务。④其他严重扰乱市场秩序的非法经营行为，如非法从事传销活动、彩票交易；倒卖国家禁止或限制进口的废弃物；垄断货源、哄抬物价、囤积居奇；倒卖外汇、执照以及有伤风化的物品；等等。

（3）二者主观方面不同。污染环境罪的主观方面可以是故意，也可以是过失；非法经营罪的主观方面是故意。

（三）环境公益诉讼

295. 什么是环境公益诉讼？如何分类？

环境公益诉讼是指由于自然人、法人或其他组织的违法行为或不作为使环境公共利益遭受侵害时，法律允许其他的法人、自然人或社会团体为维护公共利益而向人民法院提起的诉讼。环境公益诉讼是指为了保护社会公共的环境权利和其他相关权利而进行的诉讼活动，也是针对保护个体环境权利及相关权利的“环境私益诉讼”而言。

环境公益诉讼是保护环境的重要武器，中国现行的法律制度规定，起诉人应当与案件有直接利害关系，而公益诉讼则不要求有直接利害关系，不要求起诉人是法律关系当事人。

根据诉讼性质不同，环境公益诉讼可以分为环境民事公益诉讼和环境行政公益诉讼。环境民事公益诉讼是指污染者违法排放污染物质或破坏生态环境，对环境公益造成严重损害，由污染者承担环境侵权的民事责任的一种诉讼类型。根据《民事诉讼法》的规定，我国可以提起环境民事公益诉讼的主体有环保团体和检察机关。环境行政公益诉讼是指当环境行政机关的违法行为或不作为对公众环境权益造成侵害或有侵害可能时，法院允许无直接利害关系人为维护公众环境权益而提起行政诉讼，要求行政机关履行法定职责或纠正、停止其侵害行为的制度。根据《行政诉讼法》的规定，目前我国只有检察机关可以提起环境行政公益诉讼。

根据诉讼主体不同，环境公益诉讼可以分为环保团体提起的环境公益诉讼和检察机关提起的环境公益诉讼。前者的诉讼主体资格规定在《中华人民共和国民事诉讼法》中，后者的诉讼主体资格规定在《中华人民共和国民事诉讼法》和《中华人民共和国行政诉讼法》中。

296．哪些组织和机构具有环境公益诉讼的诉讼主体资格？

根据《中华人民共和国民事诉讼法》第五十五条和《中华人民共和国行政诉讼法》第二十五条的规定，我国可以提起环境公益诉讼的主体包括环保社会组织、检察机关和行使海洋监督管理权的部门。

其一，环保社会组织是指专门从事环境保护的在设区的市级以上人民政府民政部门登记的社会团体、民办非企业单位以及基金会等，他们可以根据《民事诉讼法》第五十五条及新《环境保护法》第五十八条的规定提起环境民事公益诉讼。

其二，根据《中华人民共和国民事诉讼法》《中华人民共和国行政诉讼法》《最高人民法院　最高人民检察院关于检察公益诉讼案件适用法律若干问题的解释》，人民检察院在履行职责中发现生态环境和资源保护、食品药品安全、国有财产保护、国有土地使用权出让等领域负有监督管理职责的行政机关违法行使职权或者不作为，致使国家利益或者社会公共利益受到侵害的，经过诉前程序后，可以向人民法院提起环境公益诉讼。

其三，行使海洋环境监督管理权的部门可以根据《中华人民共和国海洋环境保护法》第九十条和《最高人民法院关于审理海洋自然资源与生态环境损害赔偿纠纷案件若干问题的规定》，对破坏海洋生态、海洋水产资源、海洋保护区，给国家造成重大损失的，代表国家对责任者提出损害赔偿要求。

297．环保组织提起环境民事公益诉讼应当具备哪些条件？

根据《中华人民共和国民事诉讼法》第五十五条的规定，对污染环境、侵害众多消费者合法权益等损害社会公共利益的行为，法律规定的机关和有关组织可以向人民法院提起诉讼。其中，涉及污染环境案件的有关组织，指的就是新《环境保护法》第五十八条规定的环保社会组织。同时，具有提起环境公益诉讼主体资格的环保社会组织必须满足以下条件：

其一，依法在设区的市级以上人民政府民政部门登记。同时，根据《最高人民法院关于审理环境民事公益诉讼案件适用法律若干问题的解释》第三条的规定，设区的市、自治州、盟、地区，不设区的地级市，直辖市的区以上人民政府民政部门，可以认定为新《环境保护法》第五十八条规定的“设区的市级以上人民政府民政部门”。

其二，专门从事环境保护公益活动连续五年以上且无违法记录。《社会组织章程》确定的宗旨和主要业务范围是维护社会公共利益，且从事环境保护公益活动的，可以认定为新《环境保护法》第五十八条规定的“专门从事环境保护公益活动”。社会组织在提起诉讼前五年内未因从事业务活动违反法律法规的规定而受过行政、刑事处罚的，可以认定为新《环境保护法》第五十八条规定的“无违法记录”。

298. 检察机关提起环境公益诉讼的诉前程序是什么?

诉前程序是公益诉讼起诉机制的重要内容之一，是完善检察机关公益职权体系、健全公益诉讼程序机制的首要前提。诉前程序具体在环境民事公益诉讼当中表现为诉前公告。诉前公告是人民检察院提起民事公益诉讼的必经程序。根据《民事诉讼法》第五十五条的规定，人民检察院在履行职责中发现破坏生态环境和资源保护、食品药品安全领域侵害众多消费者合法权益等损害社会公共利益的行为，在没有法律规定的机关和组织或者前款规定的机关和组织不提起诉讼的情况下，可以向人民法院提起诉讼；法律规定的机关或者组织提起诉讼的，人民检察院可以支持起诉。最高人民法院、最高人民检察院于2018年3月联合发布的《关于检察公益诉讼案件适用法律若干问题的解释》第十三条规定，人民检察院拟提起民事公益诉讼的，应当依法公告，公告期间为三十日；公告期满，法律规定的机关和有关组织不提起诉讼的，人民检察院可以向人民法院提起诉讼。

在环境行政公益诉讼当中，诉前程序主要表现为检察机关应向行政机关提出检察建议，督促其依法履责，行政机关应当在两个月内依法履行职责，并书面回复。出现国家利益或者社会公共利益损害继续扩大等紧急情形的，行政机关应当在十五日内作出书面回复。如果行政机关不依法履行职责的，检察机关则可以依法提起环境行政公益诉讼。

在检察机关提起环境刑事附带民事公益诉讼当中，诉前程序依然存在。根据最高人民法院、最高人民检察院联合发布的《关于人民检察院提起刑事附带民事公益诉讼应否履行诉前公告程序问题的批复》，人民检察院提起刑事附带民事公益诉讼，应履行诉前公告程序。对于未履行诉前公告程序的，人民法院应当进行释明，告知人民检察院公告后再行提起诉讼。

299．检察机关提起环境行政公益诉讼的，法院可以作出哪些判决？

人民法院应区分下列情形作出行政公益诉讼判决：

一是被诉行政行为具有《中华人民共和国行政诉讼法》第七十四条、第七十五条规定情形之一的，判决确认违法或者确认无效，并可以同时判决责令行政机关采取补救措施；

二是被诉行政行为具有《中华人民共和国行政诉讼法》第七十条规定情形之一的，判决撤销或者部分撤销，并可以判决被诉行政机关重新作出行政行为；

三是被诉行政机关不履行法定职责的，判决在一定期限内履行；

四是被诉行政机关作出的行政处罚明显不当，或者其他行政行为涉及对款额的确定、认定确有错误的，判决予以变更；

五是被诉行政行为证据确凿，适用法律、法规正确，符合法定程序，未超越职权，未滥用职权，无明显不当，或者人民检察院诉请被诉行政机关履行法定职责理由不成立的，判决驳回诉讼请求。

300．生态环境主管部门不依法履行生态环境监管职责，检察院是否可以提起公诉？

生态环境主管部门不依法履行生态环境监管职责，检察院可以提起公诉。《中华人民共和国行政诉讼法》第二十五条规定："人民检察院在履行职责中发现生态环境和资源保护、食品药品安全、国有财产保护、国有土地使用权出让等领域负有监督管理职责的行政机关违法行使职权或者不作为，致使国家利益或者社会公共利益受到侵害的，应当向行政机关提出检察建议，督促其依法履行职责。行政机关不依法履行职责的，人民检察院依法向人民法院提起诉讼。"